Marianne Schmidt-Grunert (Hrsg.)

Sozialarbeitsforschung konkret
Problemzentrierte Interviews als qualitative Erhebungsmethode

Lambertus

Die Deutsche Bibliothek - CIP-Einheitsaufnahme

Schmidt-Grunert, Marianne:
Sozialarbeitsforschung konkret : problemzentrierte Interviews als
qualitative Erhebungsmethode / Marianne Schmidt-Grunert. - Freiburg
im Breisgau : Lambertus, 1999

ISBN 3-7841-1152-1

Alle Rechte vorbehalten
© 1999, Lambertus-Verlag, Freiburg im Breisgau
Umschlaggestaltung: Christa Berger, Solingen
Satz: texte + töne, Emmendingen
Herstellung: Druckerei F.X. Stückle, Ettenheim
ISBN 3-7841-1152-1

Inhalt

9	Vorwort	
11	Teil 1	Grundlagen Marianne Schmidt-Grunert
11		Einführung
15	1.	Forschung in einer lebensweltbezogenen und sozialwissenschaftlich ausgerichteten Sozialen Arbeit
20	2.	Die Konstruktion gesellschaftlicher Wirklichkeit aus der Sicht der Betroffenen: wissenschaftstheoretische und methodologische Grundlagen
22	2.1.	Die Phänomenologie
23	2.2.	Die Ethnomethodologie
25	2.3.	Der Symbolische Interaktionismus
28	2.4.	Die Grounded Theory
30	2.5.	Hermeneutisch-rekonstruktive Interpretationsverfahren sozialer Wirklichkeit
32	2.6.	Konsequenzen für den Forschungsprozeß
35	3.	Das qualitative Interview als Forschungsinstrument
36	3.1.	Das qualitative oder nicht standardisierte/ unstrukturierte Interview
37	3.1.1.	Das qualitative oder teilstrukturierte Interview
38	3.2.	Das problemzentrierte Interview
40	3.2.1.	Theoretische Grundlagen
42	3.2.2.	Die Datenerhebung
43	3.2.2.1.	Der Interviewleitfaden
44	3.2.2.2.	Vorannahmen zur Interviewsituation
47	3.2.2.3.	Allgemeine Überlegungen zur Praxis der Datenerhebung
50	3.2.3.	Die Auswertungsphase
51	3.2.3.1.	Prinzipien der Auswertung von qualitativen Daten

53	4.	METHODOLOGISCHE STANDARDS QUALITATIVER SOZIALFORSCHUNG
53	4.1.	Prinzipien zur Datenerhebung in qualitativen Forschungsansätzen
55	4.2.	Wissenschaftliche Standards - Forschungskriterien
56	4.3.	Der Forschungsprozeß: ein Vorschlag zum Design
61	5.	AUSBLICK: FORSCHENDES LERNEN IM STUDIUM
64		Literatur zu Teil 1
69	TEIL 2	FORSCHUNGSBERICHTE
72		CHRISTLICHE FREIWILLIGENDIENSTE JUNGER MENSCHEN IM AUSLAND. LERNPROZESSE UND AUSWIRKUNGEN AUF DIE LEBENSENTWÜRFE DER FREIWILLIGEN Margret Mundorf
72	1.	Einführung
76	2.	Freiwilligendienste im Kontext gesellschaftlichen Wandels
79	3.	Dokumentation des Forschungsprozesses
79	3.1.	Forschungsanliegen
80	3.2.	Methodisches Vorgehen
87	3.3.	Datenerhebung
90	3.4.	Auswertung der Interviews
91	4.	Darstellung der Ergebnisse
94	4.1.	Motivation
99	4.2.	Erfahrungen im Dienst
114	4.3.	Erfahrungen bei der Rückkehr
120	4.4.	Auswirkungen der Erfahrungen
129	4.5.	Zusammenfassung und Auswertung
130	5.	Konsequenzen für die pädagogische Begleitung
135		Literatur und Anhang

138		WENN EINER EINE REISE TUT, DANN KANN ER WAS ERZÄHLEN
		Karin Kienle
138		Vorwort
139	1.	Dokumentation der Untersuchung
139	1.1.	Intention der Untersuchung
140	1.2.	Methodische Überlegungen
142	1.3.	Überlegungen zur Durchführung des Vorhabens
147	2.	Zur Lebenslage behinderter Menschen
149	3.	Die Interviews
149	3.1.	Biographische Bezüge der Interviewten
155	3.2.	Auswertung und Würdigung der Interviewten
171	3.3.	Zusammenfassende Betrachtung
172	4.	Schlußfolgerungen
175		Literatur und Anhang
181		ALLEINERZIEHENDE MÜTTER IN MEXIKO-STADT: QUALITATIVE INTERVIEWS ZUM ALLTAGSBEWUßTSEIN
		Gabi Haspel
181		Vorwort
182	1.	Zum Anliegen der empirischen Untersuchung
183	2.	Dokumentation der empirischen Untersuchung
183	2.1.	Überlegungen zur Wahl der Forschungsmethode
185	2.2.	Auswahl der Interviewpartnerinnen und Ort der Interviews
186	2.3.	Sample der Untersuchungsgruppe
187	2.4.	Interviewleitfaden
187	2.5.	Erhebungssituation
188	2.6.	Auswertungsdesign
190	3.	Kurze Einführung in die Thematik
191	3.1.	Demographischer Überblick
192	3.2.	Gründe für die Häufigkeit des Phänomens
194	4.	Auswertung der Interviews nach verschiedenen Aspekten des Alleinerziehendseins

194	4.1.	Bedingungen für die Entstehung von Mutter-Kind-Familien
202	4.2.	Zur sozioökonomischen Situation der Alleinerziehenden
211	4.3.	Konfliktbewältigung und Perspektiven
216	5.	Ausblick
218		Literatur und Anhang 1, Anhang 2
222		DIE HERAUSGEBERIN UND DIE AUTORINNEN

Vorwort

Ein berufsqualifizierendes Studium der Sozialarbeit/Sozialpädagogik vermittelt einerseits entsprechend den unterschiedlichen Praxisfeldern handlungsbezogene Methoden und andererseits wissenschaftliche Methoden, die sowohl wissenschaftliches Arbeiten anleiten, als auch in relevante Forschungsmethoden einführen. Studierende müssen empirische Untersuchungen „richtig" lesen und interpretieren können und im Zeitalter der Qualitätskontrolle und -sicherung müssen sie ausgewählte Teilbereiche der Sozialen Praxis selbst untersuchen und evaluieren können. Die Umsetzung der im Studium angeeigneten Forschungskompetenzen erfolgt in der Diplomarbeit als ausgewiesener Untersuchungsteil.
In der Reihe „Sozialarbeitsforschung konkret" werden Forschungsanteile aus Diplomarbeiten von FachhochschulabsolventInnen vorgestellt, deren Schwerpunkte entweder forschungsmethodologisch oder arbeitsbereichs- und zielgruppenbezogen ausgerichtet sind. Dem vorliegenden ersten Band dieser Reihe liegt ein forschungsmethodologischer und forschungsmethodischer Schwerpunktzuschnitt zugrunde, der die qualitativen Methoden der Sozialforschung als eine für Soziale Arbeit forschungsrelevante Methode vorstellt und folgende Zielsetzungen verfolgt:
(1) die Einführung in die wissenschaftstheoretischen und methodologischen Grundlagen qualitativer Sozialforschung sowie die Diskussion deren Relevanz für die Sozialarbeitsforschung;
(2) die Einführung in die Methoden des „qualitativen Interviews", exemplarisch in die Methode des „problemzentrierten Interviews" als einer für Soziale Arbeit in besonderem Maße geeigneten Forschungsmethode;
(3) die Vorstellung studentischer Forschungsergebnisse, die auf der Methode des „qualitativen Interviews" beruhen. Diese dokumentieren den angewandten Forschungsweg, zeigen damit verbundene methodische Schwierigkeiten auf und stellen die Untersuchungsergebnisse in ihrer praktischen Relevanz für Soziale Arbeit vor.
Diese Einführung ist ein Lehrbuch für Dozierende und Studierende, das möglichst viele Studierende motivieren möchte, Teilausschnitte des Alltags Sozialer Arbeit eigenständig zu erforschen und darüber das wissenschaftliche Profil einer professionellen Sozialen Arbeit zu gestalten und zu festigen.
Folgendes zum Sprachgebrauch: Die Bezeichnung „Soziale Arbeit" umfaßt die Bereiche Sozialarbeit und Sozialpädagogik (SA/SP). Das feminine und das maskuline Geschlecht werden unsystematisch abwech-

selnd verwendet, die jeweils verwendete Form schließt die des anderen Geschlechts mit ein.
Danken möchte ich den Studierenden für ihre aufgebrachte Mühe, ohne deren Beiträge wäre dieses Buch nicht erschienen.

Marianne Schmidt-Grunert
Hamburg/ Bremen

# Teil 1: Grundlagen

Marianne Schmidt-Grunert

> „Die Anschauung ist daher nur der Beginn des Erkennens."
> (Hegel)

Einführung

Soziale Arbeit verfügt über ein eigenständiges berufliches Profil und ist als Profession gesellschaftlich anerkannt. Ausbildungsgänge zur diplomierten Sozialarbeiterin und Sozialpädagogin gibt es an Hochschulen und Universitäten. Ob Soziale Arbeit eine eigenständige Wissenschaft ist, wird hingegen bislang kontrovers diskutiert. Ein Ende dieser Fachdebatte ist noch nicht in Sicht (Wendt 1994/Puhl 1996). Den Spuren dieser wissenschaftstheoretischen und -politischen Auseinandersetzungen möchte ich hier nicht weiter folgen. Ein Blick in die internationale und bundesdeutsche Wissenschaftslandschaft zeigt, daß vielfältige Forschungsvorhaben im Bereich der Sozialpädagogik und Sozialarbeit durchgeführt werden (Steinert/Sticher-Gil/Sommerfeld/Maier 1998). So gibt es neben der universitären Forschung vermehrt Institute für Praxisforschung an Fachhochschulen für Soziale Arbeit, im weiteren ist eine Zunahme an fachbereichsübergreifenden Forschungsverbünden und von einzelnen Forschungsprojekten zu verzeichnen. Man kann also durchaus von der Sozialen Arbeit als einer eigenständigen Wissenschaft sprechen, die „durch die Konstitution einer wissenschaftlich eigenständigen Forschungslandschaft (...) so etwas wie disziplinäre Konturen entwickel(t)" hat (Rauschenbach/Thole 1998: 9). Gleichwohl kann nicht bestritten werden, „daß die Integration der forschungsbezogenen Methodenausbildung in die einschlägigen akademischen Ausbildungsgänge an Universitäten und Fachhochschulen eher unterentwickelt ist" (ebd.: 17) und „von einer eigenen *sozialpädagogischen Forschungskultur*, (...), allenfalls in Ansätzen gesprochen werden kann" (ebd.: 9). Das allgemeine Anliegen dieses Buches ist es, dieser defizitären Entwicklung der forschungsbezogenen Methodenausbildung entgegenzuwirken und einen Beitrag zur Ausprägung einer Forschungskultur der Sozialpädagogik und Sozialarbeit zu leisten.

Die Forschung an Fachhochschulen unterscheidet sich von der universitären Grundlagenforschung, die in fachspezifischen Instituten verortet ist, durch den ihr eigentümlichen Anwendungsbezug, der zugleich anteilig Grundlagenforschung enthält. In der Folge ist das Studium der Sozialen Arbeit an Fachhochschulen praxis- und handlungsbezogen, ein Bezug zwischen Forschung und Praxis ist somit vorhanden (Moser 1995). Dieser kann von forschungsinteressierten Studierenden durch eine Verbindung ihres studienbegleitenden Praktikums und Diplomarbeit aufgegriffen werden und in der Konzipierung eingegrenzter und ausgewiesener Forschungsprojekte münden. Derartige Ergebnisse studentischer Forschungsanstrengungen finden sich in der Mehrzahl in hochschulinternen Archiven oder in hochschuleigenen, örtlich gebundenen Bibliotheken wieder. Einer breiten interessierten Fachöffentlichkeit bleiben sie so meist verschlossen. Die Reihe „Sozialarbeitsforschung konkret" greift dieses Desiderat auf und gibt Lehrenden und Studierenden die Möglichkeit, Ausschnitte ihrer Forschungstätigkeiten vorzustellen, die forschungsmethodologisch, arbeitsfeld- oder zielgruppenbezogen für Soziale Arbeit relevant sind.
Im ersten Band dieser Reihe greife ich einen forschungsmethodologischen und forschungsmethodischen Schwerpunkt auf und führe in die Methoden der qualitativen Sozial(arbeits)forschung ein. Ich gehe dabei von folgenden Grundannahmen aus: Eine professionelle und wissenschaftliche Sozialarbeit und Sozialpädagogik bewegt sich vorwiegend in interaktiven und kommunikativen Lebensbereichen. Vielfältig muß sie sich mit Menschen in schwierigen Lebenslagen auseinandersetzen, die ihren Alltag alleine nur unzulänglich bewältigen können und Hilfen brauchen. SozialarbeiterInnen und SozialpädagogInnen, die „alltagsangemessene" und „lebensweltausgerichtete" Hilfen entwickeln wollen, müssen über Kompetenzen verfügen, mit denen sie soziale Lebenszusammenhänge und biographische Lebensverläufe, sowie deren institutionelle, kommunikative und interaktionellen Bezüge subjekt- und arbeitsfeldbezogen bestimmen können. Dazu benötigen sie Analyseinstrumente, mit denen sie sozialpädagogische Alltagssituationen und die Art und Weise unterschiedlicher Umgangsweisen in diesen, also damit verbundene subjektive Bewältigungsmuster erfassen, dokumentieren, analysieren und interpretieren können. Qualitative Forschungsmethoden der Sozialwissenschaften haben auf dem Hintergrund eines derartigen Selbstverständnisses von Hilfe in der Sozialen Arbeit in Ausbildung und Beruf an Bedeutung gewonnen. „Qualitative Interviews" werden in der sozialpädagogischen Praxis vielerorts geführt, um das Selbstverständnis über gelingende und problematische Lebenslagen aus den Perspektiven der betroffenen Klientel einzufangen und zu erforschen (Kol-

ler/Kokemohr 1994; Mollenhauer/Uhlendorff 1995; Friebertshäuser/ Prengel 1997; Jacob/Wensierski 1997). Folglich sind sie in besonderer Weise als ein Instrumentarium zur Selbst- und Fremdevaluation geeignet. Und damit sind sie bedeutsam für jene Verfahren der Qualitätssicherung in der Sozialen Arbeit, für die die Zufriedenheit mit ihren Hilfeangeboten für die betroffene Klientel eine zu erzielende Qualität darstellt. Qualitative Forschungsverfahren befassen sich mit sozialer Wirklichkeit und greifen praktische Problemlagen auf, wie sie in den Feldern Sozialer Arbeit vielschichtig vorhanden sind. Die Ergebnisse sozialpädagogischer Forschung sind nicht wissenschaftlicher Selbstzweck, sondern anwendungsorientiert (Steinert 1998: 34) und somit handlungsbegründend und handlungsweisend, in dem sie grundlegendes Wissen über das berufliche Praxisfeld und seine Institutionen, die darin agierende Klientel und über die Interaktionen zwischen Klientel und Sozialarbeiterin/Sozialpädagogin zur Verfügung stellt. Konrad Maier unterscheidet dabei „fünf Typen von Sozialarbeitsforschung", wie Sozialberichterstattung, Evaluationsuntersuchungen, wissenschaftliche Begleitung sozialer Projekte, Sozialplanung und die Entwicklung von Konzepten und Verfahren (Maier 1998: 54 f.) und er schlußfolgert, „die Fokussierung der Wissensbestände auf die Lebensbewältigung des Individuums führt zu einer verstärkten Anwendung von qualitativen 'weichen' Methoden der Sozialforschung" (ebd.: 56).
Eine Datengewinnung mittels qualitativer, „weicher" Methoden gestaltet sich als ein kommunikativer Prozeß und folgt dem methodischen Grundsatz, daß das Erhebungsinstrumentarium dem Forschungsgegenstand angepaßt sein sollte. Qualitative Sozialforschung hat den Menschen zum Gegenstand, dieser soll sowohl in seiner subjektiven Einmaligkeit und Besonderheit als auch in seiner kollektiven Einbindung erfaßt werden. Der Gegenstand Sozialer Arbeit sind vorwiegend Menschen in unterschiedlichen Problemlagen und deren Integration oder Reintegration in diese Gesellschaft. Interaktionen und Kommunikation sind somit konstitutiv für das berufliche Handeln. Soziale Aktion und Interaktion erfolgt von Angesicht zu Angesicht. Sie ist Arbeit mit und in Beziehungen und erfordert ein doppeltes Wissen: zum einen ein Wissen darum, wie die einzelnen Subjekte im alltäglichen Miteinander sich selbst und ihr Handeln begreifen und erklären, und zum anderen ein Wissen darum, auf welchen historischen und gesellschaftlichen Elementen diese Sichtweisen beruhen. Eine professionell gestaltete Beziehung impliziert, daß beide Seiten der Interaktion – Sozialarbeiterin und Klientin – in ihren jeweiligen immanenten Handlungslogiken verstehbar werden. Denn das Erkennen der verschiedenen Sinngehalte, die diese Interaktionen bestimmen, bildet die Grundlage und den Ausgangs-

punkt jeglichen Fremd-Verstehens und ist damit für eine lebensweltlich orientierte Soziale Arbeit konstitutiv (Schütze 1994). Mittels qualitativer Verfahren können die Binnenperspektiven fremder Subjektivität erfaßt, transparent und verstehbar werden. Auf diesem Weg können SozialpädagogInnen und SozialarbeiterInnen lernen, alltägliches soziales Leben in den vielfältigen Dimensionen, die den Perspektiven betroffener Menschen zu eigen sind, zu begreifen und aufzugreifen. Der alte sozialpädagogische Grundsatz „anfangen, wo der Einzelne steht" wird so zeitgemäß verändert, und das wissenschaftliche Profil, das Soziale Arbeit als Praxisdisziplin braucht, wird fortentwickelt.

Dieser Band ist eine Einführung in die Methodologie der qualitativen Sozial(arbeits)forschung und in die Methode des „qualitativen Interviews". Exemplarisch wird das „problemzentrierte Interview" als ein methodisches Instrumentarium vorgestellt, das für die Erforschung sozialpädagogischer Lebenszusammenhänge und -welten in besonderer Weise geeignet erscheint. Überarbeitete Ausschnitte studentischer Forschungsergebnisse, die Teile von Diplomarbeiten sind, sollen zeigen, wie von Studierenden der Sozialen Arbeit die Methode des „qualitativen Interviews" als Untersuchungsdesign aufgegriffen und umgesetzt werden kann.

Ich habe das Buch in zwei Teile gegliedert. Der *erste Teil* führt in grundlegende wissenschaftstheoretische und methodologische Überlegungen zu einer lebensweltbezogenen und somit qualitativen Sozialforschung ein und diskutiert deren Relevanz für die Soziale Arbeit. Im weiteren führe ich in eine lebenswelt- und ressourcenorientierte Forschungsmethode ein: die Technik der Befragung durch Interviews. Im Mittelpunkt steht dabei die Einführung in das *„problemzentrierte Interview"* (Witzel 1982), da mit diesem eine Datenerhebungsmethode vorliegt, die den Gegenstand Sozialer Arbeit in seiner Vielschichtigkeit angemessen zu erfassen verspricht. Anschließend werden allgemein gültige Forschungskriterien und -standards sowie Gestaltungsmöglichkeiten des Forschungsprozesse vorgestellt. Mit Überlegungen zu Möglichkeiten der Einbindung von Studierenden in Forschung schließt dieser Teil. Im *zweiten Teil* dieses Bandes kommen Studierende zu Wort, die unterschiedliche Formen des „qualitativen Interviews" gewählt und einen Teilausschnitt Sozialer Wirklichkeit erforscht haben. Den Beiträgen liegen überarbeitete Forschungsteile aus drei Diplomarbeiten zugrunde. In jedem Beitrag wird sowohl das Forschungsanliegen vorgestellt als auch der Forschungsweg, also das forschungsrelevante methodische Vorgehen beschrieben und kritisch reflektiert dokumentiert. Anschließend stellen die Studierenden die Ergebnisse der empirischen Untersuchung und deren Bedeutung für die Soziale Arbeit vor.

1. Forschung in einer lebensweltbezogenen und sozialwissenschaftlich ausgerichteten Sozialen Arbeit

Ende der 70er und verstärkt in den 80er Jahren nehmen Fachdiskussionen um eine lebensweltorientierte Soziale Arbeit zu. Die Begriffe „Alltagsorientierung" und „Lebensweltorientierung" stehen stellvertretend für eine verstehende und wissenschaftlich ausgewiesene Soziale Arbeit. „Lebensweltorientierte Soziale Arbeit (vgl. Thiersch 1995a, 1995b) ist ein Konzept, das versucht, die Aufgaben der Sozialen Arbeit im Horizont heutiger lebensweltlicher Verhältnisse, ihrer spezifischen Strukturen, Ressourcen und Probleme zu bestimmen. (...) Dieses Modell lebensweltorientierte Soziale Arbeit ist ein Konzept – das zu betonen ist wichtig, obgleich trivial. Die Frage nämlich nach lebensweltlichen Verhältnissen suggeriert immer wieder, daß damit die Unmittelbarkeit von Verhältnissen, gleichsam die unverstellte, vorwissenschaftliche, vorprofessionelle Authentizität von Leben angezielt sei. Sie verführt ebenso dazu, das, was in der Sozialen Arbeit sich sowieso entwickelt und praktiziert wird, in seiner Selbstverständlichkeit als lebensweltlich auszugeben. Dies aber wäre ein Irrtum, wissenschaftstheoretisch und praktisch gesehen. Die Frage nach Lebenswelt und lebensweltorientierter Sozialer Arbeit ist eine Frage, die durch spezifische Prämissen geprägt ist, ist Ausdruck einer spezifischen Sichtweise auf Verhältnisse.
Das Konzept lebensweltorientierte Soziale Arbeit repräsentiert ein sozialwissenschaftliches Selbstverständnis der Sozialen Arbeit, wie es der Tatsache entspricht, daß unsere Gesellschaft zunehmend verwissenschaftlicht, also ihre Problemdeutungen und Problemlösungen wissenschaftlich fundiert" (Thiersch 1998: 83).
Eine lebensweltorientierte Soziale Arbeit ist somit auf die Erforschung des Lebensumfeldes, der eigensinnigen Situationssicht und möglicher Ressourcen der AdressatInnen verwiesen. Sozialarbeitsforschung versteht sich in dem von Hans Thiersch genannten Selbstverständnis als Praxis- und Handlungsforschung, die Bausteine für eine gegenstandsbegründete Theorie (Corbin/Strauss 1996) der Sozialarbeit/Sozialpädagogik liefern kann und damit zugleich in sich Elemente einer Grundlagenforschung trägt, die Soziale Praxis fortlaufend verwissenschaftlicht.
Die Lebenswelt kennzeichnet das alltägliche Umfeld, in dem die Menschen interagieren und sich mit Bekanntem und Fremdem auseinandersetzen. Die Klientel Sozialer Arbeit sind Subjekte, die ihr Leben aktiv

gestalten und in normative Strukturen eingebunden sind, die für sie objektiv in Form von Gesetzen gültig sind. An den gesetzlichen Vorgaben relativieren sich die vermeintlich ausschließlich subjektiven Spielräume der Alltagsgestaltung. Entscheiden sich z.B. Eltern gegen einen Schulbesuch ihrer Kinder, da sie diese selbst unterrichten wollen, treten mit dem schulpflichtigen Alter der Kinder Gesetze in Kraft, die den Schulbesuch als Pflicht regeln, der sich die elterlichen Vorstellungen von Unterrichtsgestaltung beugen müssen. In gleicher Weise wird das Handeln arbeitsloser Menschen, die den behördlichen Auflagen nicht nachkommen, den entsprechenden Gesetzen subsumiert und sanktioniert. Gemeinsam sind diesen Beispielen die Abhängigkeit der Realisation der subjektiven Handlungsentwürfe von den objektiven Handlungsmustern oder -zwängen. „Die Frage nach der Lebenswelt zielt auf Deutungs- und Handlungsmuster, in denen Menschen sich vorfinden und in denen sie agieren; sie zielt demnach auf Subjektivität. Darin aber erscheint der Mensch nicht primär als Individuum in seinen Kompetenzen, sondern den Verhältnissen, in der Bedingtheit durch Verhältnisse und in den Möglichkeiten, sich zu ihnen zu verhalten, sie übernehmend, festigend, umdeutend oder destruierend zu gestalten" (ebd.: 84). Das Aufeinandertreffen beider Seiten führt zu subjektiver Betroffenheit und unterschiedlichen Verarbeitungsformen derselben. Der Alltag Sozialer Arbeit wird durch das Doppelmandat bestimmt, mit dem weitgehend festgelegt ist, daß und in welcher Art und Weise sich die subjektiven Hilfevorstellungen von Klientel und SozialarbeiterInnen an den gesetzlichen Regelungen zu relativieren haben. Diese Verbundenheit subjektiver Handlungsentwürfe mit objektiven Handlungsmustern und -zwängen führt zu Widersprüchen, mit denen die Betroffenen umgehen lernen müssen. „Indem die Frage nach der Lebenswelt auf Deutungs- und Handlungsmuster zielt, in denen der Mensch sich in seinen Verhältnissen zu arrangieren versucht, zielt sie auf die Schnittstelle der subjektiven Bewältigungsmuster im Alltag und der objektiv gegebenen, historischen und sozialen Strukturen. (...) Die Frage nach der Lebenswelt zielt auf spezifische Handlungs- und Deutungsmuster im gesellschaftlichen Kontext" (ebd.: 84). Folglich ist es wichtig, daß SozialarbeiterInnen und SozialpädagogInnen, die in die Alltagsgestaltung ihrer AdressatInnen intervenieren, die subjektiven Verarbeitungsstrategien gesellschaftlich vermittelter Wirklichkeit ihrer Klientel wahrnehmen und entdecken, wie diese in deren Perspektiven begründet sind. Auf Grundlage eines wissenschaftlich ausgewiesenen, verstehenden Zugangs zu den KlientInnen werden SozialarbeiterInnen/SozialpädagogInnen fähig, ihre Klientel als die Experten ihrer Lebensgestaltung zu begreifen und ihr Handeln „ernst zu nehmen".

Diese Sichtweise auf die AdressatInnen führt zu einem sich wandelnden Selbstverständnis der Sozialen Arbeit und ihrer Handlungsmaximen. „Zumindest auf programmatischer Ebene hat man erkannt, daß die aus dem Strukturwandel der Jugend resultierende Veränderung der 'Nachfragen' nach Hilfe mit den alten Konzepten institutioneller Differenzierung und Spezialisierung (nach dem Motto: möglichst für jeden Problemtyp eine eigene Institution bzw. ein besonderes institutionelles Segment) nicht mehr begriffen werden kann. Die sechziger und siebziger Jahre sind auch in dieser Hinsicht unwiderruflich vorbei (...) Nach alledem scheint es gerechtfertigt zu sein, von einem Paradigmenwechsel der sozialen Arbeit zu sprechen, durch den sich das herkömmliche Koordinatensystem von Beratung, Erziehung, Therapie und Kontrolle (um die wichtigsten sozialpädagogischen Parameter zu nennen) weg von den Institutionen hin zur 'Lebenswelt' verschiebt" (Wolffersdorff 1993: 52). Dieser Paradigmenwechsel findet auch durch neue Orientierungen in der Sozialarbeitsforschung statt. Fritz Schütze (1994) spricht von einem „ethnographischen Fremdverstehen", das SozialarbeiterInnen üben und erlernen sollen. Diese „ethnographische Forschungsperspektive" (ebd.: 201) impliziert, daß Studierende ihre zukünftigen Arbeitsfelder als ein fremdes Feld begreifen lernen, das sie exemplarisch im Studium und immer wieder erneut im beruflichen Alltag erforschen müssen (Schmidt-Grunert 1997: 244). Denn „die Problembestände der Sozialen Arbeit sind der Gesellschaft und den Fachkräften in der Sozialen Arbeit prinzipiell fremd, und auch die Betroffenen selbst durchschauen ihre Problemlagen kaum oder gar nicht. Deshalb ist in der Sozialen Arbeit und in den Erkundungs- und Forschungsprozessen des Sozialwesens eine methodische Fremdheitshaltung angebracht, die gleichwohl auf Verstehen abzielt (Schütze 1994: 189). Die Ausrichtung auf eine „ethnographische Sichtweise" und die Einübung in „ethnographisches Fremdverstehen" sensibilisieren den Blick für eine detaillierte Wahrnehmung der beruflichen Praxis und damit für die dort agierenden Menschen und für die vielfältigen Milieus. KlientInnen Sozialer Arbeit sind in ihrer Mehrzahl „bedürftige Konsumenten", die materielle und psycho-soziale Hilfen beanspruchen. Die Erstellung von lebensweltorientierten Hilfeplänen erfordert den Einbezug der KlientInnen und damit ein breites Wissen über biographische Lebensbezüge. Eine Sozialarbeitsforschung, die sich der „Alltagswende" verpflichtet weiß und soziale Lebenswelten ergründen möchte, respektiert die subjektiven Lebensentwürfe der hilfsbedürftigen Menschen und entdeckt gemeinsam mit diesen individuelle Betroffenheit und auf das Lebensumfeld bezogene Besonderheiten. Sozialarbeitsforschung vollzieht sich darüber als ein kommunikativer Prozeß, der zu einem Verstehen des Alltags führen soll und die Voraussetzung für eine am Klientel orientierte soziale Intervention ist. „Lebensweltorientierte Forschung ist, ihrem Gegenstand angemessen, komplex und bezieht sich auf eine soziale Realität, die als Set von Deutungs- und Handlungsmustern im Alltag im vorhinein nicht konkretisiert, also in detaillierten Hypothesen repräsentiert werden kann. Lebensweltorientierte Forschung entwickelt sich im offenen Suchen, im Prozeß, in der immanenten Strategie von Entwurf, Korrektur und neuem Entwurf, in Stufen allmählicher Annäherung an den Gegenstand – natürlich immer bezogen auf den vorgängigen, theoretischen Rahmenentwurf" (Thiersch 1998: 87).

Dieser Forschungsprozeß konstituiert sich auf drei Ebenen: erstens der adäquaten Beschreibung des Alltags, auch in seinen Banalitäten; zweitens dem Aufzeigen darin stattfindender Kommunikation und dem Begreifen derselben in ihren konstitutiven Elementen; drittens dem Aufzeigen und Erklären impliziter und expliziter Zusammenhänge. Dieser Dreischritt macht es möglich, daß problematische Lebenslagen nicht nur beschreibend und verstehend bestätigt werden, sondern auch Ressourcen entdeckt werden können, die eine qualitative Veränderung von Lebenswelten ermöglichen. „Die Lebenswelt ist der Inbegriff der Wirklichkeit, die erlebt, erfahren und erlitten wird. Sie ist aber auch eine Wirklichkeit, in welcher – und an welcher – unser Tun scheitert. Vor allem für die Lebenswelt des Alltags gilt, daß wir in sie handelnd eingreifen und sie durch unser Tun verändern" (Schütz/Luckmann 1984: 11). Um diesen Anspruch auf Veränderung durch Handlung praktisch umsetzen zu können, ist Soziale Arbeit auf eine feldausgerichtete und rekonstruierende Forschung verwiesen (Jakob/Wensierski 1997). Die subjektiven Bedeutungen, die die Akteure im sozialen Feld ihren Handlungen zuschreiben und die darin enthaltenen „Schnittstellen" zur gesellschaftlichen Objektivität, müssen SozialarbeiterInnen folglich in ihren eigensinnigen Bezügen und Rückbezügen rekonstruieren können, um sich einen verstehenden Zugang zu den betroffenen Menschen zu eröffnen. „In der Erforschung eines lebensweltlichen Zusammenhanges sind somit jeweils der soziale Kontext sowie die sozialen Definitionsprozesse der darin handelnden Personen explizit zu berücksichtigen" (Kraimer 1994: 68).

Sozialwissenschaftliche qualitative Forschungen passen die Methoden dem jeweiligen Untersuchungsgegenstand an oder entwickeln ein, diesem entsprechendes, methodisches Design. Sie sind objektbezogen und nicht generalistisch (Lamnek 1989: V), es geht weniger um die Ermittlung repräsentativer Ergebnisse, sondern um die Erfassung sozialer Wirklichkeit wie sie von den betroffenen Menschen erlebt und erklärt wird (ebd.: 61). Somit lassen sich mit qualitativen Forschungsdesigns gegenstandsgeleitete Theoriebausteine für die Fortentwicklung der Sozialarbeitswissenschaft gewinnen; sie haben heute neben den sozialarbeitstypischen Handlungsmethoden im Ausbildungsbereich ihren festen Platz (siehe Galuske 1998; Pantucek 1998; Ries/Elsen/Steinmetz/ Homfeldt 1997; Schmidt-Grunert 1997).

Lebensweltorientierte Soziale Arbeit ist an professionelle Kompetenzen gebunden, die Berufsfeldflexibilität generieren. Letztere beruht auf Detailkompetenzen, die im Hochschulstudium zu vermitteln sind, wie: (a) Wahrnehmungskompetenzen, die die Sensibilität und die Wahrnehmung auch für unscheinbare Praxisphänomene steigern. Eine damit sich herausbildende ganzheitliche Situationserfassung ist die Voraussetzung für die Ausbildung von (b) Deutungskompetenzen, die ein adäquates Situations- und Sinnverstehen ermöglichen und individuelle Handlungsweisen in ihren interaktiven Bezügen entdecken, deuten und in ihren strukturellen Kontextabhängigkeiten rekonstruieren können. „Entdeckungen sind Prozesse, durch die sich das Vorverständnis von den Gegebenheiten den (neuen) Tatsachen anpaßt. Dadurch werden die bisherigen Ansichten überwunden, man kann auch sagen kritisiert. Entdeckende Forschung ist also kritisch: nicht kritisierend von einem wie auch immer begründeten Standpunkt aus, sondern kritisch durch den Fortgang des Entdeckungsprozesses selbst" (Kleining 1995: 15). Mit einem so ausgewiesenen Wissensfundus können situationsspezifische Sequenzen aus dem Kontext eines „Falles" parzelliert und darüber (c) subjektive und gesellschaftskritische Reflexionskompetenzen erworben werden – Voraussetzungen für der gesellschaftlichen Entwicklung angemessene Innovationen (Schmidt-Grunert 1997: 265 ff.). Dies schließt eine Konfrontation mit den angeeigneten sozialpädagogischen Werte- und Moralvorstellungen sowie mit gewohnten Selbstverständlichkeiten ein und kann zu einer konstruktiven Hinterfragung von Hilfeidealen führen, die einer lebensweltbezogenen Sozialen Arbeit nicht entsprechen. Die Vermittlung eines derartigen Kompetenzprofils erfordert ein Hochschulstudium, in das Praxis- und Handlungsforschung als Studienanteil integriert sind (siehe zur Praxis- und Ausbildungsforschung die Beiträge in Friebertshäuser/Prengel 1997: 599-811).

2. Die Konstruktion gesellschaftlicher Wirklichkeit aus der Sicht der Betroffenen: wissenschaftstheoretische und methodologische Grundlagen

Die Vorläufer sozialwissenschaftlicher Forschungstradition sind die Naturwissenschaften. Diese bedienen sich vorwiegend eines quantitativen methodischen Forschungsinstrumentariums, was heißt, daß sie bestimmte Phänomene mittels mathematischer Operationen zu erfassen versuchen. Die empirische Sozialforschung mit ihren unterschiedlichen Meßmethoden bezieht sich auf diese naturwissenschaftliche Tradition (Kleining 1995: 11 f.). Ihr Vorgehen zeichnet sich durch strenge Standardisierungen der Verfahren und einer Quantifizierung der Auswertungsergebnisse aus. Die Statistiken, die z.B. in der Medizin vorliegen, fassen ein Krebsrisiko in Zahlen, wenn sie die Aussage treffen, daß jede fünfte Frau in Deutschland an Brustkrebs erkrankt. Wer diese fünfte ist, und in welcher Art und Weise sie davon betroffen wird, darüber können statistische Durchschnittswerte allerdings nichts aussagen. Soziales Handeln und soziale Wirklichkeit sind mit einem quantitativen Instrumentarium nur teilweise faßbar. Dieses vermittelt Einblicke in Ausschnitte der Wirklichkeit, aber nicht in gesellschaftliche Zusammenhänge, so der kritische Einwand interpretativ ausgerichteter Sozialforscher gegen eine empirische Sozialforschung, die die Meßbarkeit als adäquate Erfassung objektiver Wirklichkeit behauptet.

Die Auseinandersetzungen zwischen Vertretern der quantitativen und qualitativen empirischen Sozialforschung findet in den 60er Jahren im Positivismusstreit ihren Höhepunkt. In dieser Kontroverse vertreten auf der einen Seite Jürgen Habermas und Theodor W. Adorno die kritisch-dialektische Position, die dem „interpretativen Paradigma" zugeordnet ist, und auf der anderen Seite vertreten die empirisch-analytische bzw. kritisch-rationale Position Karl Popper und Hans Albert, die dem „normativen Paradigma" zugeordnet wird. Dieser Streit spitzt sich letztlich auf die Frage zu, mit welchen Methoden objektive Erkenntnis über die soziale Welt gewonnen werden kann. Die Vertreter des „interpretativen Paradigmas" werfen den Vertretern des „normativen Paradigmas" vor, sie würden ihre Forschungsgegenstände als Objekte behandeln, „eine Auffassung von gesellschaftlicher Wirklichkeit als in sozialen Normierungen objektiv, sachhaft und äußerlich vorgegeben" (Matthes 1973: 202) vertreten und somit deren Subjektcharakter außer Acht lassen.

„Das bedeutet, daß soziales Handeln auf einen Reflex gegenüber Normen als isolierten, invarianten Bedingungsvariablen reduziert wird. Eine extreme Ausformulierung dieser Vorstellung von sozialer Interaktion findet sich in den sogenannten S-R-Beziehungen des verhaltenstheoretischen Ansatzes, bei dem kognitive Elemente lediglich im Sinne von intervenierenden Variablen, d.h. also als Modifizierung der Stimuluswirkung interpretiert werden" (Witzel 1982: 12). Andreas Witzel verweist darauf, daß Menschen nicht nur auf abhängige Reiz – Reaktion – Träger reduziert werden sollten. Vielmehr die durch die Subjekte hervorgebrachte Qualität von Kommunikation und Interaktion, also die darin enthaltenen „kognitiven Elemente" als Bedeutungsinhalte der Bedeutungsträger forschungsrelevant und erklärungsbedürftig sind. Die gleichberechtigte Anerkennung qualitativer und quantitativer Forschungsmethoden war die konsequente Forderung dieser Kontroverse. In der Zwischenzeit ist der Streit um die richtige Methode zur Erkenntnis der Wirklichkeit beigelegt, quantitative und qualitative Methoden der Sozialforschung sind anerkannt und der unterschiedliche Bezug auf diese bestimmt sich abhängig vom Forschungsziel. Auch für die Sozialarbeitsforschung gibt es keinen „Königsweg", dem sie sich verpflichten sollte. Für sie gilt vielmehr, „je komplexer der Gegenstand einer Wissenschaft ist, desto ausgeprägter der Methoden- und Theoriepluralismus" (Engelke 1993: 33). Je nach Ausrichtung der Forschungsprojekte und deren Einbindung in Praxisfelder wird es folglich sinnvoll sein, quantitative und qualitative Methoden zu kombinieren und um weitere methodische Settings wie beispielsweise teilnehmende Beobachtung, Gruppendiskussionen und Dokumentenanalysen zu ergänzen (Engler 1997).
Für die Soziale Arbeit sind allerdings Forschungsmethoden in besonderer Weise relevant, die das Individuum und die soziale Struktur, in die es eingebunden ist, erfassen und die Sinngehalte sozialen Handelns offen legen. „Eine Methodologie qualitativer Sozialforschung kann die Besonderheit ihrer Gegenstände als entscheidend ansehen" (Kleining 1995: 13). Entsprechende wissenschaftstheoretische und methodologische Bezüge finden sich in sozialwissenschaftlichen Theorien wieder, die dem „interpretativen Paradigma" zugeordnet werden können. Für eine qualitativ ausgerichtete Sozialarbeitsforschung sind vor allem die interpretativen Wissenschaftstheorien bzw. Methodologien von Interesse, die den Menschen als das seine Wirklichkeit gestaltende Subjekt hervorheben und die sich auf Verstehen durch Sprache stützen. Zu diesen zählen, wenngleich mit unterschiedlichen wissenschaftstheoretischen Ausrichtungen, die auf einem philosophischen Hintergrund entstandene Phänomenologie, die sozialwissenschaftlichen Theorien der Ethnome-

thodologie und des Symbolischen Interaktionismus als subjektbezogene und entwicklungsausgerichtete Methodologien, die Grounded Theory als induktives Forschungsverfahren, das in einer gegenstandsverankerten Theoriebildung münden soll und als „eine Wurzel des qualitativen Denkens (...), die Hermeneutik. Darunter sind alle Bemühungen zu verstehen, Grundlagen wissenschaftlicher Interpretation zur Auslegung von Texten zu erarbeiten" (Mayring 1996: 4).
In diesen verschiedenen Theorien wird das Subjekt als eigensinniger Konstrukteur seiner Wirklichkeit erkannt und benannt, und in dieser subjektbetonten Ausrichtung sind sie für eine Sozialarbeitsforschung und -wissenschaft von Interesse. Das Individuum gilt ihnen als eines, das aktiv seinen Lebensraum gestaltet, daher korrespondieren diese Theorien mit einem sozialarbeiterischen Selbstverständnis, das ressourcenorientiert ist und die Menschen zu einer verändernden Auseinandersetzung mit ihrem sozialen Umfeld aktivieren möchte. Zusammenfassend kann man sagen, daß dem „interpretativen Paradigma" ein Menschenbild zugrunde liegt, das von einem Individuum ausgeht, das aktiv und bewußt seine täglichen Handlungsweisen vollzieht und daher auch in der Lage ist oder sein sollte, diese nach seinen Vorstellungen zu verändern. Allerdings muß ein sozialarbeiterisches Forschungsdesign die Frage danach mit einschließen, von welchen gesellschaftlichen Einflußträgern, strukturellen und legislativen Gegebenheiten die Realisierung dieser subjektiven Veränderungsvorstellungen abhängig sind, modifiziert oder gar verunmöglicht werden.
Im folgenden werden die benannten Wissenschaftstheorien vorgestellt und deren Bedeutung für die Soziale Arbeit diskutiert.

2.1. DIE PHÄNOMENOLOGIE

Die mit Beginn des 20. Jahrhunderts von Edmund Husserl und seinen Schülern entwickelte Phänomenologie ist eine philosophische Richtung, in der die Lebenswelt als wissenschaftlicher Leitbegriff eine zentrale Rolle spielt. „Der Begriff 'Phänomen' bezieht sich darauf, was in der Wahrnehmung oder im Bewußtsein des sich bewußten Individuums gegeben oder unzweifelhaft ist; daher umfaßt die Phänomenologie die Versuche einer Beschreibung der Bewußtseinsphänomene und der Darstellung, wie diese konstituiert werden" (Phillipson 1975: 131). Husserl fragt nach dem Wesen der Wirklichkeit, das in den auffindbaren Phänomenen enthalten sein soll. Aus der Kritik an naturwissenschaftlichen Denkmodellen, in denen der Mensch als Objekt behandelt wird, fordert Husserl einen Perspektivwechsel. Der Mensch als Subjekt soll unmittelbar wissenschaftlich wiederentdeckt werden. Die Betrachtung des Menschen will er so gestalten, daß erkennbar wird, wie der Mensch in dieser seiner Welt lebt und handelt. Dies nannte Husserl einen „phänomenologischen Zugang zur Wirklichkeit". Theoretische Interpretationsmuster, die über diese Wirklichkeit existieren, sollen bei der Erforschung der Wirklichkeit in den Hintergrund treten, um diese so zu erkennen wie sie ist.

Die Phänomenologie ist für die Soziale Arbeit als eine ausgeprägte subjektbezogene Wissenschaftstheorie von besonderer Bedeutung, da sie die Notwendigkeit betont, die Perspektiven der in sozialpädagogischen und sozialarbeiterischen Bezügen agierenden Menschen „unvoreingenommen", also in deren originärem Selbstverständnis wahrnehmen zu müssen, somit das betroffene Subjekt in das Blickfeld philosophischwissenschaftlicher Betrachtung stellt (Kleining 1995: 17 ff.).

2.2. DIE ETHNOMETHODOLOGIE

Die Ethnomethodologie stellt als gleichermaßen subjektbezogene Methodologie den Menschen als den Realität hervorbringenden in den Mittelpunkt und will erklären, auf welche Art und Weise, also wie, diese ihren Alltag konstituieren. Sie zählt als ein phänomenologischer Ansatz zur Soziologie des „interpretativen Paradigmas" und ist vor allem mit dem Namen Harold Garfinkel verbunden. „Für Garfinkel bezieht sich das Präfix 'Ethno' darauf, ob und wie ein Mitglied der Gesellschaft über das Alltagswissen dieser Gesellschaft als ein Wissen über das 'Was-auch-immer' verfügt. Dieses Wissen wird von den Gesellschaftsmitgliedern methodisch verwendet, um sich gegenseitig den Sinn oder, wie Garfinkel sagen würde, die rationalen Eigenschaften ihrer Handlungen aufzuzeigen" (Weingarten/ Sack/Schenkein 1976: 10).

Diese Wissenschaftstheorie geht von dem Verständnis aus, daß sich alltägliches Handeln über Methoden konstituiert, über die jeder Mensch als handlungsgenerierende verfügt. Ethnomethodologen untersuchen folglich den Prozeß des Alltagshandelns, um die alltagsweltlichen Methoden der in Handlungen verstrickten Interaktionspartner zu bestimmen. Nicht die Bedeutungsinhalte, sondern die Methoden des Handlungsvollzuges, also das „Wie" desselben interessieren: mit welchen Mustern interpretiert wird, wie dementsprechend Handlungen vollzogen werden und wie durch deren Vollzug die Individuen ihre gesellschaftliche Welt bilden.

Dem liegt ein Menschenbild zugrunde, das das Individuum als ein Subjekt versteht, das methodisch in der Bewältigung seines Alltags vorgeht.

Diese methodischen Handlungsbezüge bewirken, daß Handeln als grundsätzlich vernünftig, geordnet und wiederholbar erscheint und wahrgenommen wird. Zugleich ermöglicht es, einen Zusammenhang zu kontextgebundenen Vorstellungen zu erkennen. Für den einzelnen Handlungsträger existiert keine Differenz zwischen wichtig und unwichtig, auch das Triviale hat Bedeutung für den Alltag. Dem Denken wird die Funktion einer Sinnerzeugung zugeschrieben, die Denkinhalte resultieren auf einer methodisch-praktischen Rationalität und bewirken, daß die Individuen durch wieder erkennbare Handlungsmuster gesellschaftliche Wirklichkeit hervorbringen.
Die dokumentarische Methode der Interpretation charakterisiert in der ethnomethodologischen Theorie das Vorgehen, das den verschiedenen Individuen erlaubt, Sinn zu erzeugen und zu verstehen. Jede einzelne Äußerung wird als ein Dokument verstanden, dem eindeutige Muster zugrunde liegen, die, sofern sie identifiziert sind, das gegenseitige Verstehen ermöglichen. Die Leistung der dokumentarischen Methode für das Subjekt besteht darin, mit ihrer Hilfe alltägliche Situationen, die einen weitgehend unfertigen, unstrukturierten und vagen Charakter tragen, erschließen zu können. Ein methodischer Bezug auf die Vielfalt alltäglicher Handlungen, sprachlicher Äußerungen und unterschiedener Erfahrungen ermöglicht es dem Einzelnen, diesen zugrundeliegende Muster herauszufinden und sie auf ein Gemeinsames zurückzuführen. Auf Grundlage dieser Transaktion können die gesellschaftlichen Subjekte dann den konkreten Sinn der Aktion und Interaktion identifizieren. Zugleich bezieht der Handelnde das Handlungsmuster auf die konkrete Handlungssituation zurück und bildet durch diesen reflexiven Bezug ständig neue Strukturmuster, die wieder identifiziert werden müssen. So entstehen „Gelegenheitsausdrücke" (Garfinkel 1978: 202), die von den Hörenden nicht unmittelbar zu entziffern sind. Dies kann zur Folge haben, daß eine Äußerung nicht entschlüsselt werden kann, da dem Hörenden die sinnstiftenden Zusammenhänge fehlen. „Gelegenheitsausdrücke, wie wir etwas vereinfacht sagen wollen, sind solche sprachlichen Formulierungen, deren Sinn von einem Hörer (in der doppelten Bedeutung des Wortes) 'nicht festgestellt' werden kann, ohne daß letzterer mit Notwendigkeit über folgendes etwas wissen oder annehmen muß: über die Lebensgeschichte und die Absichten des Benutzers des Gelegenheitsausdruckes, über die situativen und textlichen Umstände der Äußerung, über den vorangehenden Gesprächsverlauf oder über die besondere tatsächliche oder potentielle Interaktionsbeziehung, die zwischen dem Sprecher und dem Hörer besteht" (Garfinkel 1978: 202 f.). Der Sinn einer spezifischen Äußerung oder Handlung kann folglich oft nur durch einen Bezug auf biographische und personengebundene Ei-

genarten ihres Kontextes erschlossen werden, die zugleich nicht unmittelbar in der Äußerung oder Handlung enthalten sind.
Die Ethnomethodologie untersucht nicht die Inhalte der Interaktions- und Kommunikationsprozesse. Sie führt diese auf Muster zurück, die getrennt von den sie anwendenden Subjekten als allgemeine existieren sollen. Das Problem, das Sozialarbeitsforschung daher reflektieren muß, benennt Walter Spöhring: „Damit wird ein grundsätzlich subjektivistisches Gesellschaftsmodell vertreten: Gesellschaft existiert (d.h. wird konstruiert) nur in den Handlungen der Mitglieder; davon unabhängige 'soziale Tatsachen' im Sinne Durkheims werden nicht beachtet" (Spöhring 1989: 73). Die Ethnomethodologie beschäftigt sich mit dem Auffinden von Verhaltensmustern, denen die alltäglichen Interaktionen und Kommunikationen gemäß ihres Selbstverständnisses folgen – die Breite qualitativer Bezüge und die jedem individuellen Agieren vorausgesetzten historisch-kollektiven Bezüge sind hier ausgeblendet. Kausale Begründungszusammenhänge, die zur Klärung des Inhalts von Interaktionen herangezogen werden müssen, also Fragen nach dem „Warum", bleiben offen.
Aber es ist der Verdienst der Ethnomethodologie, daß sie versucht, „die Strukturen der als selbstverständlich hingenommenen Alltagswelt sichtbar zu machen" (Kleining 1995: 18) und auf die Notwendigkeit einer Kombination von Biographie- und Feldforschung hinweist, wie sie auch für Soziale Arbeit relevant ist. Man erkennt „den gleichbleibenden Versuch, psychische und soziale Realität vom Subjekt her zu erfassen, durch eine Verfeinerung der Sensibilisierung und Ausprägung der Reflexivität des Forschers selbst, seiner Fähigkeit, mit dem umzugehen, was seine Psyche erreicht" (ebd.: 19). Das Konzept der „dokumentarischen Methode der Interpretation" macht darauf aufmerksam, daß ein subjektbezogenes Verstehen nicht nur das „Hier und Jetzt" aufgreift, sondern daß die Erkenntnis des „realen Lebens" auch biographischer Rückbezüge bedarf.

2.3. DER SYMBOLISCHE INTERAKTIONISMUS

„Die Traditionslinie einer qualitativen (sozialpädagogisch orientierten) Forschung im Kontext des symbolischen Interaktionismus, reicht in die 20er und 30er Jahre zurück. Hier entstanden insbesondere im Umfeld der sog. Chicago-School of Sociology zahlreiche Fallstudien, mit denen nicht nur eine bedeutende und einflußreiche Fundierung qualitativer Sozialforschung schlechthin geleistet wurde (vgl. Fuchs 1984, S. 95ff.): diese Arbeiten – und die in dieser Tradition folgenden – zeichneten sich

auch insbesondere durch sozialpolitisch und sozialarbeiterisch ausgerichtete Forschungsperspektiven und Themenstellungen aus, die nachhaltige Wirkung auf die Entwicklung der Methoden und Theorie von Sozialarbeit und Sozialpädagogik haben sollten.
Die Chicago-Schule bezeichnet eine in den frühen 20er Jahren an der Chicagoer Universität von A.W. Small, William Isaac Thomas, Robert Ezra Park und Ernest W. Burgess begründete soziologische Forschungsrichtung, die sich insbesondere durch eine Verknüpfung von soziologischer Theoriebildung und empirischer Sozialforschung auszeichnete. Zentrales Merkmal dieser neuartigen Sozialforschung war die sozialökologische Perspektive auf soziale Probleme. Die Themen und Zielgruppen dieser Forschung umfaßten das ganze Spektrum sozialarbeiterisch relevanter Problemlagen" (Wensierski 1997: 88).
Die Vertreter des Symbolischen Interaktionismus gehen im Hinblick auf die Konstitution des Sozialen und des gesellschaftlichen Zusammenhanges von einem Individuum aus, das aktiv und bewußt seine täglichen Handlungsweisen vollzieht, das seine Umwelt gleichsam intentional gestaltet. „Conception of society as held together by shared meanings" (Meltzer 1975: 50) kennzeichnet die Gesellschaft, auf die sich das Individuum bezieht. Die Gesellschaft wird dabei nicht als eine verstanden, die dem Individuum vorausgesetzt ist und deren Struktur es nicht beeinflussen kann. Vielmehr gehen sie von einem gesellschaftlichen Verständnis aus, das besagt, daß die Menschen die Gesellschaft, in der sie leben, selbst „gemacht" haben und sie laufend neu gestalten. Die soziale Wirklichkeit ist folglich von den Gesellschaftsmitgliedern eigenständig „sozial konstruiert" (Berger/ Luckmann: 1980) und somit, und hierin liegt die zentrale Bedeutung für die Soziale Arbeit, auch durch die Mitglieder der Gesellschaft veränderbar.
Herbert Blumer, ein Vertreter der „Chicago School" formuliert die theoretischen Grundlagen des Symbolischen Interaktionismus in drei Prämissen: „Die erste Prämisse besagt, daß Menschen 'Dingen' gegenüber auf der Grundlage von Bedeutungen handeln, die diese Dinge für sie besitzen. Unter 'Dingen' wird hier alles gefaßt, was der Mensch in seiner Welt wahrzunehmen vermag (...) Die zweite Prämisse besagt, daß die Bedeutungen solcher Dinge aus der sozialen Interaktion, die man mit seinen Mitmenschen eingeht, abgeleitet ist oder aus ihr entsteht. Die dritte Prämisse besagt, daß diese Bedeutungen in einem interpretativen Prozeß, den die Person in ihrer Auseinandersetzung mit den ihr begegnenden Dingen benutzt, gehandhabt und abgeändert werden" (Blumer 1978: 81).
Er macht mit diesen drei Prämissen auf ein Verhältnis von Gesellschaft und Individuum aufmerksam, das ständige Bewegung und Veränderung

erzeugt. Die erste Prämisse kennzeichnet, daß Menschen als Handelnde nicht nur reaktiv der Gesellschaft gegenüberstehen, sondern selbst aktiv sind und den „Dingen" Bedeutungen zuschreiben, die diese für sie haben. Die zweite Prämisse weist darauf hin, daß die sozialen Bedeutungen in Interaktionen entstehen, also diesen nicht von Natur aus zukommen, sondern durch die Interagierenden konstruiert werden. Die dritte Prämisse präzisiert, daß die so gewonnenen Bedeutungen nicht einmalig in der gesellschaftlichen Realität fixiert sind, sondern in der täglichen Begegnung mit den „Dingen" gestaltet und verändert werden können. Anders ausgedrückt: Der Symbolische Interaktionismus geht davon aus, daß für jede soziale Beziehung Interaktionen konstitutiv sind, somit gesellschaftliche Wirklichkeit interaktiv hergestellt und verändert wird. Zum anderen ist für das wechselseitige Verstehen der Inhalt dieser Interaktionen von Bedeutung. Dieser wird durch die einzelnen Interakteure in Symbolen ausgedrückt. Die Bedeutung von Symbolen erlernt jeder Mensch im Verlaufe seiner Sozialisation, zugleich vermittelt dieser Prozeß, daß den gleichen „Dingen" sehr wohl unterschiedliche Bedeutungen zugeschrieben werden können. Dies greift der Symbolische Interaktionismus auf, wenn er hervorhebt, daß die dem Symbol zugedachte Bedeutung nicht immer eindeutig ist und dies zur Folge haben kann, daß sich die Interaktionsakteure mißverstehen oder überhaupt nicht verstehen, also aneinander vorbeireden.

Um diese Quellen des Miß-Verstehens möglichst gering zu halten oder auszuschließen, ist es erforderlich, daß gerade der Forschende „die Welt der Handelnden nicht dinghaft begreift, sondern sich auf die Sichtweise der Individuen einläßt, um den individuellen Konstitutionsprozeß der gesellschaftlichen Wirklichkeit zu erfassen" (Witzel 1982: 13) und um die Individuen in ihren handlungsgeleiteten Perspektiven „richtig" zu verstehen. Dieses Insistieren des sich Einlassens „auf die Sichtweisen der Individuen" und auf die grundlegende Vorstellung, daß die Subjekte, die im sozialen Alltag agieren, ihr Handeln selbstbewußt konstruieren, sind für das Selbstverständnis einer lebensweltorientierten Sozialen Arbeit maßgeblich und für entsprechende Forschungsvorhaben erkenntnisleitend zu reflektieren.

Zugleich liegt auch dem Symbolischen Interaktionismus ein subjektivistisches Gesellschaftsbild zugrunde, das kritisch hinterfragt werden sollte. „Das physisch Erlebbare wird nicht hinterfragt, gesamtgesellschaftliche wie auch historische Bezüge fehlen" (Kleining 1995: 20). Denn die Betonung des Subjekts als alleinigem Gestalter seiner Lebensverhältnisse, „es ist der soziale Prozeß des Zusammenlebens, der die Regeln schafft und aufrechterhält, und es sind nicht umgekehrt die Regeln, die das Zusammenleben schaffen und erklären" (Blumer 1978:

99), blendet jene historisch kollektiven Gesellschaftsbezüge aus, die in modernen Gesellschaften als geregelte Rechtsnormen dem subjektiven Agieren vorausgesetzt sind und in der Sozialen Arbeit die Gestaltung von Beziehungsverhältnissen weitgehend mitbestimmen. Das Verhältnis von Hilfe und Kontrolle in der Sozialen Arbeit wird z.B. durch das sog. „Doppelmandat" (Abbenhues 1995) geregelt. Dies führt nicht selten dazu, daß SozialarbeiterInnen und SozialpädagogInnen ihre subjektiven Hilfevorstellungen an den gesetzlich vorgegebenen Kontrollvorschriften abgleichen und relativieren müssen.

Es ist nicht zu bestreiten, daß individuelle Alltagshandlungen auf dem Hintergrund von subjektiven Interpretationsprozessen und ihrem interaktiven Zusammenhang zu anderen Gesellschaftsmitgliedern erfolgen und somit auch verstehbar werden. Aber gerade im Kontext Sozialer Arbeit stellen sich die Fragen, wie die historisch gewachsene gesellschaftliche Realität, auf die jedes Individuum ungefragt trifft, individuelles Handeln beeinflußt und vor allem warum die gesellschaftlichen Akteure die sozial fixierte Realität in ihren Handlungen aufgreifen, interpretierend mit dieser umgehen und sie in ihr Handlungskonzept integrieren. Ein sozialarbeiterisches Forschungsdesign darf sich im Interesse seiner KlientInnen der Frage nach der Verortung und nach der Qualität gesellschaftlicher Einflüsse auf subjektive Lebensentwürfe nicht verschließen, denn nur auf Grundlage der Einsicht in diese lassen sich Lebenslagen differenziert analysieren und lebensnahe Handlungsentwürfe entwickeln.

Der handelnde Mensch, eingebettet in seine soziale Umwelt, steht im Mittelpunkt eines sozialarbeiterischen/sozialpädagogischen Forschungsinteresses. Dieser ist in dem, was er sagt und tut, ernst zu nehmen. Der Symbolische Interaktionismus hebt die Bedeutung von Interaktion und Kommunikation hervor und weist auf das jeden Alltag konstituierende Wechselspiel der Beziehungen hin. Als diese entwicklungsbezogene Methodologie ist sie für eine lebensweltorientierte Soziale Arbeit von ganz zentraler Bedeutung. Hier werden Wege aufgezeigt, die hinführen zu einer Erklärung dessen, „was" der Mensch als selbstbewußtes Subjekt tut. Einer Erklärung dafür, „warum" er dies tut, kann mit einem Bezug auf die Forschungsmethode der Grounded Theory näher gekommen werden.

2.4. DIE GROUNDED THEORY

Eine für die Soziale Arbeit relevante sozialwissenschaftliche Theorie und Forschungsmethode liegt mit der Grounded Theory vor, die die Gleichzeitigkeit von Datenerhebung und Auswertung betont. Sie wurde von den Soziologen Barney Glaser und Anselm Strauss erstmals 1967 in der Monographie „The discovery of grounded theory" vorgestellt. Beide sind in einer langen Tradition der qualitativen Forschung verbunden, insbesondere den interaktionistischen Theorieansätzen der „Chicago School", wie sie zuvor dargestellt wurden (Kelle 1996). Die Grounded Theory ist für SozialwissenschaftlerInnen unterschiedlicher Disziplinen und für PraktikerInnen gleichermaßen bedeutsam, die „daran interessiert sind, durch qualitative Datenanalysen induktiv Theorien zu erstellen" (Strauss/Corbin 1996: IX). Es handelt sich um eine „gegenstandsverankerte Theorie" (ebd.: 7), die einen Ausschnitt der sozialen Wirklichkeit aufgreift, um aus der Untersuchung der erfaßten einzelnen Alltagsphänomene und einem diesen korrespondierenden theoretischen Vorverständnis eine Theorie zu entwickeln. Das von der Grounded Theory präferierte induktive Vorgehen ist für Soziale Arbeit von hoher Relevanz, da hierbei aus der Analyse des besonderen Phänomens auf ihm innewohnende allgemeine Bezüge geschlossen wird. „Glaser und Strauss haben in der 'Grounded Theory' postuliert, daß jeder Einzelfall untersucht werden muß und daß sich Verallgemeinerungen erst aus den Daten ergeben" (Kleining 1995: 14). Im Forschungsgang werden aus der phänomenlogisch beschreibenden Erfassung gesellschaftlicher Realität sowohl Besonderheiten in ihren Gemeinsamkeiten als auch Regelmäßigkeiten offen gelegt und zugrunde liegende Typiken entdeckt, die in ihren kontextuellen Bezügen die Bausteine der Theoriebildung bilden können. „Sie (die Theorie) wird durch systematisches Erheben und Analysieren von Daten, die sich auf das untersuchte Phänomen beziehen, entdeckt, ausgearbeitet und vorläufig bestätigt. Folglich stehen Datensammlung, Analyse und die Theorie in einer wechselseitigen Beziehung zueinander. Am Anfang steht nicht eine Theorie, die anschließend bewiesen werden soll. Am Anfang steht vielmehr ein Untersuchungsbereich – was in diesem Bereich relevant ist, wird sich erst im Forschungsprozeß herausstellen" (Strauss/Corbin 1996: 7 f.). Die Theoriegenerierung mittels der Grounded Theory wird in der Fachliteratur oftmals als theorieunabhängig verstanden. Für eine Sozialarbeitsforschung ist es wenig sinnvoll, die mit dieser Vorstellung einhergehende theoretische „tabula-rasa" Haltung einzunehmen. Denn gerade der reflektierte Einbezug sozialwissenschaftlicher Theorien und auch des Erfahrungswissens der Forschenden über den Forschungsbereich sollten in die Gestaltung der Untersuchung eingehen und können zur Formulierung vorläufiger Arbeitshypothesen hilfreich sein. Die Ausführungen von Christel Hopf sind für die Sozialarbeitsforschung daher in besonderer Weise zu reflektieren: „Anselm Strauss ist im übrigen auch nicht so borniert, daß er nicht konzediert, daß es unter bestimmten Bedingungen sinnvoll sein kann, sich im Rahmen qualitativer Forschung von vornherein an vorliegenden theoretischen Annahmen zu orientieren und zu versuchen, diese zu überprüfen und weiterzuentwickeln (vgl. Strauss 1987, S. 13 und S. 306 ff.). Dies könne dann sinnvoll sein, wenn die vorliegenden Theorien selbst als gegenstands- und datenbezogene Theorien gelten können" (Hopf 1996: 10). Der Subsumtion der Theoriegenerierung Sozialer Arbeit unter die zahlreichen Nachbardisziplinen ist damit nicht das Wort geredet. Relevant hingegen ist es, wissenschaftliche Erkenntnisse über soziale Probleme, die es schon gibt, auf das Forschungsprojekt bezogen auszuwählen und aufzugreifen, um sich damit kritisch prüfend auseinanderzusetzen.

Mit einem Forschungsbezug auf die Grounded Theory läßt sich der Beantwortung der Frage nach dem Warum sozialen Handelns näher kommen, da als Forschungsgegenstand Teilbereiche der Sozialen Welt, wie sie unmittelbar vorfindlich sind, theoretisch rückgebunden und prozeßbezogen untersucht werden können (Hopf 1996: 9 ff.). Für eine studentische Sozialarbeitsforschung ist dieses, von Strauss/Corbin (1996) verständlich und anwendungsbezogen dargestellte Forschungsdesign vor allem auch relevant, da damit Projekte als Einzelforschung durchführbar sind.

Eine gegenstandsgeleitete Theoriebildung als auch gegenstandsgeleitete Interpretationszugänge zu Ausschnitten gesellschaftlicher Wirklichkeit erfordern von den Forschenden nicht nur sozialwissenschaftliche Forschungskompetenzen, sondern zudem Interpretationskompetenzen, gleichsam die „Kunst" der Textexegese. Qualitative Sozialarbeitsforschung muß folglich Textauslegungsverfahren aufgreifen, die die Handlungen und Äußerungen in sozialen Arbeitsfeldern, in den grundlegenden Bedeutungszuschreibungen der Agierenden deutlich werden lassen. Dazu eignen sich hermeneutisch ausgerichtete Verfahren zur Sinnentschlüsselung, die im folgenden skizziert werden.

2.5. HERMENEUTISCH-REKONSTRUKTIVE
INTERPRETATIONSVERFAHREN SOZIALER WIRKLICHKEIT

„Hermeneutik bezieht sich auf ein 'Vermögen', das wir in dem Maße erwerben, als wir eine natürliche Sprache 'beherrschen' lernen: auf die Kunst, sprachlich kommunizierbaren Sinn zu verstehen und, im Falle gestörter Kommunikationen, verständlich zu machen. Sinnverstehen richtet sich auf die semantischen Gehalte der Rede, aber auch auf die schriftlich fixierten oder in nicht sprachlichen Symbolsystemen enthaltenen Bedeutungen, soweit sie prinzipiell in Rede 'eingeholt' werden können. Wir sprechen nicht zufällig von der Kunst des Verstehens und

Verständlichmachens, weil das Interpretationsvermögen, über das jeder Sprecher verfügt, stilisiert, eben zu einer Kunstfertigkeit ausgebildet werden kann" (Habermas 1971: 120).

Diese Kunstfertigkeit in die sozialpädagogische und sozialarbeiterische Disziplin integriert, entwickelt die berufliche Kompetenz, das Alltägliche aus der Betroffenenperspektive wissenschaftlich reflektieren und praktisch handhaben zu können. Das traditionelle Anliegen der Hermeneutik ist die Textauslegung, also das Bemühen, die dem sprachlichen Text immanenten Sinngehalte zu rekonstruieren und zu entschlüsseln. Diese „Kunst" der Interpretation und des Herausschälens der Alltagsäußerungen zugrundeliegenden Sinngehalte zu erlernen und zu beherrschen, zählt zu den Basiskompetenzen eines qualitätsbewußten professionellen Agierens. „Hermeneutik ist im engeren Sinne auf Sprache und Texte bezogen, im weiteren Sinne auf 'Weltauslegung' generell. Textinterpretationsverfahren sind für sozialwissenschaftliche Forschung zentral, weil ein Großteil der Daten verschriftlicht ist oder wird. Jedoch ist allen hermeneutischen Ansätzen die Betonung des forschenden *Subjekts* eigen und dessen Fähigkeit, Welt zu interpretieren" (Kleining 1995: 17; siehe auch Garz 1997: 535 ff.). Ein für Soziale Arbeit interessantes Interpretationskonzept von Wirklichkeit liegt mit der durch die Forschungsgruppe um Ulrich Oevermann bekannt gewordenen „objektiven Hermeneutik" vor, die sich als ein gegenstandsnahes Verfahren zur Analyse der „sozialen Konstitution des Subjektes" (Oevermann 1979: 353) im Kontext einer soziologischen Sozialisationstheorie versteht. Das interpretierende Verfahren der „Objektiven Hermeneutik" greift die in Texten auffindlichen Interaktionszusammenhänge in ihren subjektiven Bedeutungsgehalten auf und will die dahinter liegenden objektiven sozialen Strukturen aufdecken, die als Träger „latenter" Sinnstrukturen verstanden werden (ebd.: 380). In der Sozialen Arbeit treten sprachliche Äußerungsformen von Alltagsbewußtsein als „Träger" gesellschaftlich vermittelter Bedeutungen auf, die nicht nur latent, also verborgen, sondern konkret und unmittelbar anschaulich vorhanden sind. Das erkenntnisleitende Interesse hermeneutisch-rekonstruktiver Interpretationsverfahren zielt auf die Rekonstruktion (Wiederherstellung/Nachbildung) von subjektiven und objektiven Sinngehalten und Strukturen, die Alltagshandlungen zugrunde liegen und sie bestimmen. In diesem Erkenntnisinteresse sind hermeneutisch-rekonstruktive Interpretationsverfahren für die sozialpädagogische und sozialarbeiterische Disziplin konstitutiv und mit dem Blick auf eine lebensnahe professionelle Praxis im Studium zu verankern (Kraimer 1994: 63 ff.; Nölke 1997: 177 ff.; Haupert 1997: 193 ff.; Uhlendorff 1997: 255 ff.).

Die Problematik, die sich mit der Suche nach „latenten Sinnstrukturen" verbindet und die des „hermeneutischen Zirkels", der besagt, daß Einzelnes nur dann verstanden werden kann, wenn das Verständnis des Ganzen vorausgesetzt ist, dieses aber nur infolge des Einzelverständnisses richtig verstehbar wird, ist im Zusammenhang eines sozialarbeiterischen Verstehens allerdings kritisch zu reflektieren (Witzel 1982; Gerhard 1986; Garz/Kraimer1994). Die Suche nach „latenten Sinnstrukturen" kann den Blick auf die real vorhandenen und unmittelbar greifbaren, den Alltag konstituierenden Strukturen erschweren oder gar verunmöglichen. Zugleich kann die Betrachtung des Verhältnisses von Ganzem und Teil, wie es mit dem „hermeneutischen Zirkel" behauptet wird, infolge einer impliziten Verwischung von Ursache und Wirkung einer wirklichkeitsnahen Erkenntnis möglicherweise im Wege stehen und in einem unendlichen Prozeß der Erkenntnissuche münden.

Für die Sozialarbeitsforschung sind diese Interpretationsverfahren den zeitlich restriktiven (eingeschränkten) Rahmenbedingungen der Hochschulen anzupassen, z.B. dadurch, daß Erhebungsverfahren von verbalen Daten in den Feldern Sozialer Arbeit problembezogen ausgerichtet sind. Dies führt zu einer Eingrenzung und Vorstrukturierung der auszuwertenden Texte und damit zu einer größeren Überschaubarkeit des Auswertungszeitraumes der Untersuchung. Es macht folglich Sinn, ein qualitatives Forschungs- und Auswertungsdesign für die Soziale Arbeit zu entwickeln, das in Reflexion (Rückbesinnung) auf die theoretischen Bezüge des „interpretativen Paradigmas" (Phänomenologie, Symbolischer Interaktionismus, Ethnomethodologie) und im Bezug auf die Forschungsmethode der „Grounded Theory", sowie im Zugriff auf Elemente sinnverstehender (hermeneutischer) und inhaltsanalytischer Verfahren (Mayring 1996: 81 ff.) gestaltet wird. Die in Teil zwei dieses Bandes vorgestellten studentischen Forschungsbeiträge enthalten dafür geeignete Bausteine.

2.6. KONSEQUENZEN FÜR DEN FORSCHUNGSPROZESS

Die Vertreter des „interpretativen Paradigmas" gehen davon aus, daß unterschiedlich agierende Menschen nicht statisch und determiniert ihre Alltagshandlungen vollziehen. Die Konstruktion des alltäglichen Handelns hingegen in einer permanenten Bewegung und der Sozialisationsprozeß als ein fortlaufender Interpretationsprozeß stattfindet. In diesem Prozeß des Sich-Hineinbegebens in gesellschaftliche Zusammenhänge eignen sich die Individuen ein unterschiedliches Wissen und die Welt des Alltags aus verschiedenen Perspektiven an. „Individuen interpretieren also gleiche Situationen oder Perspektiven der anderen Individuen, die sie in ihrer Interaktion berücksichtigen müssen, auf unterschiedliche Weise" (Witzel 1982: 13). Andreas Witzel betont somit die Veränderbarkeit des Alltagswissens und weist zugleich darauf hin, daß für gesellschaftliche Stabilität oder auch Instabilität die verschiedenen Interpretationsmuster und das auf diese bezogene Verstehen oder Mißverstehen mitverantwortlich sein können. Die Erforschung sozialer Wirklichkeit beginnt folglich mit dem Bezug auf das Alltagswissen. „Die gedachten Objekte, die von Sozialwissenschaftlern konstruiert werden, um diese soziale Welt zu fassen, müssen auf den gedachten Objekten beruhen, die vom common-sense-Denken der Menschen, die ihr tägliches Leben in ihrer sozialen Welt leben, konstruiert werden" (Schütz 1954, zit. n. Cicourel 1970: 77). Dies entspricht der Forderung, daß sich das Untersuchungsinteresse, das „auf Handlungsmuster in Interaktionen zwischen mehreren Handelnden bezogen ist, und wenn diese Interaktion wesentlich auf wechselseitigen Interpretationen beruht" (Spöhring 1989: 59), konsequent auf die Aufgabe interpretativer Beschreibungen und Deutungen richtet. Die Diskussion dokumentierten Alltagshandelns sollte interpretativ, prozeßhaft und situationsbezogen geführt werden. „So lehrt die rhetorische Erfahrung die Verschränkung von Sprache und Praxis. (...) Sprache und Handeln interpretieren sich wechselseitig" (Habermas 1971: 125).

Begreift man soziales Handeln als ein Handeln, dem subjektive Interpretationsanstrengungen der Akteure zugrunde liegen, durch die diese ihre soziale Alltäglichkeit konstruieren, so wird deutlich, daß die traditionellen sozialwissenschaftlichen quantitativen Methoden der Beobachtung die Forschenden in enge Grenzen verweisen. Eine Kontrolle sich anschließender Interpretationen oder eine Klärung offener Probleme ist nur schwer möglich. Um soziale Wirklichkeit authentisch erforschen zu können, sind Erhebungsmethoden notwendig, die die Sichtweisen der sozialen Akteure unmittelbar einfangen, also methodische Instrumentarien, die die Realitätssicht und die Interaktionen erfassen, mittels der die Individuen ihren Alltag hervorbringen.

Im Allgemeinen verfügen die meisten Menschen über die Fähigkeit, sich sprachlich ihrer Umwelt mitzuteilen und darüber ihre subjektiven Alltagsdeutungen offenzulegen. Dem entspricht die Annahme, daß die gesellschaftlichen Akteure „prinzipiell (als) orientierungs-, deutungs- und theoriemächtig anzusehen und zu behandeln sind" (Arbeitsgruppe Bielefelder Schulforschung 1979: 177), sowie die Auffassung, daß ein jeder organisch gesunde Mensch im Verlauf seiner Sozialisation die ihm angeborenen Sinne so entwickeln kann, daß er sich vernünftig auf seine äußere Welt zu beziehen vermag, sofern er dies will. Die Sprache bietet die Möglichkeit, Sinngehalte zu explizieren, sie ist ein effektives Mittel, um menschliche Gedanken zu erfassen, auszudrücken und sie einem wechselseitigen Verstehen zuzuführen. „Da der Mensch die Sprache hat als das der Vernunft eigentümliche Bezeichnungsmittel, so ist es ein müßiger Einfall, sich nach einer unvollkommeneren Darstellungsweise umzusehen und quälen zu wollen" (Hegel 1969: 295).

Quantitative Methoden erscheinen auch aus sprachlogischen Gründen zur Erfassung und Interpretation umgangssprachlicher, alltäglicher Texte wenig geeignet, da sie vorwiegend extensionale (äußerliche) Interpretationen erlauben. Die quantitative Erfassung gesprochener Worte als Häufigkeitsmerkmale läßt nur einen relativen Aufschluß über die Qualität derselben zu. Die sinnbezogene Wahrhaftigkeit des Verständnisses einer sprachlichen Äußerung resultiert nicht aus deren bloß äußerlicher verbaler Erfassung, sondern bedarf eines Rekurses auf den zugrunde liegenden inhaltlichen, also gedachten Text und Kontext. „Indem die Erscheinungsweise, die sich in den Beschreibungen abbildet, hinterfragt wird, dialogisch wie bei der Sokratischen Methode, die in der Pädagogik eine Renaissance erlebte, oder dialektisch, werden Verhältnisse, Strukturen oder Beziehung entdeckt, die der Erscheinungsweise zugrunde liegen – diese werden damit kritisiert (...). Der Wahrheitsbegriff einer qualitativen Sozialforschung ist demnach heuristisch: Wahrheit entsteht durch entdeckende Forschung, die von Beschreibungen ausgeht, aber sie immanent kritisiert und dadurch 'aufhebt'. Durch Entdeckungsstrategien wird auch der Subjektivismus überwunden" (Kleining 1995: 15 f.).

Qualitative Erhebungsmethoden tragen diesen Erkenntnissen Rechnung, die die Aufzeichnungen originärer Bewußtseinsäußerungen zum Anliegen haben. Zu den dafür geeigneten methodischen Instrumentarien gehören unterschiedliche Formen qualitativer Interviews (siehe Witzel 1982 und 1996; Mayring 1996) und verschiedene Möglichkeiten der Gruppen- und Teamdiskussionen (siehe Bohnsack 1989; Keppler 1994; Schmidt-Grunert 1997). Diese werden als Tonbandprotokolle aufgezeichnet, verschriftet und gegenstandsgeleitet ausgewertet.

3. Das qualitative Interview als Forschungsinstrument

Dieser Abschnitt führt in den Umgang mit dem qualitativen Interview als einem sozialwissenschaftlichen Datenerhebungsverfahren ein. Es folgt ein Überblick über verschiedene Arten von Interviews, die in der Sozialen Arbeit als forschungsmethodologische Ansätze aufgegriffen werden können. Die qualitativen Interviewtechniken des offenen, teilstrukturierten oder problemzentrierten Interviews sind für die Soziale Arbeit, die überwiegend problembezogen handeln muß, von größerem Interesse als andere Interviewtypen. Die genannten Interviewverfahren sind in weiten Bereichen identisch, daher wird, dem Prinzip des Exemplarischen folgend, in Anlehnung an Andreas Witzel (1982, 1996) das problemzentrierte Interview ausführlich vorgestellt. Dieser Beitrag schließt mit einer Einführung in die Standards qualitativer Sozialforschung ab, die auch die Sozialarbeitsforschung zu reflektieren hat.
Der mündlichen Befragung oder dem Einzelinterview wird eine „Schlüsselrolle" als Erhebungsmethode verbaler (sprachlicher) Daten zugesprochen. Mit dieser Erhebungsmethode läßt sich grundsätzlich der konstitutive Sinn, der sozialem Handeln zugrunde liegt, in einer Form der sprachlichen Explikation ermitteln, und zugleich kann die erforderliche Reflexion durch die Forschenden hinlänglich gesichert werden. „Die Befragung ist die wohl am häufigsten angewandte sozialwissenschaftliche Forschungsmethode. Zur Ermittlung verbalisierbarer subjektiver Tatbestände ist sie auch das angemessene Verfahren" (Maynitz/Holm/Hübner 1969: 103).
Historisch ist die Erhebungsform durch Interviews in der klinischen und psychologischen Tradition angesiedelt. Das Interview wurde als ein Forschungsmittel im klinischen Kontext – der Arzt macht sich „ein Bild" durch Informationen seiner Patienten – entdeckt. In der psychologischen Testtradition ist das Interview als ein Erhebungsinstrumentarium vor allem zur Einstellungsmessung und zur Erstellung von Einstellungsskalen verankert. Aus dieser traditionellen Einbindung hat sich das Interview zu einem geeigneten Erhebungsmittel im Bereich der Meinungs- und Marktforschung fortentwickelt. In der Sozialen Arbeit kennen wir traditionell die Form der Betroffenenbefragung als ein Mittel zur Datengewinnung für die soziale „Anamnese", durch welche die Vorgeschichte einer Krankheit, einer Auffälligkeit oder einer Problemlage aufgezeichnet wird, um auf der Basis dieser Information geeignete Hilfemaßnahmen zu entwerfen und zu veranlassen.

Inzwischen haben sich unterschiedliche Arten von Interviews als Datenerhebungsverfahren durchgesetzt. Im Kontext dieser Publikation soll keine detaillierte Einführung in alle Interviewverfahren erfolgen. Hierzu liegt schon eine Vielzahl an Veröffentlichungen vor, die für Soziale Arbeit relevant sind (König 1966; Mayring 1996; Lamnek 1988 und 1989; Spöhring 1989; Witzel 1982, 1985 und 1996; Friebertshäuser/Prengel 1997).

3.1. DAS QUALITATIVE ODER NICHT STANDARDISIERTE/ UNSTRUKTURIERTE INTERVIEW

In den empirischen Sozialwissenschaften haben sich in jüngster Zeit qualitative Interviewverfahren durchgesetzt und gelten als gleichwertig mit quantitativen Erhebungsverfahren. Ein Blick in die vorliegende Fachliteratur zur Befragung oder zum Interview macht anschaulich, daß es unzählige Kriterien der Einteilung (Typologisierung) von Interviews gibt. Das folgende Schaubild vermittelt einen groben Überblick über standardisierte (quantitative) und nicht standardisierte (qualitative) Interviewarten und deren besondere Ausrichtung (Bien 1995: 24 ff.), die für sozialpädagogische und sozialarbeiterische Forschung relevant sind.

Qualitatives Interview	Quantitatives Interview
Nicht – standardisiert	Standardisiert
Mündliche Befragung	Schriftliche Befragung
Interviewleitfaden mit offenen Fragen	Fragebogen mit geschlossenen Fragen
Erzählimpuls initiiert einen freien Erzählfluß	Vorgegebene Fragen werden angekreuzt
Eine bis mehrere Befragte	Festgelegte Anzahl von Befragten
Entscheidend sind Informationen der subjektiven Perspektive der Befragten	Vergleich der Antworten führt zu einem Durchschnittswert
Qualität der Aussagen ist entscheidend	Quantitative Zuordnung zu den Fragen ist entscheidend
Typik – Kategorie	Statistik
Interpretation der subjektiven Aussagen	Interpretation der Zahlen
Qualität = Interpretierbarkeit = Erzählungen	Quantität = Meßbarkeit = x Fragebögen

© Schmidt-Grunert

Exkurs: Das quantifizierbare oder standardisierte/strukturierte Interview

Die Befragung ist ein Instrument, um soziale Sachverhalte, Meinungen, Einschätzungen und Beurteilungen unterschiedlicher Aspekte der sozialen Welt aus der Perspektive der gesellschaftlichen Akteure einzufangen, um Informationen über gesellschaftliche Bewußtseinsformen zu gewinnen und je nach Auswertungsresultat Handlungsweisen in unterschiedlichen gesellschaftlichen Kontexten zu gestalten oder umzugestalten. Befragungen werden schriftlich oder mündlich in der Regel mit einer ausgewählten Personengruppe durchgeführt, der die gleichen Fragen zur Beantwortung vorgelegt werden. Die Größe der befragten Personengruppe variiert mit der Zwecksetzung der Befragung. Um eine Vergleichbarkeit als Durchschnittswert sicherzustellen, ist eine Minimum der zu befragenden Personen vorgegeben. Das Auswertungsdesign der Fragen ist abhängig von der Art der Befragung.

Das bekannteste Befragungsinstrument ist der Fragebogen. In diesem werden Fragen festgelegt und formuliert, die von einer bestimmten Anzahl von Leuten in der vorgegebenen Reihenfolge meist schriftlich beantwortet werden. In Fragebögen finden sich in der Regel geschlossene Fragen vor, d.h., die Fragestellungen und die zu diesen mögliche Alternativantworten sind vorgeben. Die Befragten kreuzen die Antwortmöglichkeit an, die ihnen am nächsten kommt (z.B. sehr gut / gut / mittelmäßig / schlecht / sehr schlecht). Die Auswertung der Fragebögen erfolgt mittels quantitativer Verfahren, wie sie jeder Statistik zugrunde liegen.

3.1.1. Das qualitative oder teilstrukturierte Interview

Qualitative Interviews sind teilstandardisierte oder offene Interviews, die „häufiger auch als teilstrukturierte, semistrukturierte oder auch Leitfaden-Interviews bezeichnet" (Hopf 1995: 177) werden:

Befragungstyp	Befragungsvorgaben	Befragungsverlauf
Teilstrukturiertes, semistrukturiertes oder Leitfaden-Interview	Themenvorgabe oder Erzählimpuls als Vorgabe oder offene Fragen	Eine Befragung oder Mehrfachbefragung Freie Antworten

In der sozialwissenschaftlichen Literatur werden unter der genannten Grobeinteilung unterschiedliche Interviewtypen subsumiert, wie der nachfolgende Überblick zeigt: das unstrukturierte, das freie, das halboffene, das offene, das fokussierte, das zentrierte, das diskursive, das biographische, das narrative, das rekonstruktive und das problemzentrierte Interview. All diesen Interviewtypen liegen Überschneidungen zugrunde, die eine genaue Abgrenzung erschweren.

Grobeinteilung qualitativer – teilstandardisierter Interviewtypen

Befragungstypen	Befragungsausrichtung	Befragungsmodus
Struktur-Dilemma-Interview	Zugang zur Entscheidungsbegründung	Grober Leitfaden mit Möglichkeit der Veränderung durch Nachfragen und Zusatzfragen
Klinisches Interview	Zugang zur Exploration	
Biographisches Interview	Zugang zur teil-/ganzen Lebensgeschichte	
Problemzentriertes Interview	Zugang zu thematisch begrenzten Problembereichen	
Ethnographisches Interview	Zugang zu Kulturexpertenwissen	
Experteninterview	Zugang zu Expertenwissen	
Fokussiertes Interview	Zugang zu persönlichen Dokumenten, zu erlebten Situationen	
Diskursives Interview	Zugang zu Experten der „Ich-Erzählung" / Kommunikative Verständigung über Deutungen	
Narratives Interview	Zugang zu lebensgeschichtlichen Erzählungen, zu biographischen Ausschnittserzählungen, zu Stegreiferzählungen	Erzählimpuls

© Schmidt-Grunert

Die Interviews können sich über einen oder mehrere Termine erstrecken. Die Interviewtechnik ist beweglich und im Prozeß der Befragung situationsbezogen veränderbar. Auch dem qualitativen Interview liegen themenbezogene Fragestellungen zugrunde, die jedoch während der Befragung modifiziert oder ergänzt werden können. Man spricht in diesem Zusammenhang von *offen* zu formulierenden Fragen, die die Antworten nicht vorgeben, sondern eine frei zu wählende Beantwortung erlauben. Die Fragen werden in der Regel „anhand eines mehr oder weniger offenen Leitfadens" (Spöhring 1986: 99), der vor der Befragung zu erstellen ist, oder durch einen Frageimpuls, der zur Erzählung motivieren soll, formuliert. Der Ablauf des Interviews wird vorwiegend durch die Befragten bestimmt, diese werden aufgefordert, „die im Leitfaden vorgegebene Fragen nach eigenem Ermessen" (Hopf 1995: 177) zu beantworten. Qualitative Befragungen dienen dazu, die subjektive Perspektive sozialer Akteure zu ihrem Leben, ihrer Biographie oder aber zu ausgewählten Lebensausschnitten und Problemlagen einzufangen, um darin enthaltende kollektive Lebensmuster offenzulegen, also induktiv aus einzelnen Phänomenen auf allgemeine gesellschaftliche Strukturen zu schließen, die für biographische Lebensabschnitte oder -verläufe mitverantwortlich sind. Qualitative Interviews arbeiten mit narrativen Elementen (narrare, lat.: erzählen), die subjektive Meinung wird nicht einem quantifizierbaren Fragekatalog subsumiert, sondern sie ist gerade als ganz persönliche Antwort auf eine Frage gefordert und soll sich frei, also mit möglichst geringen Fremdvorgaben erzählend äußern. Die Inhalte der Antwort sind hier relevant, um gedeutet und interpretiert zu werden. Die Anzahl der befragten Personen kann variieren, die Befragung kann sich abhängig vom verfolgten Untersuchungsziel im Unterschied zu quantitativen Untersuchungen auf eine oder auf wenige befragte Personen beschränken.

In der Forschungspraxis der Sozialen Arbeit haben sich vor allem das narrative Interview und das problemzentrierte Interview durchgesetzt:

(a) *Das narrative (erzählende) Interview*: Dieses Interviewverfahren hat Fritz Schütze 1976 entwickelt und seither hat es in die Soziale Arbeit Eingang gefunden (Glinka 1998). Das narrative Interview distanziert sich von der Frage-Antwort-Struktur, indem die Interviewerin der befragten Person ein offenes Ausgangsthema stellt. Dieses wird als Einstieg in das Interview durch einen Erzählimpuls vorgegeben. Der Erzählimpuls soll die Interviewte animieren, frei gestaltend über die eigenen Erfahrungen und das eigene Erleben zu berichten und eine Erzählhaltung hervorzubringen, die nicht auf eine mögliche Wirkung der Erzählung reflektiert. Aus diesem Grunde verhält sich eine Interviewerin zurückhaltend, gibt sich als gute „Zuhörerin", die nur knappe Reizvorgaben macht, die „narrative Generierungskraft" besitzen sollen. Zwischen- oder Verständnisfragen werden möglichst wenig gestellt, da diese den Erzählfluß unterbrechen und die subjektiv einzufangenden Erzählperspektiven der befragten Person beeinflussen können. (Zur erzähltheoretischen Fundierung des narrativen Interviews und damit verbundener Problematiken hinsichtlich der „Echtheit" oder „Fiktionalität" des Erzählten siehe Böttger 1996: 137 ff.). Das narrative Interview ist in der Sozialen Arbeit eine relevante Forschungsmethode, da es die subjektive Betroffenheit von gesellschaftlich vermittelten Lebenslagen facettenreich einfangen und dokumentieren kann. Es ist jedoch zugleich mit einem sehr arbeitsintensiven Auswertungsprozeß verbunden. Studierende, die diese Forschungsmethode aufgreifen möchten, sollten den Zeitaufwand bedenken.

(b) *Das problemzentrierte Interview* wurde von Andreas Witzel (1982) in Anlehnung an vorhandene qualitative Interviewverfahren entwickelt. Es betont die Notwendigkeit, die in Interviewäußerungen enthaltene Subjektivität und die darin aufscheinenden gesellschaftlich vermittelten Relevanzstrukturen zu reflektieren. Gerade in der Betonung des doppelten Bezuges von Subjekt *und* Gesellschaft eignet sich diese Erhebungsform für sozialpädagogische/sozialarbeiterische Forschungsanliegen in besonderer Weise. In der Ausrichtung auf eine problemzentrierte Fragestellung können unterschiedliche soziale Probleme in den Arbeitsfeldern auf das Wesentliche fokussiert aufgegriffen und eingegrenzt werden. „Die Anwendungsgebiete des problemzentrierten Interviews lassen sich aus seinen hauptsächlichen Vorzügen ableiten. Es eignet sich hervorragend für eine theoriegeleitete Forschung, da es keinen rein explorativen Charakter hat, sondern die Aspekte der vorrangigen Problemanalyse in das Interview Eingang finden. Überall dort also, wo schon einiges über den Gegenstand bekannt ist, überall dort, wo dezidierte, spezifischere Fragestellungen im Vordergrund stehen, bietet sich diese Methode an" (Mayring 1996: 52). Da in der Sozialen Arbeit über mögliche Forschungsbereiche zum einen Theorien aus unterschiedlichen Bezugsdisziplinen vorliegen und zum anderen die Forschenden in der Regel über ein mehr oder weniger breites Erfahrungswissen verfügen, liegt mit dem „problemzentrierten Interview" eine für die Sozialarbeitsforschung besonders geeignetes methodisches Instrumentarium vor, das im folgenden exemplarisch vorgestellt wird.

3.2. DAS PROBLEMZENTRIERTE INTERVIEW

3.2.1. Theoretische Grundlagen

„Unter diesem Begriff, den Witzel (1982, 1985) geprägt hat, sollen alle Formen der offenen, halbstrukturierten Befragung zusammengefaßt werden. Das Interview läßt den Befragten möglichst frei zu Wort kom-

men, um einem offenen Gespräch nahezukommen. Es ist aber zentriert auf eine bestimmte Problemstellung, die der Interviewer einführt, auf die er immer wieder zurückkommt. Die Problemstellung wurde vom Interviewer bereits vorher analysiert; er hat bestimmte Aspekte erarbeitet, die in einem Interviewleitfaden zusammengestellt sind und im Gesprächsverlauf angesprochen werden"(Mayring 1996: 50).
Mit der Forschungsmethode des *problemzentrierten Interviews* (Witzel 1982 und 1996) können mehrere Personen zu ausgewählten gesellschaftlich relevanten Problembereichen befragt werden. Die mittels der Interviews in der sozialen Praxis zu gewinnenden verbalen Daten werden mit dem Einverständnis der zu Interviewenden auf Tonband aufgezeichnet und anschließend transkribiert (verschriftet).
Das *problemzentrierte Interview* fokussiert die Aussagen der Interviewten in einem zweifachen Sinne: Zum einen sollen die subjektiven Aussagen über einen bestimmten Lebensbereich eingefangen werden, zum anderen sollen in diesen Aussagen kollektive, also allgemein gesellschaftliche Verhaltensmuster entdeckt werden. Es geht „weder um Sondierungen von Persönlichkeitsmerkmalen noch um klinische Zielsetzungen, sondern um individuelle und kollektive Handlungsstrukturen und Verarbeitungsmuster gesellschaftlicher Realität" (Witzel 1982: 67).
In Abgrenzung zur „biographischen Methode", bei der der gesamte Verlauf des Lebens von Belang ist, sind bei dieser Interviewform nicht alle Etappen der Gesamtbiographie von Interesse, vielmehr können biographische Elemente, die in die dem Interview zugrundeliegende Problemstellung eingebunden sind, als bedeutsam aufgegriffen werden. Es bezieht sich auf „eine relevante gesellschaftliche Problemstellung und deren theoretische Ausformulierung als elastisch zu handhabendes Vorwissen des Forschers" (Witzel 182: 69). *Zum Beispiel:* Welcher Lebensabschnitt war wegweisend für den Einstieg in die Drogenszene? Welche Etappen waren für diese Lebensbewältigung wichtig? Dieser Fragestellung liegt das gesellschaftlich relevante Problem Drogenkonsum zugrunde und der Bezug auf ein entsprechendes Vorwissen über Einstiegsszenarien. Diese Art des „Geschichtenerzählens" auf eingegrenzte Lebenspassagen fängt biographisches Bewußtsein in der Sichtweise des betroffenen Erzählenden ein, das typische Verlaufsmuster der Alltagsbewältigung enthält und sozioökonomische Lebenszusammenhänge in möglichen Schnittstellen zu biographisch psychosozial entwickelten Verarbeitungsformen durch die Betroffenen selbst aufdecken läßt.

Das *problemzentrierte Interview* kennzeichnet drei Prinzipien, die den gesamten Forschungsprozeß gestalten und die sich aufeinander beziehen:

Prinzipien des problemzentrierten Interviews

Problemzentrierung	Gegenstandsorientierung	Prozeßorientierung
Thematische Eingrenzung	Offenheit für die Besonderheit des Forschungsfeldes	Erhebung der Daten und Rückbezüge bei der Auswertung: zusätzliche Datengewinnung etc.

(a) Das Prinzip der *Problemzentrierung*: Dieses reflektiert den Ausgangspunkt der Forschung, die gewöhnlich ein gesellschaftliches Problem aufgreift. Zugleich sollen die Beliebigkeiten von Fragestellungen und der Forschungsgegenstand auf einen zu bewältigenden Umfang eingegrenzt werden.
(b) Das Prinzip der *Gegenstandsorientierung*: Dieses betont die Notwendigkeit unvoreingenommen an das Untersuchungsfeld heranzugehen. Der Forschende soll sich in seinem Untersuchungsgang von den Gegebenheiten des originären Handlungsfeldes leiten lassen, um die Besonderheiten desselben wahrzunehmen und festzuhalten.
(c) Das Prinzip der *Prozeßorientierung*: Dieses betont die erkenntnisbezogene Prozeßhaftigkeit der gesamten Erhebungs- und Auswertungsphase, die ständig reflektiert werden soll, um offen dafür zu sein, neue Erkenntnisse in den Untersuchungsprozeß zu integrieren, z.B. durch Nachfragen im Interviewverlauf oder im Anschluß an dieses (Witzel 1996: 53 ff.). Die beständige Reflexion der drei Prinzipien in ihrem Bezug aufeinander sollen zu einer flexiblen, dem Gegenstand der Untersuchung angemessenen Analyse verhelfen und darüber zu einer Verwissenschaftlichung der Empirie beitragen.

3.2.2. Die Datenerhebung

(1) Der Kurzfragebogen
Dem Interview ist ein Kurzfragebogen vorgeschaltet, welcher der gezielten Erfassung von Informationen über den sozialen Hintergrund dient (Alter, Beruf, Familiensituation u.a.), die für den Interviewverlauf und die Interpretation der Gesprächsdaten relevant sein können. Zudem enthält der Kurzfragebogen den Vorteil, daß er ein mögliches Frage-Antwort-Schema zu Interviewbeginn unterbindet. Auch können diese

Informationen hilfreich sein, um einen Gesprächseinstieg zu formulieren, der dem Alltag der befragten Person entspricht.

(2) Der Gesprächsleitfaden
Für das gesamte Interview ist ein Leitfaden für die Fragen zu erstellen, der das Wissen um den Problembereich und das theoretische Vorwissen organisiert. Er hat die Funktion eines Orientierungsrahmens und einer Gedächtnisstütze und dient zur Unterstützung und Ausdifferenzierung von Erzählsequenzen. Der Leitfaden ist die Hintergrundfolie für das Gespräch, und zugleich gibt er Etappen für den Prozeß der Auswertung vor.

(3) Die Tonbandaufzeichnung
Die gesamte Interviewsituation wird mit Hilfe des Tonbandes erfaßt. Sie dient als Grundlage zur Verschriftung (Transkription) und als diese ist sie Auswertungsbasis sowohl für eine Einzelforschung als auch für ein mehrköpfiges Forschungsteam. Paralinguistische Momente – Pausen, Husten, lauteres Sprechen, Flüstern – können, aber müssen nicht unbedingt mit Hilfe von Symbolen verschriftet werden(siehe mögliche Verschriftungsregeln bei Thole 1997: 29).

(4) Das Postskriptum
Beim Postskriptum handelt es sich um eine postkommunikative Beschreibung der Interviewsituation. Die Interviewerin hält darin durch das Tonband nicht erfaßte Eindrücke schriftlich fest, wie die Situation der Kontaktaufnahme, eigene Zweifel beim Nachfragen, eigene Vermutungen, Notizen zur Atmosphäre, zur Gesprächsdynamik, nonverbale Reaktionen, Einflüsse der Rahmenbedingungen und anderes mehr. Diese Notizen gehen in den Prozeß der Auswertung als ergänzende Informationen ein.

3.2.2.1. Der Interviewleitfaden

Die Erhebung der Interviews wird durch einen Gesprächsleitfaden angeleitet, der mit Bezug auf vorhandene Kenntnisse über die zu erfragende Thematik erstellt wird. Die Fragen werden offen formuliert, sie sind der „rote Faden", der durch das Gespräch führt und der es zugleich zuläßt, die Fragen situationsspezifisch zu modifizieren und kontextabhängig Nachfragen zu stellen.
Der *Interviewleitfaden* ist Resultat einer wissenschaftlichen Erarbeitung. Diese beruht auf einer relativ genauen Kenntnis des Problembereiches, auf thematischen Vorüberlegungen sowie dem Einbezug relevanter wissenschaftlicher Literatur und führt zur inhaltlich und systematisch begründeten Fragestellung. Damit ist unterstellt, daß die Interviews nicht am „zufälligen Punkt Null" beginnen und von den In-

terviewenden auch keine naive „tabula-rasa-Haltung" einfordern. Vielmehr enthalten die entwickelten Fragestellungen vorläufige Kenntnisse gesellschaftlicher Strukturen oder auch psychischer Sachverhalte und reflektieren implizite Anforderungen an die Akteure im Sozialen Bereich und mögliche Auswirkungen auf deren Lebensgestaltung. Diese kritisch reflektierte Bezugnahme auf unterschiedliche Wissenschaften und auf das vorliegende Erfahrungswissen über soziale Arbeitsfelder und -bezüge ist sinnvoll, da theoretisches Vorwissen in jedem Falle die Forschungssituation mitstrukturiert (siehe Witzel 1996: 51 ff.).

Zur Veranschaulichung folgt ein Interviewleitfaden, der zum Problembereich „Jugendarbeit in der Nacht" mit dem Angebot „Mitternachtsbasketball" erstellt wurde. Das Forschungsinteresse richtete sich dabei auf die Erfassung der Perspektiven der jugendlichen Basketballspieler. *Bezugsinformationen* wurden aus der Tagespresse gewonnen und vom Interviewer, der „Mitternachtsbasketball" schon des öfteren besucht hatte.

Interviewleitfaden für ein problemzentriertes halboffenes Einzelinterview

---

Warum kommst Du zum Mitternachtsbasketball?
Was erwartest Du hier für Dich?
Wie häufig kommst Du?
Findest Du einen Leiter gut?
Was würdest Du nachts außer Sport auch noch gerne machen?
Was machen Freunde von Dir um diese Zeit, wenn sie nicht hier sind?
Wann möchtest Du Basketball spielen?
Stell' Dir vor, Mitternachtsbasketball gibt's nicht mehr, was bedeutet das für dich?
Weißt Du, wie die Leute hier in der Umgebung das Mitternachtsbasketball finden?
Kannst Du Dir noch mehr solcher Aktionen vorstellen, wie und wo?
Freizeitangebote im Stadtteil, welche findest Du gut, welche fehlen?

3.2.2.2. Vorannahmen zur Interviewsituation

„Angesichts der Komplexität der inhaltlich-theoretischen und sozialen Aspekte des Interviewens ist es nicht überraschend, daß es dabei zu un-

terschiedlichen Einschätzungen und Bewertungen kommen kann. Sie zu diskutieren und textbezogen an einzelnen Interviewpassagen zu erörtern, ist gerade deshalb besonders wichtig und sollte fester Bestandteil der Ausbildung und Qualifizierung" (Hopf 1995: 182) von Studierenden der Sozialen Arbeit sein.
Interviews gehören weder für die Befragenden noch für die Befragten zum gewohnten Alltag. Der Umgang mit dem Mikrophon und dem Aufnahmegerät ist gewöhnungsbedürftig. „Die Fähigkeit, qualitative Interviews durchzuführen, wird im allgemeinen als ein selbstverständlicher und relativ unproblematischer Bestandteil der Qualifikation von Sozialwissenschaftlern angesehen. Es gibt wohl einen relativ breiten Konsens darüber, daß diese Interviews nur von Befragenden durchgeführt werden sollten, die (...) in der Lage sind, Interviews autonom zu führen, was unter anderem bedeutet, daß sie in der Lage sind, einzuschätzen, wann es inhaltlich angemessen ist, vom Frageleitfaden abzuweichen, an welchen Stellen es erforderlich ist, intensiver nachzufragen, usw." (Hopf 1995: 181) Neben diesen Kompetenzen müssen die Befragenden fähig sein, ein Interesse am Interview bei den Befragten sicherzustellen, da eine fehlende Kooperationsbereitschaft dem Forschungsanliegen gegenläufig ist. Die Interviewthematik muß offen gelegt und in der Regel mit dem zu Interviewenden erörtert werden. Das Untersuchungsinteresse an der Darlegung der subjektiven Sichtweise der Interviewten ist im Vorgespräch deutlich herauszustellen.
Um die Befragten zu freiem Erzählen zu veranlassen, ist eine ungezwungene Interviewsituation herzustellen, die sich durch Vertrautheit auszeichnet, denn nur in dieser können Rückfragen gestellt werden, die nicht zu einer Verfälschung der biographischen Rekonstruktion führen. Der Gesprächseinstieg und die Gesprächsführung sind folglich für einen angstfreien und gelingenden Gesprächsverlauf entscheidend.

Vorschläge zum *Gesprächseinstieg* und zur *Gesprächsführung*:
(a) Eine unvoreingenommene, also vorurteilsfreie Kontaktaufnahme sollte sichergestellt werden. Dazu sind mögliche milieu- und personenbezogene Vorurteile zu reflektieren, da nur so Etikettierungen vermieden werden können. Beispielsweise kann ein Vorurteil der Interviewerin, wie „Drogenabhängige sind schwache Menschen", die Interviewsituation im Ausgangspunkt negativ prägen und beeinflussen, da die von der Interviewerin eingenommene positive oder negative Haltungen gegenüber der Befragten in aller Regel nonverbal vermittelt werden und entsprechende Reaktionen auslösen.
(b) Die *Einstiegsfrage* zum Interview sollte einen Erzählimpuls enthalten, der nicht in einer Kurzantwort münden kann, sondern zum fließen-

den Erzählen motiviert. Die Frage ist folglich so offen zu formulieren, daß sie vorhandene Vorstellungen beim Befragten aktiviert und zugleich diesem die Entscheidung überläßt, wie und was er antworten möchte. Ein *Negativbeispiel*: „Was ist anders als früher?" oder „Was halten Sie vom Schulsystem allgemein?" Jede dieser Fragen kann schlicht mit „nichts" oder „sehr viel" beantwortet werden, sie soll jedoch eine Erzählung darüber motivieren, durch welches Erleben das „nichts" oder „sehr viel" von der Befragten belegt und begründet wird. Ein *Positivbeispiel*: „Beschreiben Sie Ihren Arbeitstag früher und heute." Dieser Impuls fordert zum Erzählen über das eigene Erleben auf und grenzt die Erzählung auf den Arbeitstag früher und heute ein. Es werden zwei Bereiche vorgegeben, über diese soll berichtet werden, die Gestaltung der Erzählsituation ist somit thematisch begrenzt und läßt zugleich der Erzählenden die Freiheit, ihre Erinnerung und Vorstellung über das früher und heute eigenwillig und eigensinnig erzählerisch zu gestalten.

(c) Eine Unterbrechung des Erzählflusses sollte nach Möglichkeit vermieden werden. Im Hinblick auf das Forschungsanliegen, also auf das, was die Forschende erfragen möchte, ist zu entscheiden, wann die Erzählung dennoch zu unterbrechen ist, um angemessen auf die Fragestellung zurückzuführen. Die Erhebung von Interviews zeigt deutlich das Phänomen, daß die Interviewten in der Regel wenig Redehemmungen haben, sondern ausführlich die Gelegenheit nutzen, um sich und ihre Einstellungen zum Fragebereich darzustellen, damit verbinden sich häufig von der Fragethematik abschweifende Erzählungen. Diese müssen von der Interviewerin in jedem Falle unterbrochen werden. *Beispiel*: „Ihre Ausführungen sind interessant, aber sie führen von dem Problembereich, der mich hier interessiert, im Moment weg. Können Sie bitte wieder (Benennung des Themas) hier weiter erzählen."

(d) Oft erfolgen Erzählungen, durch die implizit Probleme angesprochen, die aber nicht ausgeführt werden. Hier ist es sinnvoll, *Fragen* zu stellen, die das *Problem allgemein verstärkt betonen*, um die Vorstellung problembezogen zu reaktivieren und die Erzählintensität darauf zurückzuführen. *Beispiel*: „Sie haben von Depressionen erzählt, wie haben Sie sich da gefühlt, was haben Sie sich gedacht, erinnern Sie sich daran genauer?"

(e) Spezifische Aussagen der Erzählenden können von der Interviewerin für bedeutungsvoll erachtet werden. Häufig werden sie unpräzise ausgeführt, so daß Verständnisfragen angebracht erscheinen. Eine Möglichkeit der Vergewisserung im Gesprächsverlauf ist das Zurückspiegeln der Aussage, wodurch die Interviewerin ihr Verständnis der Äußerungen offenlegt, das die Befragte bestätigen, modifizieren oder richtig stellen kann. *Beispiel*: „Sie haben gerade beiläufig erwähnt, daß Sie sich mit den Ansprüchen der Kinder dadurch arrangiert haben, daß Sie nur noch machen, was diese möchten. Sie haben Ihre Wünsche aufgegeben."

(f) Ad-hoc-Fragen sind dann angebracht, wenn Unklarheiten über den Erzählinhalt ersichtlich sind. Sie beziehen sich auf die unmittelbare Erzählung und haben die Funktion, der Erzählperspektive zu mehr Klarheit zu verhelfen. Zugleich sollte mit diesen Fragen vorsichtig umgegangen werden, da durch sie ungeübte Gesprächspartner leicht verunsichert werden können.

(g) Konfrontative Fragen beabsichtigen in aller Regel das Aufzeigen von Widersprüchen, Ungereimtheiten und Brüchen in der Erzählung oder von ausweichenden Äußerungen. Dennoch sind sie möglichst zu vermeiden. Sie können einen auffordernden Erzählimpuls enthalten, der die Gesprächspartnerin herausfordert, dies unterstellt allerdings gesprächsgeübte und redegewandte Persönlichkeiten. In aller Regel führen konfrontative Fragen zu einer ablehnenden oder auch ängstlich abwehrenden Gesprächshaltung und bewirken somit die gegenteilige Reaktion der Frageabsicht. *Beispiel*: „Mit diesen Anforderungen waren Sie völlig überfordert, auch wenn Sie das jetzt positiv darstellen. Sind Sie nicht überhaupt lebensuntüchtig? Worauf führen Sie das zurück?"

(h) Am Ende des Interviews ist es sinnvoll, der befragten Person die Möglichkeit zur Gesprächsergänzung aus ihrer Sicht einzuräumen. *Beispiel*: „Mit meinen Fragen bin ich nun am Ende angelangt, für mich wäre es noch interessant, zu erfahren, ob Sie noch Ergänzungen haben oder Bereiche für wichtig halten, die nicht angesprochen wurden?"

3.2.2.3. Allgemeine Überlegungen zur Praxis der Datenerhebung

Die Erforschung sozialer Wirklichkeit erfolgt in aller Regel in kleinen Teilausschnitten. Der Forschungsbereich und -gegenstand muß sehr genau eingegrenzt und bestimmt werden. Unabhängig von der gewählten Interviewtypik folgen allgemeine Überlegungen zur Datenerhebung dem bestimmten Forschungsanliegen und dem Forschungsgegenstand. Diese sind auch im Erhebungsprozeß des *problemzentrierten Interviews* zu berücksichtigen.

(a) Eine *Themenstellung oder ein Befragungsinteresse* initiiert die Überlegungen zu einem eingegrenzten Forschungsanliegen und führt zu einer Forschungsfragestellung.

Beispiel: In einer Großstadt gibt es zunehmend sozial auffällige Kinder und Jugendliche. Für diese sollen in unterschiedlichen Stadtteilen sozialpädagogische/sozialarbeiterische Hilfen angeboten werden mit präventivem Charakter. „Mitternachtsbasketball" läuft seit geraumer Zeit als Pilotprojekt in einem Stadtteil. Es soll nun untersucht werden, was die teilnehmenden Jugendlichen von diesem Angebot halten und wie sie sich dazu verhalten. *Zielsetzung* ist, herauszufinden, ob es sinnvoll, also sozialpädagogisch effektiv ist, gleichartige Projekte in weiteren Stadtteilen anzusiedeln. **Untersuchungsgegenstand** sind ausgewählte Einschätzungen der teilnehmenden Jugendlichen, diese sollen mittels qualitativer Interviews problemzentriert erfaßt werden.

(b) Die *Zielgruppe* (Alter/Geschlecht/soziale Verortung) für die Befragung ist einzugrenzen und genau zu bestimmen.

Beispiel: Die Zielgruppe ist hier durch das Pilotprojekt klar umrissen. Es sind die teilnehmenden Jugendlichen im Alter von 14 bis 25 Jahren, weiblich und männlich. Sozial verortet ist die Untersuchung in dem Stadtteil und der Sporthalle einer Schule, in dem „Mitternachtsbasketball" stattfindet.

(c) Die *Anzahl* der durchzuführenden Interviews muß festgelegt werden. Die Jugendlichen sind auszuwählen und der *Interviewort*, sowie die *Zeit* und genaue *Länge* des Interviews sind zu bestimmen.

Beispiel: Zu der Projektveranstaltung finden sich im Durchschnitt bis zu 40 Jugendliche ein, die nicht alle interviewt werden können. Da die Fragestellung relativ eingegrenzt ist, können zehn Jugendliche befragt werden. Die Auswahl der zu interviewenden Jugendlichen gestaltet sich nach dem Zufallsprinzip. Es werden Jugendliche vor Ort gefragt, wer zum Interview bereit ist, wird befragt. In diesem Beispiel ist der Ort vorgegeben, die Schule. Die Durchführung der Interviews erfordert einen ruhigen und ungestörten Raum. Die Zeit der Interviews fällt in die Zeit der Veranstaltung „Mitternachtsbasketball". Jedes Einzelinterview folgt dem gleichen, vorher erstellten Leitfaden, wird auf Tonband aufgezeichnet und auf 20 Minuten begrenzt.

(d) Die *Vorbereitung* der Interviewdurchführung muß gewissenhaft erfolgen. Dazu zählen Überlegungen:

(1) Zur Gestaltung der *Kontaktaufnahme*: Wie trage ich mein Anliegen vor? Wie hole ich das Einverständnis zum Interview, dessen Aufzeichnung auf Band und einer möglichen Veröffentlichung ein? Wie gestalte ich die Terminabsprache(n)? *Beispiel*: Im vorliegenden Beispiel ist dem jeweils angesprochenen Jugendlichen das Untersuchungsanliegen mitzuteilen und offenzulegen. Dem folgt die Frage nach der Bereitschaft zum Interview und der Zustimmung zur Aufzeichnung auf Band. Der Interviewtermin findet sofort oder unwesentlich viel später statt oder zu einem fest verabredeten Termin am nächsten Tag.

(2) Zur Gestaltung eines *Probeinterviews*: Sinnvoll ist es in jedem Falle vor Beginn der „eigentlichen" Interviewphase ein „Probeinterview" durchzuführen. Dieses geht nicht in die Untersuchung mit ein. Es dient der Interviewerin dazu, die Verständlichkeit und Sinnhaftigkeit des er-

stellten Gesprächsleitfadens zu überprüfen und diesen gegebenenfalls zu verändern. Wenig geübte Interviewerinnen haben die Möglichkeit, ihre Fragedidaktik und -methode zu üben, kritisch zu reflektieren und die situativen Bedingungen (Interviewörtlichkeit, Raumausstattung u.a.) zu kontrollieren.

(3) Zur Gestaltung der *Durchführung* der Interviews:
Wie gestalte ich die Interviewsituation? Dies impliziert die Sicherstellung eines geeigneten Raumes, der so ausgestattet ist, daß das Interview in Ruhe, also ungestört durch Außeneinflüsse, stattfinden kann und der zugleich eine „gemütliche" Atmosphäre vermittelt.

Welche Haltung nehme ich zur Interviewten ein? Hierzu zählen die Reflexion möglicher Vorurteile, diese sollten vor dem Interview abgebaut werden, da sie sonst als störende Variable den Gesprächsablauf beeinflussen können. Nicht jeder Interviewpartner möchte „geduzt" werden, dies ist vorher abzuklären. Sinnvoll ist möglicherweise eine kurze „Aufwärmphase" vor Interviewbeginn, diese sollte als „lockere" und situationsangemessene Unterhaltung stattfinden.

Wie führe ich das aufzeichnende Tonbandgerät ein?
Hierzu zählt die Überprüfung der technischen Daten. Der Interviewer muß das Tonbandgerät auf seine Funktionen hin überprüfen, er muß mit dem Gerät vertraut sei, er muß den technischen Umgang beherrschen und vor allem müssen eine ausreichende Anzahl von Tonbandkassetten vorhanden sein. Ein selbstverständlicher und ungezwungener Umgang mit der Aufzeichnungssituation ist an einen souveränen Umgang mit der Technik gebunden, überträgt sich positiv auf die Interviewpartner und erleichtert den Gesprächseinstieg (und umgekehrt). Sind diese Voraussetzungen zufriedenstellend erfüllt, ist zu Interviewbeginn die zu Befragende mit der Aufnahmetechnik vertraut zu machen, dazu gehört auch ein Hinweis auf die Notwendigkeit des Kassettenwechsels.

(4) Zur Gestaltung der *Auswertung*:
Die Materialauswertung erfolgt in Abhängigkeit von der Datenerhebung, d.h., daß dieses Verhältnis im gesamten Untersuchungsverlauf reflektiert und ggf. modifiziert werden soll und kann.

Wie verschrifte (transkribiere) ich die aufgezeichneten verbalen Daten?
Abhängig vom Untersuchungsziel muß entschieden werden, ob die Gesamtheit der Bandaufzeichnungen oder nur ausgewählte Teile zu verschriften sind. Der Bezug auf Computerprogramme kann für die Datenaufzeichnung und für die Datenanalyse hilfreich sein. „Eine computergestützte Arbeitsweise ist bei der qualitativen Datenanalyse auf verschiedenen Ebenen möglich. Auf einfache Weise kann dies schon durch die Erfassung der Texte mit einem modernen Textverarbeitungsprogramm wie „Word for Windows" oder „Word Perfect" erreicht werden" (Moser 1995: 192; siehe dazu Kuckartz 1997: 584 ff.).

Welcher Logik folgt sinnvollerweise die Datenauswertung? Die Wahl des Interviewtyps gibt dafür Strukturen vor. Beim problemzentrierten Interview ist mit dem Gesprächsleitfaden eine Systematik vorgegeben, der die Auswertung folgen kann. Diese Systematik erleichtert die vergleichende Analyse mehrerer Interviews, die dem gleichen Leitfaden folgen. Beim narrativen Interview fehlt jede vorgegebene Systematik, diese muß in dem Datenmaterial aufgefunden und Kategorien oder Typiken zugeordnet werden.

Welche Analyse- und Interpretationszugänge ergeben sich aus den Daten? Die Reflexion dieser Frage während der Erhebungsphase ist sehr sinnvoll, da sie Erzählsituationen offenlegen kann, die Unklarheiten enthalten und somit unmittelbare Nachfragen nahelegen.

3.2.3. Die Auswertungsphase

Die Auswertung des in der Empirie erhobenen verbalen Textmaterials ist von besonderer Bedeutung, da der Forschende die ihm vorliegenden Texte im Bezug auf den Inhalt analysieren, interpretieren und deuten muß. Die Kunst eines derartigen „Sinnverstehens" besteht darin, den Bedeutungsgehalt der Textaussagen in der Perspektive der Befragten zu rekonstruieren und in deren „Sinn" zu interpretieren. Die Objektivität der Forschungsauswertung ist somit nicht, wie bei quantitativen Forschungen an vergleichbares Zahlenmaterial gebunden, sondern ist von einer möglichst genauen inhaltlichen Erfassung der subjektiven Äußerungen abhängig. „Zunächst ist (...) davon auszugehen, daß verallgemeinerbare Regeln der Interpretation von Interviewprotokollen bisher nicht vorliegen. Dieser unbefriedigende Zustand ist aber nur zum Teil auf die bisher unzureichende Methodenentwicklung zurückzuführen und liegt auch an der ontologischen Eigenschaft der Vagheit ('Unterdetermination') des Gegenstandes 'menschliche Kommunikation'" (Spöhring 1989: 159). Der sprachlichen Äußerungen zugrundeliegende Sinngehalt muß mit Blick auf den Sprecher entdeckt werden, was dieser „wirklich" meint, soll interpretiert werden, und das liegt häufig nicht unmittelbar „auf der Hand". Interviewaussagen können „einer Anzahl konkurrierender Deutungen offenstehen" (ebd.), folglich muß im Forschungsprozeß dokumentiert werden, auf welchem Weg die Auswertungsergebnisse erzielt wurden. Diese Transparenz ist ein wesentliches Kriterium für die wissenschaftliche Ausgewiesenheit und Objektivität einer qualitativen Untersuchung, da darüber der Erkenntnisweg für andere nachvollziehbar wird.

3.2.3.1. Prinzipien der Auswertung von qualitativen Daten

„Es gibt keinen Auswertungsmechanismus, der, einmal festgelegt, sozusagen aus sich selbst heraus theoretische Konzepte generiert." (Witzel 1996: 72) Die Auswertungsphase stellt einen höchst sensiblen Bereich in dem gesamten Forschungsprozess vor, der in Abhängigkeit vom Datenmaterial unterschiedlich gestaltet werden kann. Im Folgenden werden allgemeine Auswertungsschritte dargestellt, Auswertungsschritte des problemzentrierten Interviews, wie sie von Andreas Witzel entwickelt wurden, werden in diese Darstellung integriert; detaillierte Ausführungen dazu sind bei Andreas Witzel (1996) nachzulesen.

Die Auswertung der erhobenen verbalen Daten orientiert sich unmittelbar an diesen. Die Textauswertung folgt in aller Regel dem Gesprächsleitfaden, der aufeinander folgende thematische Bereiche enthält. Diese im Leitfaden festgehaltenen Problembereiche und zusätzliche thematische Bereiche, die aus den Interviewdaten ersichtlich sind, können als „thematische Felder" hervorgehoben und gekennzeichnet werden und darüber eine Grobstruktur zur Materialauswertung vorgeben. Die Interpretation der einzelnen Interviews erfolgt auf Grundlage von deren vollständiger oder selektiver Transkription und unter Bezugnahme auf Kurzfragebogen, Postskriptum und weiterer methodischer Elemente, sofern diese vorhanden sind. Die verbalen Daten werden sowohl insgesamt als auch Satz für Satz zur Kenntnis genommen und nachvollzogen, sodann paraphrasiert und in einem ersten Schritt, dem weitere folgen, analysiert und zuletzt interpretiert. Eine kontrollierte Form der Textinterpretation soll nach Möglichkeit im Forscherteam erfolgen. Dossiers und Memos über zentrale Textaussagen werden angefertigt und vergleichend systematisiert in den Auswertungsprozeß einbezogen (Schmidt-Grunert 1997: 247 ff.). Im einzelnen sind folgende Schritte sinnvoll:

(a) Die *genaue Kenntnisnahme des gesamten Interviews*: In der Regel erfolgt dies auf Basis der vollständigen Verschriftung (Transkription) des Interviews. Da damit jedoch ein sehr großer Zeitaufwand verbunden ist, ist aus zeitökonomischen Erwägungen heraus oft eine forschungsbezogen begründete Verschriftungsbeschränkung sinnvoll. „Die üblich gewordene Tonbandprotokollierung ist im Vergleich zu den Gedächtnisprotokollen früherer Jahre mit Sicherheit ein Fortschritt. Allerdings sollte man sich, (...), vielleicht doch häufiger fragen, ob die Art der Fragestellungen und theoretischen Interessen in jedem Fall ein vollständiges, gegebenenfalls bis in die Notierung jeder Pause, jedes 'hm' oder 'äh' hinein genaues Protokoll erfordert" (Hopf 1995: 182). Bei einer authentischen Verschriftung können Situationsspezifiken, wie Pausen, Unverständlichkeiten, starke Betonungen, Lachen, leise Ausführungen, betont engagierte Ausführungen u.a. gesondert gekennzeichnet werden (Moser 1995: 181 ff.). Dieser linguistische oder paralinguistische Zeichenkatalog ist je nach Forschungsausrichtung und Forschungsziel in seinem „Genauigkeitsgrad" festzulegen. „Ob solche Notationsformen in einem Forschungsprojekt sinnvoll sind, ergibt sich aus der Zielsetzung der Forschungsarbeit" (Moser 1995: 183).

(b) Die *Durchsicht des gesamten Transkripts*: Die Durchsicht führt zur Kennzeichnung thematischer Bereiche, einzelner Aspekte, eventuell zu einer vorläufigen Materialordnung. Eine thematische Zusammenfassung kann sich dem sinnvollerweise anschließen.

(c) *Satz – für – Satz – Analyse*: In einem nächsten Schritt erfolgt ein verstehender Nachvollzug des gesamten Interviews als Satz – für – Satz – Analyse. In dieser steht die Klärung dessen im Vordergrund, was die interviewte Person äußert, also der Inhalt der Aussagen. Inhaltlich verwandte Aussagen werden einander zugeordnet, textbezogene Zusammenhänge werden gekennzeichnet, Wiederholungen festgehalten und in diesen werden typische Kommunikationsmuster und andere Merkmale entdeckt.

(d) *Sequenzanalyse*: Durch eine Sequenzanalyse wird der Text in seiner sequentiellen Abfolge, also im Nacheinander interpretiert. Die inhaltliche Interpretation folgt den so gekennzeichneten Sequenzen und legt diese in ihren Sinnbezügen frei, dabei wird der kontextuale Bezug der Aussagen berücksichtigt. Es handelt sich um Gesprächspassagen, die als „in – sich – abgeschlossene – Kurzgeschichte" erkennbar sind und möglicherweise auch isoliert als „Kurzgeschichte" ausgewertet werden können (siehe Schmidt-Grunert 1997: 265ff.).

(e) *Interpretation*: Die Interpretation des strukturierten Datenmaterials richtet sich unmittelbar an der Aussagekräftigkeit desselben aus und bezieht diese kritisch reflektiert auf das theoretische Vorverständnis und Vorwissen sowie auf vorhandenes Erfahrungswissen.

(f) *Bildung von Auswertungskategorien*: Die Interpretation der Daten führt zur Bildung von Auswertungskategorien auf dem Hintergrund des Materials, das nach Themen und Aspekten sortiert worden ist. Die Kategorien können vage und vorläufig sein, durch wiederholte Auswertung gewinnen sie in der Regel Konturen (Corbin/Strauss 1996). Diese sind im Zuge der Auswertung zu differenzieren, zu präzisieren, zu modifizieren, zu ergänzen oder zu ersetzen.

(g) Eine vergleichend und generalisierende Analyse setzt die Einzelinterviews in einen ihnen innewohnenden Zusammenhang und versucht, allgemeine Typiken aufzufinden, freizulegen und festzulegen. Diese können Bausteine einer daraus zu entwickelnden gegenstandsgeleiteten Theorie sein (Auswertungsvorschläge im Detail bei Schmidt 1997: 544 ff.; Mayring 1996).

4. Methodologische Standards qualitativer Sozialforschung

4.1. PRINZIPIEN ZUR DATENERHEBUNG IN QUALITATIVEN FORSCHUNGSANSÄTZEN

Der *Datenerhebung* kommt in der qualitativen Forschung eine exponierte Rolle zu, denn die erhobenen verbalen Daten dokumentieren einen Ausschnitt des wirklichen Lebens, der in seinen originären (ursprünglichen) Elementen erfaßt und analysiert werden soll. Um die soziale Wirklichkeit als Forschungsgegenstand *authentisch* zu erfassen, sind Prinzipien für die Gestaltung des gesamten Forschungsprozesses zu berücksichtigen.

(a) *Offenheit* (Flexibilität) gegenüber der gesamten Erhebungssituation: Dieses Prinzip ist ein Hauptprinzip qualitativer Forschung. Die Offenheit bezieht sich auf theoretische und methodische Ebenen des Untersuchungsprozesses. Aus den Alltagskonzepten der Untersuchten sind die theoretischen Konzepte durch kontrolliertes Fremdverstehen zu entwickeln. Die Forschende sollte vorurteilsfrei, also möglichst ohne vorab festgelegten Deutungsmuster oder strengen Hypothesen zu folgen, die erhobenen Daten auswerten. Dies heißt zugleich nicht, daß die Forschende so tun sollte, als hätte sie keine Kenntnisse über ihr Forschungsfeld. Letztlich resultiert ein jegliches Forschungsinteresse und jede ausgefeilte Forschungsfragestellung aus einem kenntnisreichen Realitätsbezug. So ist es durchaus möglich und sinnvoll, am Anfang des Forschungsprozesses Arbeitshypothesen zu erstellen, in denen reflektiertes theoretisches Vorwissen einfließt und gegenstandsgeleitet überprüft wird (Hopf 1996: 9 ff.). Auch muß die Offenheit der Fragestellung gewährleistet sein. Geschlossene Fragen, die nur mit ja oder nein beantwortet werden können und die Alltagskonzepte der Befragten in der Frageformulierung vorwegnehmen können, sind daher auszuschließen.

(b) *Kommunikativität*: Dieses Prinzip besagt, daß die empirischen Materialien im Prozeß kommunikativen Handelns zu gewinnen sind. Die Interviewaussagen werden gemeinsam mit den Befragten und den Forschenden im Alltagsdiskurs verhandelt. Dies beinhaltet die Möglichkeit rückversichernder Nach- oder Rückfrage und trägt zu einem wirklichkeitsnahen und subjektbezogenen Verstehen bei.

(c) *Naturalistizität*: Dieses Prinzip sichert den Bezug zum wirklichen Leben. Die Untersuchungssituation soll dem Lebensalltag der Untersuchten nicht fremd sein, die Erhebungsmethoden müssen mit dem Alltag vereinbar sein. D.h., daß die Interviews im alltäglichen Leben stattfinden, und daß die Interviewfragen umgangssprachlich und leicht verständlich sind. Die Interviewfragen sind dementsprechend kurz und der Alltagssprache, möglicherweise auch dem Dialekt angepaßt.

(d) *Interpretativität*: Dieses Prinzip fordert, daß die Interpretation der verbalen Daten nicht einem vorab festgelegten wissenschaftlichen Bezug folgt oder mit anderweitigen Forschungstheorien abgeglichen wird. Analyse und Interpretation richten sich an den individuellen Bedeutungen der verbalen Daten aus, wie sie dem Interview eigen sind. Das reflektierte theoretische Vorwissen, in Beziehung zur Datenanalyse und -interpretation kann zur Entwicklung einer gegenstandsgeleiteten Theorie führen.

(e) *Prozeßhaftigkeit*: Dieses Prinzip bestimmt den gesamten Forschungablauf, da zwischen Interviewten und Interviewenden eine interaktive Situation besteht. Dadurch wird permanent Wirklichkeit erzeugt, die reflektiert in den Untersuchungsverlauf eingeht und diesen bestimmt.

(f) *Auswahl*: Dieses Prinzip legt fest, daß die Populationsauswahl, also die Auswahl der in den Forschungsprozeß einzubindenden Interviewpersonen relativ zufällig und abhängig von der Bereitschaft zur Zusammenarbeit ist.

(g) *Alltagsgespräch*: Dieses Prinzip kennzeichnet die Interviewsituation, die sich am Alltag der Befragten orientieren soll, der die Grundlage für einen verstehenden Zugang zu den Befragten vorstellt. Die Datenerhebung erfolgt im Unterschied zur Laboratoriumssituation unmittelbar im Feld, also im natürlichen Umkreis der zu Befragenden und damit in einer relativ normalen kommunikativen Situation.

(h) *Zurückhaltung der Forschenden*: Dieses Prinzip weist daraufhin, daß vorrangig die Befragten zu Wort kommen sollen. Dem liegt das Selbstverständnis zugrunde, daß die Untersuchungspersonen den Forschungsverlauf mitbestimmen.

(i) *Methodentriangulation*: Dieses Prinzip entspricht der Ausrichtung am Forschungsgegenstand. Zur ganzheitlichen Erfassung des Untersuchungsgegenstandes kann es sinnvoll sein, unterschiedliche Erhebungstechniken zu kombinieren. Die Datenerhebung kann gleichsam multiperspektivisch gestaltet werden. Es bietet sich z.B. an, das *Interview* methodisch durch einen *Kurzfragebogen* zu erweitern, der grundsätzliche Daten erfaßt; eine *Dokumentenanalyse*, wie die Einsicht von Akten kann als fallbezogene Ergänzung sinnvoll sein, sowie der Einbezug weiterer Beobachtungsarten wie teilnehmender Beobachtung. Diese methodische Kombination führt zu einem Zugewinn der Datenbreite und -dichte und damit zu einer Steigerung der Gültigkeit (Validität) der Daten (siehe Mache/Klinkhammer 1997: 569 ff.).

4.2. Wissenschaftliche Standards – Forschungskriterien

Eine jede Forschung muß sich nach außen hin legitimieren und die Ergebnisse ihrer Forschungsanstrengungen nachvollziehbar offenlegen. Damit diese öffentlich und an allgemein anerkannten Maßstäben überprüfbar sind, sind wissenschaftliche Standards zu berücksichtigen. Allerdings ist darauf hinzuweisen, daß diese Standards, die auch für quantitative Forschung gelten, bei qualitativer Forschung einer anderen Zielsetzung unterliegen und dementsprechend modifiziert werden müssen (siehe Steinert 1998: 35). Qualitative Forschung zielt nicht auf die Erfassung quantitativer Merkmalsverteilungen oder statistischer Durchschnittswerte, sondern auf die Entschlüsselung subjektiver Aussagen und darin enthaltener, verallgemeinerungsfähiger Aussagetypiken. Dies kennzeichnet den prinzipiellen Unterschied beider Forschungsverfahren, und dieser sollte in jedem Fall, bezogen auf die Handhabung der wissenschaftlichen Standards, reflektiert werden.

(a) Die *Repräsentativität* (Anerkennung) der Forschung: „Habe ich ausreichend viele Untersuchungspersonen erfaßt?" Dies beinhaltet die Frage nach der Anzahl der zu erhebenden DatenträgerInnen. Die Verallgemeinerbarkeit und die Übertragbarkeit der wissenschaftlich ausgewiesene Forschungsergebnisse ist daran geknüpft. Bei interpretativen Auswertungsverfahren spielt die Anzahl der Untersuchungspersonen eine nachrangige Rolle, vielmehr hat die argumentative Kraft der Untersuchungsergebnisse zu überzeugen.

(b) Die *Reliabilität* (Zuverlässigkeit/Genauigkeit): „Habe ich meinen Untersuchungsgegenstand genau erfaßt?" Dies meint die Frage nach der Zuverlässigkeit und Verläßlichkeit (Meßbarkeit) der Daten, nach ihrem Ursprung und ihrer Ausgewiesenheit. Qualitative Erhebungsverfahren müssen darauf achten, daß die Untersuchungssituation möglichst authentisch ist oder im Alltag stattfindet und die Untersuchungsperson frei erzählen kann, also möglichst keine Angst vor der Interviewsituation oder gar dem Interviewer hat.

(c) Die *Explizierung*: „Hat sich meine befragte Person ausführlich genug geäußert?" Dies beinhaltet die Möglichkeit, durch Rückfragen und Nachfragen sich bei den Befragten rückzuversichern und darüber zu einer intensiven Explikation (Darlegung) der Bedeutungen zu gelangen, welche die Befragten ihren Ausführungen zuschreiben.

(d) Die *Validität* (allgemeine Gültigkeit): „ Habe ich erfaßt, was ich vorab ausgewiesen festgelegt hatte?" Sie stellt die Frage nach der Gültigkeit der erhobenen Daten, danach inwieweit die Forschungsergebnisse inhaltlich nachvollziehbar ausgewiesen, argumentativ logisch und überprüfbar sind. In sozialarbeiterischen Forschungsprozessen ist es sinnvoll, die Interpretationen in einer Forschungsgruppe gemeinsam zu diskutieren, oder aber es bietet sich die Möglichkeit der *kommunikativen Validierung* an. Dies meint die Diskussion mit den Befragten über die vorgenommen Textinterpretation, was in Praxisforschungsprojekten oft möglich und sinnvoll ist.

(e) Die *Reflexivität* oder Selbstbezüglichkeit von Gegenstand und Analyse: „Habe ich alle Informationen in ihrem Untersuchungszusammenhang berücksichtigt?" Sie bezieht sich darauf, daß im kommunikativen Forschungsprozeß alle Daten permanent reflektiert, aufeinander bezogen und durch neue Informationen und Sichtweisen ergänzt oder verändert werden. Eine Forschungsgruppe bietet für die geforderte reflexive Überprüfung des theoretischen Vorverständnisses und der erhobenen Daten sehr günstige Bedingungen, da die Möglichkeiten wechselseitiger Korrektur und auch der Erfassung vorhandener Zusammenhänge in der Untersuchung gemeinsam erfolgen kann.

(f) Die *Authentizität* (Wahrhaftigkeit): „Kann ich meine Untersuchungsaussagen am Material nachweislich belegen?" Sie stellt die Frage nach der Echtheit oder dem zugrundeliegenden Wahrheitsgehalt der Forschung. Zu prüfen ist die Echtheit der Forschungsergebnisse, es ist nachzuweisen, daß sie nicht „gefälscht" oder fehlinterpretiert worden sind.

4.3. DER FORSCHUNGSPROZESS: EIN VORSCHLAG ZUM DESIGN

Die Gestaltung des Forschungsprozesses ist immer abhängig von dem zugrundeliegenden Anliegen und dem Gegenstand der Untersuchung. Dennoch können allgemeine didaktisch – methodische Überlegungen zu möglichen „Stationen des qualitativen Forschungsprozesses" (Flick 1995: 147) hilfreich sein. Diese werden abschließend in Anlehnung an die Ausführungen von Uwe Flick vorgestellt, die Aspekte der bisherigen Ausführungen auf einer ganz allgemeinen Ebene enthalten und somit einen groben Leitfaden für qualitative Forschungsprozesse vorgeben.

Am Beginn eines qualitativen Forschungsprojektes sollten die Forschungssubjekte die *„Dialektik von Authentizität und Strukturierung"* (ebd.: 148) reflektieren. Qualitative Forschung versteht sich als ein kommunikativer Prozeß, in dem die Beforschten nicht Objekte sind, sondern als „dialogische Partner" verstanden werden. Zum einen sind die Besonderheiten und Einzigartigkeiten des Forschungsgegenstandes authentisch zu erfassen und zugleich sind in diesen verallgemeinerbare Strukturen offen zu legen. „Authentizität in diesem Sinne meint, daß der

Forscher seine Erkenntnisse in einer Weise darstellt, daß der 'Leser', der das Untersuchte nicht aus eigener Erfahrung kennt, sich ein Bild auch von dessen eigenen Strukturen, seiner Einzigartigkeit und Besonderheit machen kann bzw. diese in den vom Forscher gefundenen oder entwikkelten Strukturen erkennen und nachvollziehen kann" (ebd.: 149). Dazu ist es sinnvoll, signifikante Interviewaussagen in die Darstellung der Interpretation als Belege einzubinden, also an diesen das dialektische Verhältnis des Besonderen und Allgemeinen offenzulegen.

(1) Am *Ausgangspunkt* einer jeden Forschung stehen die Entwicklung von oder schon vorhandene Fragestellungen, hypothetische Überlegungen oder theoretische Annahmen, denen gerade in der Sozialen Arbeit in aller Regel praktische Alltagserfahrungen zugrunde liegen. Zur Strukturierung und Eindeutigkeit derselben ist ein Bezug auf vorliegende wissenschaftliche Literatur, bspw. auf frühere Untersuchungen, angebracht. Die Vorannahmen des Forschenden sind dabei kritisch zu reflektieren, da eine subjektiv gefärbte Wahrnehmung leicht dazu führen kann, daß der Forscher „sich und seine Forschung um die Entdeckung des tatsächlich 'Neuen' (bringt). Er verfehlt die Authentizität im Zugang zum Untersuchten und stülpt ihm Strukturen über, die diesem eigentlich fremd sind" (ebd.: 151).

(2) Eine notwendig kritische Reflexion des Untersuchungsfeldes geht mit der Konkretisierung und Präzisierung der *Forschungsfrage* einher und führt zu einer genauen Eingrenzung (Reduktion) des *Forschungsgegenstandes*, sowie zur Artikulation des spezifischen *Erkenntnisinteresses*. Im Verlaufe des gesamten Forschungsprozesses sind diese drei Momente in den unterschiedlichen Forschungsperspektiven zu überprüfen und gegebenenfalls zu verändern.

(3) Die konkrete Bestimmung des Forschungsgegenstandes und der Forschungsfrage führen im nächsten Schritt zum Entwurf des dem entsprechenden *Forschungsdesigns*. Dazu gehören die Wahl der Forschungsmethode, z.B. der Befragungsmethode und Überlegungen zu methodischen Kombinationen, „die geeignet sind, möglichst unterschiedliche Aspekte eines Problems zu berücksichtigen" (ebd.: 153).

(4) Diese Festlegungen sind Voraussetzung für den Einstieg in das Forschungsfeld. Die eigene *Rolle als Forschende* ist zu überdenken und dabei ist vor allem in der Sozialen Arbeit zu bedenken, daß ein sich Einlassen auf eine „Subkultur" und deren wirkliche Strukturen nur dann möglich ist, wenn man die eigenen, subjektiven Vorstellungen über diese fremde Welt selbstkritisch hinterfragt hat und sie möglichst hinter sich lassen kann.

(5) Je nach gewählter Forschungsart (Handlungsforschung, Praxisforschung, Auftragsforschung) ist das *Verhältnis zu den Beforschten* zu

reflektieren. „Damit sind Fragen des *Vertrauens-, Interessen- und Datenschutzes* für die Betroffenen und der Umgang des Forschers mit den eigenen Zielen angesprochen" (ebd.: 155).
(6) In der Sozialarbeitsforschung überwiegen Projekte mit einer problembezogenen Fragestellung. Bei der Datenerhebung ist dies zu berücksichtigen, da sich der *Einstieg ins Feld* als besonders schwierig erweisen kann und von ihm die Qualität der gesammelten Daten abhängig ist. Günstig ist es in jedem Fall, wenn die Forschenden genaue Kenntnisse über das Forschungsfeld haben, da sie sich dann auf mögliche Besonderheiten im Umgang mit beispielsweise obdachlosen Menschen, Drogenabhängigen, jugendlichen Szenen u.v.a.m. gezielt einstellen können.
(7) Die zu gewinnenden *Daten im Feld werden in aller Regel auf ein Tonbandgerät oder per Video* als Grundlage der Datenauswertung aufgezeichnet. Art und Umfang der Aufzeichnung sind abhängig vom Forschungsinteresse und -ziel, dabei ist es für den Sozialarbeitsforschenden angebracht, „sich bei seiner Entscheidung von folgender *Sparsamkeitsregel* leiten zu lassen: Er sollte nur so viel aufzeichnen, wie er zur Beantwortung seiner Fragestellung unbedingt braucht. Er sollte nur so viel an technischem Aufwand in der Erhebungssituation betreiben, wie von seinem theoretischen Interesse her unbedingt notwendig erscheint. Die Einschränkung der Präsenz der Aufzeichnung und die möglichst weitgehende Aufklärung der Untersuchten über Sinn und Zweck der Form der Aufzeichnung erhöhen die Wahrscheinlichkeit, tatsächlich alltägliches Verhalten in natürlichen Situationen in den Blick zu bekommen. Bei Fragestellungen, für die dies ausreicht, sollten 'antiquierte' Formen der Dokumentation wie Protokollierung von Antworten und Beobachtungen gewählt werden" (ebd.: 161). Die Entscheidung für die Eingrenzung der zu erhebenden Daten ist gegenstandsbezogen zu bedenken und begründet auszuweisen.
(8) Zwischen Datenaufzeichnung und deren Interpretation steht der Zwischenschritt der *Datenverschriftung* (Transkription). Eine Entscheidung über deren Genauigkeitsgrad steht an, diese sollte abhängig vom Forschungsvorhaben pragmatisch erfolgen. Gerade im Bereich der Sozialarbeitsforschung, der vor allem auf die Erfassung sozialer Probleme in sprachlicher Form zielt, ist es in den wenigsten Fällen notwendig, „ein Höchstmaß an erzielbarer Genauigkeit bei der Klassifikation von Äußerungen (wieviel Hundertstelsekunden dauert die Pause bzw. das 'Hm'?) und ihrer Darstellung (35 verschieden Formen des therapeutischen 'Hms')" (ebd.: 161) zu erzielen.
(9) Die *Auswertung der Daten* dient der Analyse und Interpretation, einem Rückbezug auf die Fragestellung und deren Beantwortung. Es gibt

mannigfache Vorschläge für die Gestaltung des Auswertungsprozesses, auch hier muß sich der Forschende für ein seinen erhobenen Daten angemessenes Design entscheiden. Oft ist es folgerichtig, Elemente unterschiedlicher methodischer Alternativen in das Auswertungsdesign aufzunehmen und kreativ zu verbinden.

(10) Die *Dokumentation des gesamten Forschungsprozesses*, somit des *Forschungsweges und der Forschungsergebnisse* erfolgt abschließend. Mit dieser wird beabsichtigt, den Erkenntnisweg transparent und damit die Untersuchung gemäß der wissenschaftlichen Standards überprüfbar zu machen. Diese Dokumentation kann unterschiedlich ausführlich akzentuiert und dargestellt werden. Dazu gehören in jedem Falle:

(a) die Offenlegung der Problem- und Fragestellung

(b) die Begründung der Wahl der Erhebungsmethoden und des wissenschaftlichen Vorgehens

(c) die „Operationalisierung" der Erhebungsinstrumente (z.B. des Leitfadens)

(d) die Beschreibung des Untersuchungsfelds

(e) die Offenlegung der Auswahlkriterien für die Untersuchten und die Anzahl derselben

(f) die Beschreibung der Untersuchungsdurchführung (Ort, Zeit, Zeitdauer, Kontaktaufnahme, Vereinbarung über Datenschutz, Verlauf der Erhebung und dabei aufgetretene Schwierigkeiten)

(g) die Darstellung der Aufzeichnung der Erhebung

(h) die Darstellung der Auswertungsschritte

(i) die Darstellung der Untersuchungsergebnisse (als Einzelergebnisse oder als zusammenfassende Ergebnisse)

(j) die Diskussion der Relevanz der Untersuchung für die Praxis und möglicher Konsequenzen

(k) die Dokumentation der Literaturhinweise aller im Text erwähnten Quellen

(l) der Anhang.

Das nachfolgende Schaubild zeigt „Stationen des qualitativen Forschungsprozesses" auf, die beschritten werden können und je nach Anlage der Untersuchung zu modifizieren sind.

Stationen des qualitativen Forschungsprozesses

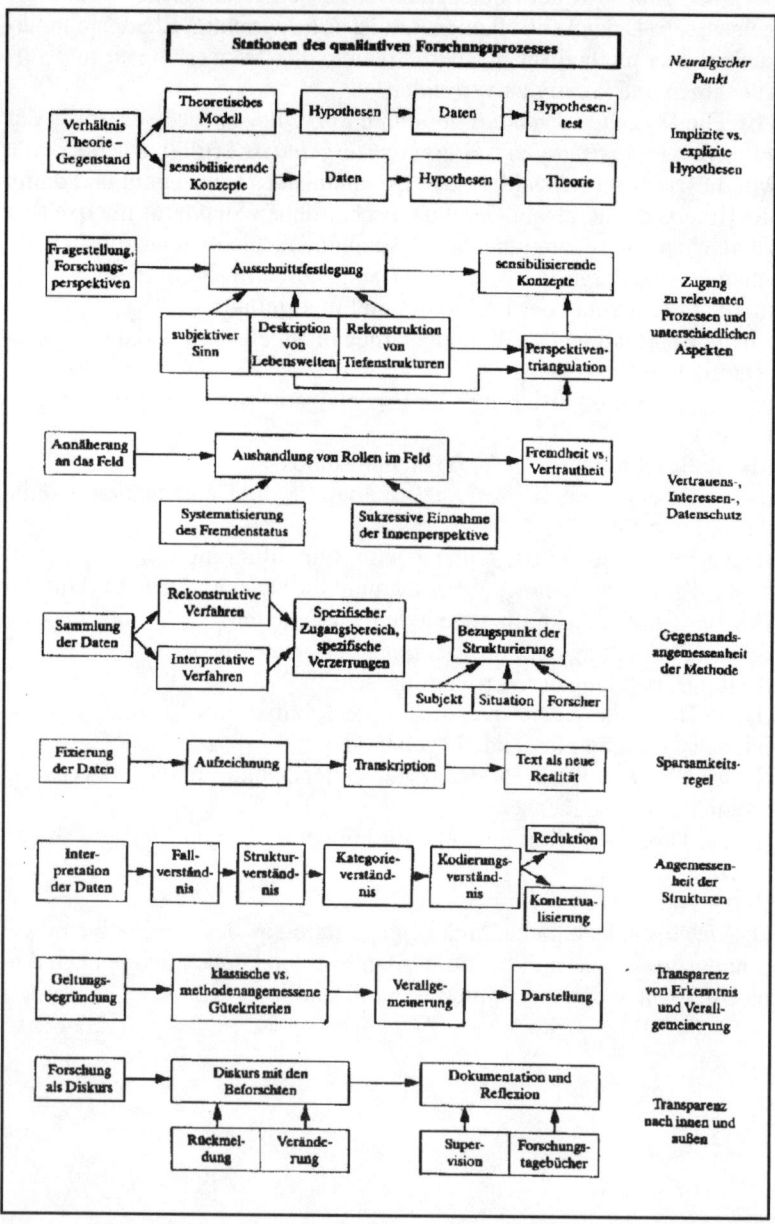

(Quelle: Flick 1995: 171)

5. Ausblick: Forschendes Lernen im Studium

Wenn Soziale Praxis wissenschaftlich fundiert sein soll, muß sie sich kontinuierlich auf Forschungsergebnisse beziehen können. Soziale Arbeit als Wissenschaft, deren Gegenstand die soziale Praxis in ihren unterschiedlichen personellen, institutionellen und gesellschaftlichen Bezügen umfaßt (Steinert 1998: 34), ist deshalb auf eine Sozialarbeitsforschung angewiesen, die die qualitativen Strukturen der Sozialen Praxis einfangen kann und durchschaubar werden läßt. Im Bereich der Sozialpädagogik ist die Einbindung Studierender in Forschungsprojekte oder Forschungsseminare in Universität und Hochschule mehr oder weniger ausgeprägt durchgesetzt (Jakob1998: 199 ff., Reim/Riemann 1997: 223 ff., Friebertshäuser/Prengel 1997: 599 ff.). Im Fachhochschulbereich findet zwar auch vielfältig Forschung statt, die Einbindung von Studierenden in Seminare, die forschendes Lernen ermöglichen und darüber Forschungskompetenzen vermitteln, ist hingegen noch nicht curricular als ein selbstverständlicher Anspruch in der Ausbildung von SozialpädagogInnen und SozialarbeiterInnen verankert. Dies hängt auch damit zusammen, daß die derzeitige Studiengestaltung an Hochschulen nur geringe Freiräume für Forschung enthält, da die Studienvorgaben inhaltlich vielfältig und aber auch zeitlich sehr umfangreich dimensioniert sind. Die im europäischen Zusammenhang neu definierte Bildungspolitik verschärft diese Tendenzen mit dem Ansinnen, die Studiendauer zu verkürzen. „Der bildungspolitische Druck, die Ausbildungswege zu verkürzen und in fachlicher Hinsicht zu 'bereinigen' durch ein bildungspolitisches 'lean management', aber auch durch hohe Studentenzahlen, wirtschaftliche Zwänge, Jobmentalität der Studierenden, veränderte Arbeitsbedingungen an der Massenuniversität (Fricke/Grauer 1994) stellen wenig geeignete Ausgangsbedingungen dar für solche curriculare Überlegungen" (Schumann 1997: 666). Gleichwohl ist die Vermittlung sozialwissenschaftlicher Forschungs- und Untersuchungsmethoden und die Einübung in eine forschende Haltung gegenüber der Praxis heute eine unabdingbare Notwendigkeit. Eine wissenschaftlich fundierte Soziale Arbeit und eine qualitativ ausgerichtete Forschung bedingen sich wechselseitig und erfordern Studierende mit Forschungskompetenzen. Daher werden abschließend Möglichkeiten skizziert, deren curriculare Einbindung in die Studienorganisation die Vermittlung von erforderlichen qualitativen Forschungskompetenzen im Studium bereit und sicher stellen können.

(1) Im Grundstudium sind Studienangebote wie „Einführung in wissenschaftliches Arbeiten" obligatorisch. Neben den Techniken wissenschaftlichen Arbeitens erfolgt in der Regel eine Einführung in quantitative Untersuchungsmethoden der Sozialforschung. Sinnvoll dazu erscheint ein verpflichtendes Ergänzungsangebot „*Einführung in qualitative Methoden der Sozialarbeitsforschung*", da darüber bei den Studierenden Forschungsinteressen geweckt werden und zugleich während des gesamten Studienverlaufes vertieft werden können.
(2) Im praxisbezogenen Studium des Hochschulbereiches bieten sich die studienintegrierten Praktika unmittelbar zum Einüben in „*forschendes Lernen*" an. Ein forschender Bezug auf die Praxis, der sich an einem qualitativen Erkenntnisinteresse ausrichtet und in Form von „*Forschungspraxisseminaren*" organisiert wird, kann Studierende und Dozierende motivieren, „einen etwas anderen Zugang zum Arbeitsgegenstand zu wählen als die sonst übliche Aneignungsform durch Lektüre einschlägiger wissenschaftlicher Texte und die Erstellung von Referaten. Durch systematisch geplante Erkundungsgänge im sozialen Feld, teilnehmende Beobachtung und Experteninterviews in ausgewählten Bildungsstätten konnten die Studierenden einen eigenen (ethnographischen) Blick entwickeln gegenüber dem 'fremden' Gegenstand" (Schumann 1997: 671; siehe auch Schmidt-Grunert 1997: 239 ff. und 1998). Die Einübung in „ethnographisches Fremdverstehen", wie dies von Fritz Schütze (1994) vorgeschlagen wird, ermöglicht den Studierenden die Betrachtung der unterschiedlichen Praxisfelder in deren eigenen Sinnhaftigkeiten und hinterfragt zugleich gewohnheitsmäßig angeeignete Selbstverständlichkeiten der Studierenden in der Wahrnehmung sozialer Wirklichkeiten.
(3) Die Einrichtung von „*Praxiswerkstätten*", durch die die Erkundung der Praxisfelder strukturiert und begleitet wird, ist sinnvollerweise durch „*Theoriewerkstätten*" zu ergänzen, in denen die wissenschaftstheoretische Aufarbeitung der Praxiserkundungen im Seminar erfolgen kann.
(4) Nicht nur bezogen auf Diplomarbeiten, die forschungsrelevante Anteile enthalten können, scheint es sinnvoll zu sein, die Idee der „*Forschungswerkstatt*" aufzugreifen und hochschulbezogen zu etablieren. „Mit der Idee einer 'Forschungswerkstatt' verbindet sich nach unserem Verständnis (...) die Vorstellung eines sozialen Raumes, in dem sich die Studierenden Kompetenzen in der Datenerhebung und -analyse aneignen, *indem* sie schon ihre jeweils eigenen – und für sich durchaus biographisch signifikanten – Forschungsfragestellungen verfolgen und zugleich die Projekte der Kommilitoninnen und Kommilitonen, die ebenfalls an der Werkstatt teilnehmen, kontinuierlich und solidarisch

begleiten" (Reim/Riemann 1997: 224). Damit können „soziale Räume" geschaffen werden, in denen in der Hochschule Dozierende und Studierende fachübergreifend kooperieren und gemeinsam Lernprozesse initiieren, die auf die Praxis rückbezogen werden können. Im Idealfall führt dies dazu, daß Praxis von Praktikern, Studierenden und Dozierenden erforscht und im gemeinsamen Diskurs erörtert wird. Die breit diskutierte Problematik der Einbindung von Praktikern in Forschungsprojekte muß dabei reflektiert und kann zugleich neu gestaltet werden. Damit nähert man sich der Forderung nach einem Studium an, das sich praxisbezogen qualifiziert und wissenschaftlich fundiert ausweisen kann.

(5) „Interpretationswerkstätten" können in das Studium integriert werden und sie sind vor allem für „Diplomandenseminare" eine sinnvolle Ergänzung. Studierende und Dozierende können in der Praxis erhobene Daten, z.B. in Form von Interviews, Gruppendiskussionen, unterschiedlichen Formen von Beobachtung und anderem, gemeinsam auswerten und diskutieren. Alle Beteiligten gewinnen darüber einen Zugang zu vielfältigen Interpretationen, üben sich in der „Kunst" des Fremdverstehens und sind sich ein wechselseitiges Korrektiv.

Literatur zu Teil 1

Abbenhues, B. (1995): Berufsethische Überlegungen zum „Doppelmandat" in der Sozialen Arbeit. In: Archiv für Wissenschaft und Praxis der sozialen Arbeit, H. 4, S. 255-291

Arbeitsgruppe Bielefelder Soziologen (Hrsg.) (1978): Alltagswissen, Interaktion und gesellschaftliche Wirklichkeit. Reinbek

Arbeitsgruppe Bielefelder Schulforschung (1979): Alltagstheorien von Schülern und Lehrern über Schulversagen. In: Schön/Hurrelmann (Hrsg.): a.a.O., S. 172-191

Berger, H./Luckmann, T. (1980): Die gesellschaftliche Konstruktion der Wirklichkeit. Eine Theorie der Wissenssoziologie. Frankfurt a.M.

Bien, D. (1995): Problemanalyse durch Mitarbeiterbefragung. Arbeitshilfe für die Praxis sozialer Einrichtungen und Organisationen. Freiburg i.Br.

Blumer, H. (1978): Der methodologische Standort des Symbolischen Interaktionismus. In: Arbeitsgruppe Bielefelder Soziologen: a.a.O., S. 80 -146

Bohnsack, R. (1989): Generation, Milieu und Geschlecht. Opladen

Böttger, A. (1996): „Hervorlocken" oder Aushandeln? Zu Methodologie und Methode des „rekonstruktiven Interviews" in der Sozialforschung. In: Strobl/Böttger (Hrsg.): a.a.O., S. 111-130

Cicourel, A.V. (1970): Methode und Messung in der Soziologie. Frankfurt a.M.

Engelke, E. (1993): Soziale Arbeit als Wissenschaft. Eine Orientierung. Freiburg i.Br.

Engler, S. (1997): Zur Kombination von qualitativen und quantitativen Methoden. In: Friebertshäuser/Prengel (Hrsg.): a.a.O., S. 118-131

Filmer, P./Phillipson, M./Silvermann, D./Walsh, D. (1975): Neue Richtungen in der soziologischen Theorie. Wien/Köln/Graz

Flick, U. u.a. (Hrsg.)(1995): Handbuch Qualitativer Sozialforschung. Grundlagen, Konzepte, Methoden und Anwendungen. Weinheim/München

Friebertshäuser, B./Prengel, A. (Hrsg.)(1997): Handbuch Qualitativer Forschungsmethoden in der Erziehungswissenschaft. Weinheim/München

Fuchs, D. (1996): Versuch einer Systematisierung der Sozialarbeitsforschung. In: Puhl (Hrsg.): a.a.O., S. 205-226

Galuske, M. (1998): Methoden in der Sozialen Arbeit. Eine Einführung. Weinheim/München

Garfinkel, H. (1978): Das Alltagswissen über soziale und innerhalb sozialer Strukturen. In: Arbeitsgruppe Bielefelder Soziologen: a.a.O., S. 189-262

Garz, D. (1997): Die Methode der Objektiven Hermeneutik – Eine anwendungsbezogene Einführung. In: Friebertshäuser/Prengel (Hrsg.): a.a.O., S. 535-543

Garz, D./Kraimer, K. (Hrsg.)(1994): Die Welt als Text. Frankfurt a.M.

Gerhardt, U. (1986): Patientenkarrieren. Frankfurt a.M.

Glaser, B./Strauss, A. (1967): The Discovery of Grounded Theory:Strategies for Qualitative Research. New York
Glinka, H.-J. (1998): Das narrative Interview. Eine Einführung für Sozialpädagogen. Weinheim/München
Groddeck, N./Schumann, M. (Hrsg.)(1994): Modernisierung Sozialer Arbeit durch Methodenentwicklung und -reflexion. Freiburg i. Br.
Habermas, J. (1971): Der Universalitätsanspruch der Hermeneutik. In: Habermas/Henrich/Taubes (Hrsg.): a.a.O., S. 120-159
Habermas, J./Henrich, D./Taubes, J. (Hrsg.)(1971): Hermeneutik und Ideologiekritik. Frankfurt a.M.
Haupert, B. (1997): Modernisierungsverlierer – Hooligans, Jugendliche in der Ausweglosigkeit? Biographische Fall- und Milieurekonstruktion mit dem Verfahren der Objektiven Hermeneutik. In: Jakob/Wensierski (Hrsg.): a.a.O., S. 193 – 208
Hegel, F.W.F. (1969) Gesamtausgabe: Wissenschaft der Logik II. Frankfurt a.M.
Hopf, C. (1996): Hypothesenprüfung und qualitative Sozialforschung. In: Strobl/Böttger (Hrsg.): a.a.O., S. 9-22
Jakob, G. (1998): Forschendes Lernen – Lernendes Forschen. Rekonstruktive Forschungsmethoden und pädagogisches Handeln in der Ausbildung. In: Rauschenbach/Thole (Hrsg.): a.a.O., S. 199 – 224
Jakob, G./Wensierski, H.-J. (Hrsg.)(1997): Rekonstruktive Sozialpädagogik. Konzepte und Methoden sozialpädagogischen Verstehens in Forschung und Praxis. Weinheim/München
Kelle, U. (1996): Die Bedeutung theoretischen Vorwissens in der Methodologie der Grounded Theory. In: Strobl/Böttger (Hrsg.): a.a.O., S. 22-48
Keppler, A. (1994): Tischgespräche. Über Formen kommunikativer Vergemeinschaftung am Beispiel der Konversation in Familien. Frankfurt a.M.
Kleining, G. (1995): Methodologie und Geschichte qualitativer Sozialforschung. In: Flick (Hrsg.): a.a.O., S. 11-22
Koller, H.Ch./Kokemohr, R. (Hrsg.)(1994): Lebensgeschichte als Text. Zur biographischen Artikulation problematischer Bildungsprozesse. Weinheim
König, R. (1966): Das Interview. Bd. 1, Köln/Berlin
Kraimer, K. (1994): Die Rückgewinnung des Pädagogischen. Weinheim, München
Kuckartz, U. (1997): Qualitative Daten computergestützt auswerten: Methoden, Techniken, Software. In: Friebertshäuser/Prengel (Hrsg.): a.a.O., S. 584-559
Lamnek, S. (1988): Qualitative Sozialforschung. Band 1: Methodologie. München
Lamnek, S. (1989): Qualitative Sozialforschung. Band 2: Methoden und Techniken. München
Macha, H./Klinkhammer, M. (1997): Auswertungsstrategien methodenkombinierter biographischer Forschung. In: Friebertshäuser/Prengel (Hrsg.): a.a.O., S. 569-583

Maier, K. (1998): Zur Abgrenzung der Sozialarbeitsforschung von der Forschung in den Nachbardisziplinen. Ein Versuch. In: Steinert, E., u.a. (Hrsg.): a.a.O., S. 51-66

Matthes, J. (1973): Einführung in das Studium der Soziologie. Reinbek

Maynitz, R./Holm, K./Hübner, P. (1969): Einführung in die Methoden der empirischen Soziologie. Opladen

Mayring, Ph. (1996): Einführung in die qualitative Sozialforschung. 3. Auflage, Weinheim

Meltzer, B.N./Petras, J.W./Reynolds, L.T. (1975): Symbolic Interactionism. Genesis, Varieties and Criticism. London/Boston

Mollenhauer, K./Uhlendorff, U. (1995): Sozialpädagogische Diagnosen. Band 1 und 2. Weinheim/München

Moser, H. (1995): Grundlagen der Praxisforschung. Freiburg i.Br.

Nölke, E. (1997): Der biographische Blick auf Marginalisierung. Hermeneutische Rekonstruktionen gescheiterter Sozialisationsverläufe von Jugendlichen und ihre sozialpädagogische Betreuung. In: Jakob/Wensierski (Hrsg.): a.a.O., S.177-192

Jüttemann, G. (Hrsg.)(1985): Qualitative Forschung in der Psychologie. Grundfragen, Verfahrensweisen, Anwendungsfelder. Weinheim/München,

Oevermann, U./Allert, T./Konau, E./Krambeck, J. (1979): Die Methodologie der 'objektiven Hermeneutik' und ihre allgemeine forschungslogische Bedeutung in den Sozialwissenschaften. In: Soeffner (Hrsg.): a.a.O., S. 325-434

Pantucek, P. (1998): Lebensweltorientierte Individualhilfe. Eine Einführung für soziale Berufe. Freiburg i.Br.

Phillipson, M. (1975): Phänomenologische Philosophie und Soziologie. In: Filmer/u.a.: a.a.O., S. 129-175

Puhl, R. (1996): Sozialarbeitswissenschaft. Neue Chancen für theoriegeleitete Soziale Arbeit. Weinheim, München

Rauschenbach, Th./Ortmann, F./Karsten, M.-E. (Hrsg.)(1993): Der sozialpädagogische Blick. Lebensweltorientierte Methoden in der Sozialen Arbeit. Weinheim/München

Rauschenbach, Th./Thole, W. (Hrsg.)(1998): Sozialpädagogische Forschung. Gegenstand und Funktionen, Bereiche und Methoden. Weinheim/München

Reim, Th./Riemann, G. (1997): Die Forschungswerkstatt. Erfahrungen aus der Arbeit mit Studentinnen und Studenten der Sozialarbeit/Sozialpädagogik und der Supervision. In: Jakob/Wensierski (Hrsg.): a.a.O., S. 223 – 239

Ries, H., A./Elsen, S./Steinmetz, B./Homfeldt, H., G.(Hrsg.)(1997): Hoffnung Gemeinwesen. Innovative Gemeinwesenarbeit und Problemlösungen in den Bereichen lokaler Ökonomie, Arbeitslosigkeit, Gesundheit, Benachteiligung. Neuwied/Kriftel/Berlin

Schmidt, C. (1997): „Am Material": Auswertungstechniken für Leitfadeninterviews. In: Friebertshäuser/Prengel (Hrsg.): a.a.O., S. 544-568

Schmidt-Grunert, M. (1997): Soziale Arbeit mit Gruppen. Eine Einführung. Freiburg i.Br.

Schmidt-Grunert, M. (1998): Orientierung auf die Lebenswelt als Herausforderung an die Wissenschaft von der Sozialen Arbeit. In: standpunkt – sozial, H. 1, Fachhochschule Hamburg, Fachbereich Sozialpädagogik, S. 66 -73

Schön, B./Hurrelmann, K. (Hrsg.)(1979): Schulalltag und Empirie. Neuere Ansätze in der schulischen und beruflichen Sozialisationsforschung. Weinheim/Basel

Schumann, M. (1997): Qualitative Forschungsmethoden in der (sozial)pädagogischen Ausbildung. In: Friebertshäuser/Prengel (Hrsg.): a.a.O., S. 661 -677

Schütz, A./Luckmann, T. (1984): Strukturen der Lebenswelt. Band 1 und 2, Frankfurt a.M.

Schütze, F. (1994): Ethnographie und sozialwissenschaftliche Methoden der Feldforschung. Eine mögliche methodische Orientierung in der Ausbildung und Praxis der Sozialen Arbeit. In: Groddeck/Schumann (Hrsg.): a.a.O., S. 189-287

Soeffner, H.G. (Hrsg.)(1979): Interpretative Verfahren in den Sozial- und Textwissenschaften. Stuttgart

Spöhring, W. (1989): Qualitative Sozialforschung. Stuttgart

Steinert, E. (1998): Wissenschaftliche Standards Qualitativer Sozialarbeitsforschung. In: Steinert u.a. (Hrsg.): a.a.O., S. 32-66

Steinert, E./Sticher-Gil, B./Sommerfeld, P./Maier, K. (Hrsg.)(1998): Sozialarbeitsforschung: was sie ist und leistet. Eine Bestandsaufnahme. Freiburg i. Br.

Strauss, A. (1987): Qualitative analysis for social scientists. Cambridge/u.a.

Strauss, A./Corbin, J. (1996): Grounded Theory: Grundlagen Qualitativer Sozialforschung. Weinheim

Strobl, R./Böttger, A. (Hrsg.)(1996): Wahre Geschichten? Zu Theorie und Praxis qualitativer Interviews. Baden-Baden

Terhart, E. (1997): Entwicklung und Situation des qualitativen Forschungsansatzes in der Erziehungswissenschaft. In: Friebertshäuser/Prengel (Hrsg.): a.a.O., S. 27-42

Thiersch, H. (1993): Strukturierte Offenheit. zur Methodenfrage einer lebensweltorientierten Sozialen Arbeit. In: Rauschenbach/Ortmann/ Karsten (Hrsg.): a.a.O., S. 11-44

Thiersch, H. (1995 a): Lebenswelt und Moral. Weinheim/München

Thiersch, H. (1995 b): Lebensweltorientierte Soziale Arbeit. Weinheim/München

Thiersch, H. (1998): Lebensweltorientierte Soziale Arbeit und Forschung. In: Rauschenbach/Thole (Hrsg.): a.a.O., S. 81-96

Thole, W./Küster-Schapfl, E.-W. (1997): Sozialpädagogische Profis. Opladen

Uhlendorff, U. (1997): Sozialpädagogisch-hermeneutische Diagnosen und Hilfeplanung. In: Jakob/Wensierski (Hrsg.): a.a.O., S. 255-270

Weingarten, E./Sack, F./Schenkein, J. (Hrsg.)(1976): Ethnomethodologie. Beiträge zu einer Soziologie des Alltagshandelns. Frankfurt a.M.

Wensierski, H.-J., v. 81997): Verstehende Sozialpädagogik. Zur Geschichte und Entwicklung qualitativer Forschung im Kontext der Sozialen Arbeit. In: Jakob/Wensierski (Hrsg.); a.a.O., S. 77-124

Wensierski, H.-J., v./Jakob, G. (1997): Rekonstruktive Sozialpädagogik. Sozialwissenschaftliche Hermeneutik, Fallverstehen und sozialpädagogisches Handeln – eine Einführung. In: Jakob/Wensierski (Hrsg.): a.a.O., S. 7-22

Witzel, A. (1982): Verfahren qualitativer Sozialforschung. Frankfurt/New York

Witzel, A. (1985): Das problemzentrierte Interview. In: Jüttemann (Hrsg.): a.a.O., S. 227-256

Witzel, A. (1996): Auswertung problemzentrierter Interviews: Grundlagen und Erfahrungen. In: Strobl/Böttger (Hrsg.): a.a.O., S. 49-76

Wolffersdorff, Ch.,v. (1993): Wandel der Jugendhilfe. – Mehr als nur ein Wort? Anmerkungen zur „Lebensweltorientierung". In: neue praxis, H. 1/2, S. 42-62

Teil 2: Forschungsberichte

Der zweite Teil des vorliegenden Bandes enthält Ausschnitte aus empirischen Studien, die von Studierenden durchgeführt wurden. Den drei Beiträgen ist ein unterschiedlicher Bezug auf die Forschungsmethode des qualitativen Interviews gemeinsam. In Anlehnung an die Methoden des „problemzentrierten Interviews", des „fokussierten Interviews" und des „offenen Interviews" werden Betroffenenperspektiven in unterschiedlicher Problemzentrierung erfaßt. Die Untersuchungen sind Forschungsanteile aus Diplomarbeiten, die Studierende an Fachhochschulen für Soziale Arbeit angefertigt haben. Für die nachfolgenden Beiträge wurden diese der Intention dieses Buches entsprechend mit dem Schwerpunkt auf der Dokumentation des gewählten Forschungsweges und der Untersuchungsergebnisse überarbeitet. Die Dokumentation der Untersuchungen umschließt die Darstellung der Forschungsfrage, der Forschungsmethode, der einzelnen Forschungsschritte und der Diskussion festgestellter Schwierigkeiten, sowie eine Einführung in das gewählte Forschungsfeld und eine gekürzte Darstellung der Auswertung der in der Empirie erhobenen Interviewdaten. Im folgenden werden die einzelnen Beiträge kurz skizziert:

(1) *Margret Mundorf* hat aus der Vielzahl qualitativer Interviewtypiken das *„problemzentrierte Interview"* als Forschungsmethode gewählt. Sie interviewt junge Menschen, die einen christlichen Freiwilligendienst im Ausland gemacht haben und geht der Frage nach, welchen sozialisatorischen Stellenwert dieser Dienst in der fremden Lebenswelt für die Lebensphase Jugend einnimmt und welche Bedeutung die biographisch gesammelten Erfahrungen heute für die Betroffenen haben. In Anlehnung an das *„problemzentrierte Interview"* (Witzel 1982) entwickelt sie unter Einbezug ihres theoretischen Vorwissens einen problembezogenen Interviewleitfaden, dem die durchgeführten Interviews folgen. Die Befragten haben einen einjährigen christlichen Freiwilligendienst im Ausland verbracht und werden nach dessen Beendigung, also ihrer Rückkehr in die Heimat interviewt. Die Auswertung der Interviews folgt vier thematischen Bereichen. Diese enthalten: Motivation, Erfahrungen im Dienst, Erfahrungen bei der Rückkehr und Auswirkungen der Erfahrungen. Im Zentrum der Studie stehen die Erzählungen der Befragten und die darin zum Ausdruck kommenden Verarbeitungsmuster gesellschaftlich erlebter Realität in der Fremde und in der Heimat. Subjektive Verarbeitungsformen äußern sich in der Veränderung bewährter

Beurteilungsmaßstäbe und in einem neuen Verständnis fremden Kulturen und fremden Menschen gegenüber. Deutlich zeigt diese Studie auf, daß interkulturelles Lernen mannigfache Elemente der Übertragbarkeit auf andere Lebenssituationen enthält und so als ein Einüben in Fremdverstehen greifbar wird, das durch die Offenheit und Prozeßhaftigkeit der Erfahrungen hin zu einem *lebenslangen Lernen* führen kann.

(2) *Karin Kienle* setzt sich in ihrem Forschungsbeitrag mit dem Alltag behinderter Menschen auseinander. Ausgehend von dem Selbstverständnis, daß gerade behinderten Menschen die Teilhabe an unterschiedlichen Lebensbezügen ermöglicht werden muß, grenzt sie ihren Untersuchungsgegenstand auf behinderte Menschen ein, die selbstbestimmt mit fremder Hilfe leben können. Einen Ausschnitt dieses selbstbestimmten behinderten Lebens greift sie mit ihrem Forschungsdesign auf: die Zeit des Urlaubs von behinderten Menschen und der Begleitung in diesem durch ReiseassistentInnen werden mit ihren Erhebungen erfaßt.

Das dieser Arbeit zugrundeliegende Untersuchungsinteresse gilt der Wahrnehmung von Alltagssituationen im Urlaub durch die unterschiedlich Beteiligten. Daher greift Karin Kienle das *„fokussierte Interview"* (Lamnek 1989) als adäquate Forschungsmethode auf. Die Perspektiven der von Hilfeleistungen abhängigen behinderten Menschen und die Perspektiven der hilfeleistenden AssistentInnen erfaßt die Autorin mit Leitfaden orientierten Interviews und zugleich diskutiert sie damit verbundene methodische Probleme. Die Auswertung der Interviews zeigt Abhängigkeiten, unterschiedliche Umgangs- und Verarbeitungsformen mit diesen auf, deutlich wird eine Bevormundung behinderter Menschen, die Formen der Entmündigung annehmen kann, ein Helfersyndrom, das sich rücksichtslos gegen die Vorstellungen der hilfebedürftigen Menschen zeigt und nicht zuletzt die Problematik einer Hilfe als bezahlte Dienstleistung. Die eingefangenen Sichtweisen fordern in ihrer analytischen Eindeutigkeit Soziale Arbeit dazu auf, praktische Konsequenzen für einen sozialen Alltag zu ziehen, in dessen Mittelpunkt nicht die Kosten, sondern die Menschen stehen.

(3) *Gabi Haspel* wählt das *„offene Interview"* (Kohli 1975) aus der Vielzahl qualitativer Interviews als Forschungsmethode aus. Sie greift ein interkulturelles und frauenspezifisches Forschungsthema auf, das sich, ethnographisch ausgerichtet, mit der Situation alleinerziehender Mütter in Mexiko-Stadt auseinander setzt. Eine in der sozialarbeiterischen Forschungsdebatte gestellte Forderung setzt die Autorin um, indem sie darstellt, wie in der Sozialen Arbeit quantitative – hier statistische Daten – mit qualitativen Daten – hier Interviews mit betroffenen Frauen – sinnvoll aufeinander bezogen werden können (Engler 1997: S.

118 ff.). Im Mittelpunkt der Ausführungen stehen „*offene Interviews*", denen ein problemzentrierter Interviewleitfaden zugrunde liegt, dem Gabi Haspel bei der Durchführung der Interviews mit alleinerziehenden Müttern in Mexiko-Stadt folgt. Die Interviews hat sie aus der spanischen in die deutsche Sprache übersetzt. In diesen kommen betroffene Mütter zu Wort, sie äußern sich über ihr Erleben, ihre Erfahrungen, ihre Ängste und Befürchtungen, sowie über die Gründe ihres Alleinseins. Biographische Besonderheiten erhalten Konturen, subjektive Verarbeitungsformen gesellschaftlich und kulturell hervorgerufenener problematischer Lebenslagen werden diskutiert und im Horizont wissenschaftlicher Literatur reflektiert. Diese Studie veranschaulicht, daß die gesellschaftlich geprägte Lebenslage in einer armen Unterschicht oder in einer relativ begüterten Mittelschicht die Teilhabe an einem selbstbestimmten Leben ausschließen oder ermöglichen. Partizipation am gesellschaftlichen Leben ist für gebildete Frauen, gerade wenn sie alleinerziehend sind, weitaus eher möglich als für Frauen, die von Bildungsprozessen ausgeschlossen sind. Die Notwendigkeit femininer Einmischung in die Politik wird in dieser lateinamerikanischen Studien deutlich von den betroffenen Frauen formuliert, die ihre Interessen gegen einen kulturell überlieferten Machismo überhaupt erst anmelden müssen.

Christliche Freiwilligendienste junger Menschen im Ausland. Lernprozesse und Auswirkungen auf die Lebensentwürfe der Freiwilligen. Eine qualitative Untersuchung

Margret Mundorf

1. EINFÜHRUNG

„Christliche Freiwilligendienste junger Menschen im Ausland" sind in einem weiten unüberschaubaren Feld organisierten freiwilligen sozialen Engagements angesiedelt. Dementsprechend gibt es für Freiwilligendienste keine einheitliche Begriffsbestimmung: Je nach konzeptionellen Schwerpunkten werden Freiwilligendienste im Ausland auch als Sozial-, Lern-, Versöhnungs- oder Friedensdienste bezeichnet. Es findet sich daher eine Vielzahl unterschiedlicher Träger im Inland, „Entsendeorganisationen" genannt, die Freiwilligendienste ins Ausland vermitteln und sich in ihrer Entstehungsgeschichte und hinsichtlich ihres Selbstverständnisses gegeneinander abgrenzen: Jugendorganisationen, kirchliche Organisationen und spezielle Freiwilligendienstorganisationen. Gemeinsam ist all diesen Trägern, daß sie den „Freiwilligen", überwiegend jungen Menschen, die Möglichkeit geben, auf freiwilliger Basis und für einen begrenzten Zeitraum sozialen Tätigkeiten innerhalb eines Projektes oder einer Institution im Ausland nachzugehen. An diese Institution im Ausland, auch als „Aufnahmeorganisation" oder „Partnerorganisation" bezeichnet, werden die Freiwilligen von der Entsendeorganisation vermittelt. Die Entsendeorganisation im Inland übernimmt die Auswahl der Freiwilligen sowie die organisatorische und pädagogische Vorbereitung, Begleitung und Nachbereitung des Auslandsaufenthaltes.

Christliche Freiwilligendienste im Ausland haben ihre Wurzeln in den wegen ihrer pazifistischen Haltung als „historische Friedenskirchen" bezeichneten Kirchen der Brüder, der Quäker und der Mennoniten, in denen während des Ersten Weltkrieges die ersten Organisationen für freiwillige Friedensdienste als Alternative zum Kriegsdienst entstanden. Nach dem Zweiten Weltkrieg rückte das Ziel der grenzüberschreitenden Versöhnung und Völkerverständigung noch stärker in den Vordergrund. Der Friedens- und Versöhnungsgedanke sowie das Eintreten für soziale Gerechtigkeit und die Bewahrung der Schöpfung in christlicher Verantwortung prägen auch heute das Selbstverständnis und die pädagogische Konzeption der Entsendeorganisationen von Christlichen Freiwilligendiensten im Ausland. Träger, die diesen Kriterien entsprechen, haben sich zu einem großen Teil in der „Aktionsgemeinschaft Dienst für den Frieden e. V." zusammengeschlossen. Bei den Mitgliedsorganisationen, die freiwillige Friedensdienste vermitteln, handelt es sich um einen Bereich freiwilliger sozialer Dienste, der – anders als das Freiwillige Soziale Jahr – bislang nicht über eine eigene Gesetzesgrundlage verfügt und für den deshalb auch keine gesetzlich festgelegten Leistungen und Gratifikationen in Anspruch genommen werden können. Die Träger dieser Dienste schließen deshalb in der Regel Kranken- und Unfallversicherung für die Freiwilligen ab, während Verpflegung, Unterkunft und ein Taschengeld meist von der Einsatzstelle im Ausland finanziert werden. Darüber hinaus müssen bei manchen Entsendeorganisationen die Freiwilligen zur Finanzierung des Dienstes einen Förderoder Unterstützungskreis aufbauen (im Bekannten- oder Verwandtenkreis, einer Kirchengemeinde, einer entwicklungspolitischen Gruppe etc.), der sie mit einem festgelegten Beitrag monatlich unterstützt.

Es wird unterschieden zwischen kurz-, mittel- und langfristigen Freiwilligendiensten, die sich auch konzeptionell voneinander abgrenzen: Kurzfristige Dienste dauern drei bis vier Wochen bis zu drei Monaten und finden meist als Jugendbegegnungen oder work-camps in international zusammengesetzten Gruppen statt; mittelfristige Dienste gehen von drei bis zu sechs Monaten. Als langfristige Dienste werden mehrjährige Entwicklungsdienste (24-36 Monate) dann bezeichnet, wenn qualifizierte Fachkräfte weniger unter dem Aspekt der Expertenentsendung in einem Land der „Dritten Welt" tätig sind, sondern solidarisches Handeln im Vordergrund steht. Die Dienstform, mit der ich mich in diesem Beitrag beschäftige, wird meist unter den Begriff „längerfristige Freiwilligendienste" gefaßt. Darunter fallen 12 bis 24monatige Dienste; häufig werden auch 6 bis 24monatige Dienste darunter verstanden (siehe Abschnitt 3.2. sowie die unterschiedlichen Definitionen von Frey 1993: 2; Frey 1994: 26; Moltmann 1994: 85 und Raupach/Warneck 1989: 27).

Eine Besonderheit im Rahmen von längerfristigen Freiwilligendiensten stellen „Andere Dienst im Ausland" dar: Seit 1986 gibt es nach § 14b Zivildienstgesetz die Möglichkeit, daß anerkannte Kriegsdienstverweigerer mit einem Freiwilligendienst gleichzeitig einen Anderen Dienst ableisten, der mindestens zwei Monate länger dauert als der gesetzlich festgelegte Zivildienst. Der Andere Dienst muß bei einem vom Bundesministerium für Familie, Senioren, Frauen und Jugend im Einvernehmen mit dem Auswärtigen Amt anerkannten Träger durchgeführt werden. Nach Beendigung des Freiwilligendienstes kann dieser als Anderer Dienst anerkannt werden, erst dann erlischt die Zivildienstpflicht in Deutschland. Der Andere Dienst ist also kein Zivildienst im Ausland; vielmehr ist die Folge daraus, daß der Zivildienst im Inland nicht mehr geleistet werden muß.

Christliche Freiwilligendienste werden in der Regel von jungen Menschen in einer Übergangsphase zwischen Schule, Ausbildung und Beruf wahrgenommen. Die Freiwilligen werden in der Regel an gemeinnützige, nichtstaatliche und kirchliche Einrichtungen im Ausland vermittelt und arbeiten dort mit Kindern und Jugendlichen, alten Menschen, Behinderten und Flüchtlingen, in Projekten zur internationalen Verständigung und zur Versöhnung, zur Bewußtseinsbildung, für den Frieden und in ökologischen Projekten (Aktionsgemeinschaft Dienst für den Frieden 1995: 11).

Unter „Freiwilligendienst" werden deshalb im folgenden alle Formen eines Freiwilligendienstes gefaßt, die den Lern- und Bildungscharakter ihrer Auslandsdienste im Kontext einer christlich-ethischen und gesellschaftspolitischen Verantwortung betonen. Soziales und interkulturelles Lernen im Sinne einer ganzheitlichen Persönlichkeitsbildung sind somit erklärte Zielvorstellungen.

Da zu den Aufgaben der Jugendhilfe Angebote der außerschulischen Jugendarbeit und Jugendbildung zählen, gehören auch Freiwilligendienste zum Auftrag Sozialer Arbeit. Die fremde Kultur, mit der die jungen Menschen während ihres Einsatzes konfrontiert werden, enthält die Möglichkeit vielfältiger Lern- und Entwicklungsprozesse. Häufig gehen diese jedoch mit Verunsicherungen und Konflikten einher, die gerade junge Menschen schwer alleine bewältigen können. Da präventive und begleitende Hilfen in unterschiedlichen Lebenslagen zu den Aufgaben Sozialer Arbeit zählen, ist es naheliegend, Freiwilligendienste im Ausland in sozialpädagogische Verantwortung einzubinden, so wie es beim Freiwilligen Sozialen Jahr und im Zivildienst bereits selbstverständlich ist.

Im Rahmen der interkulturellen Begegnungsarbeit hat sich Soziale Arbeit bereits konzeptionell mit Lernprozessen junger Menschen im Zusammenhang mit anderen Kulturen befaßt. Lernprozesse in Freiwilligendiensten finden aber unter anderen Bedingungen statt und können deshalb nicht mit den Maßstäben einer interkulturellen Sozialen Arbeit, wie sie in internationalen Jugendbegegnungen zum Tragen kommen, betrachtet werden.

Für die pädagogische Begleitung im Rahmen von Freiwilligendiensten gibt es bislang kaum wissenschaftlich fundierte Konzepte. Da vor allem die langfristigen Auswirkungen der Erfahrungen in Freiwilligendiensten im Ausland bislang kaum erforscht wurden, entwickelte ich im Kontext meiner Diplomarbeit die Idee zu einem Forschungsprojekt, dessen Untersuchungsergebnisse innovative Impulse für eine konzeptionelle Weiterentwicklung enthalten sollten. Am sinnvollsten erschien es mir, dazu die biographisch relevanten Faktoren der mit einem Auslandsdienst verbundenen Lern- und Entwicklungsprozesse zu untersuchen. Um diese aus der Subjektperspektive nachvollziehen zu können, fiel die Wahl meiner Untersuchungsmethode auf die qualitative Sozialforschung und auf eine empirische Erhebung durch problemzentrierte Interviews.

Da ich auf persönliche Erfahrungen mit dem Christlichen Freiwilligendienst im Ausland zurückblicken kann, nutzte ich meine Kontakte zu der Entsendeorganisation, mit der ich selbst einige Jahre zuvor Freiwilligendienst geleistet hatte, und konnte so interessierte ehemalige Freiwillige für ein Interview gewinnen.

Die Interviews waren Grundlage des empirischen Teils meiner Diplomarbeit, auf der vorliegender Beitrag basiert. In erster Linie kam es mir darauf an, in meinem Untersuchungsthema „Christliche Freiwilligendienste junger Menschen im Ausland, Lernprozesse und Auswirkungen auf die Lebensentwürfe der Freiwilligen" den Freiwilligendienst aus der Subjektperspektive der Betroffenen als Lern- und Sozialisationsfeld zu betrachten. Meine Ausgangsfrage war, welchen sozialisatorischen Stellenwert Christliche Freiwilligendienste im Ausland in der Lebensphase Jugend einnehmen und welche Bedeutung die in diesem biographischen Abschnitt gesammelten Erfahrungen für die weitere Lebensgestaltung haben können. Nur indem Soziale Arbeit sich mit diesem Lernkomplex wissenschaftlich auseinandersetzt und ihn zu gesellschaftlichen Rahmenbedingungen in Beziehung setzt, kann sie ihr pädagogisches Handeln daran orientieren und das Arbeitsfeld „Christliche Freiwilligendienste junger Menschen im Ausland" entsprechend gestalten.

Im Anschluß an die Einführung in die Thematik diskutiere ich im zweiten Teil meines Beitrags die Bedeutung von Christlichen Freiwilligendiensten im Ausland für junge Menschen in ihren aktuellen gesellschaftlichen Bezügen. Im dritten Teil stelle ich mein Forschungsanliegen vor, dokumentiere meinen Forschungsweg, die damit verbundenen Überlegungen und Schwierigkeiten. Als Kernbereich lege ich im vierten Teil die Ergebnisse meiner Untersuchungen vor, wobei die in die Auswertung eingebundenen Interviewausschnitte nur exemplarische Funktion haben. In der Darstellung der Auswertung folge ich den Themenbereichen meines Interviewleitfadens: (4.1.) die Motivation der Interviewten für eine Entscheidung zu einem Freiwilligendienst; (4.2.) die Erfahrungen, die die einzelnen während ihres Dienstes gemacht haben; (4.3.) die Erfahrungen bei der Rückkehr aus dem Dienst; (4.4.) die Auswirkungen dieser Erfahrungen auf ihre heutiges Leben. Die Darstellung der Untersuchungsergebnisse schließe ich mit einer zusammenfassenden auswertenden Diskussion ab (4.5.). Im fünften und letzten Teil skizziere ich einige Konsequenzen aus meiner Untersuchung, die zu einem Konzept für die Soziale Arbeit im Rahmen von Freiwilligendiensten führen können.

2. FREIWILLIGENDIENSTE IM KONTEXT GESELLSCHAFTLICHEN WANDELS

Freiwilligendienste haben lange Zeit ein Schattendasein in der gesellschaftlichen Diskussion geführt. In den letzten Jahren hat die Thematik jedoch einen rasanten Bedeutungszuwachs in der internationalen Jugendarbeit erfahren. 1995 beschloß die Europäische Kommission das Programm „Jugend für Europa", das Europäische Freiwilligendienste für Jugendliche zwischen 15 und 25 Jahren fördert. Mit einem bis zum Jahr 2004 reichenden Aktionsprogramm plant die Europäische Union den weiteren Ausbau von Freiwilligendiensten. Auf Bundesebene ermöglicht das Gesetz zur Förderung eines freiwilligen sozialen Jahres seit seiner Novellierung 1993 ein Freiwilliges Soziales Jahr auch im europäischen Ausland. Der Koalitionsvertrag der Regierungsparteien von 1998 sieht die Ausweitung von Freiwilligendiensten vor, ebenso die Robert-Bosch-Stiftung, die im gleichen Jahr mit ihrem Manifest „Jugend erneuert Gemeinschaft – Manifest für Freiwilligendienste in Deutschland und Europa" eine finanzielle Förderung der Freiwilligendienste ankündigte. Die deutsche EU-Ratspräsidentschaft im ersten Halbjahr 1999 hat Freiwilligendienste zu ihrem jugendpolitischen Schwerpunkt erklärt. In der Diskussion um eine Abschaffung der Wehrpflicht setzt sich eine breite Öffentlichkeit zunehmend auch mit der gesellschafts- und friedenspolitischen Relevanz von Freiwilligendiensten auseinander.

Die Politik hat angefangen, auf veränderte Bedürfnisse von Jugendlichen und neue gesellschaftliche Anforderungen zu reagieren. Gleichzeitig beginnt sie, entsprechende Rahmenbedingungen dafür zu schaffen, um den aktuellen Erfordernissen angemessen Rechnung zu tragen. Eingangs habe ich dargelegt, warum Soziale Arbeit sich mit dem Arbeitsfeld „Freiwilligendienste" auseinandersetzen muß. Unter den derzeitigen gesellschaftlichen Entwicklungen, insbesondere im Jugendbereich, gewinnen Freiwilligendienste an Bedeutung und stellen unter verschiedenen Aspekten eine Herausforderung für die Soziale Arbeit dar. Erste Anknüpfungspunkte werden mit dem Stichwort „Globalisierung" deutlich. Der Einfluß anderer Kulturen und die kulturelle Vielfalt in Deutschland nehmen beständig zu: durch weltweite Migrationsbewegungen, den Einigungsprozeß Europas, die alltäglichen Begegnungen mit Menschen anderer Kulturen und Religionen und über die Medien. Unsere Welt wird zunehmend eine gemeinsame, aber auch komplexere Welt. Gleichzeitig gehen diese globalen Entwicklungen einher mit auflebenden Nationalismen und Ausländerfeindlichkeit. Das Zusammenleben und Aufeinanderbezogensein verschiedener Nationen, Kulturen und Religionen erfordern einen Horizont, der über Staatsgrenzen hinausreicht und die Globalität politischer, wirtschaftlicher und soziokulturelle Prozesse erkennt, sowie entsprechende Kompetenzen, um Fremdes nicht abzuwehren oder abzuwerten. Solche interkulturellen Fähigkeiten werden immer wichtiger für den privaten wie auch den beruflichen Bereich und damit für eine befriedigende Lebensbewältigung.

Freiwilligendienste im Ausland gewinnen zudem vor dem Hintergrund des gesellschaftlichen Wandels der Jugend an Bedeutung. Mit der Ausdehnung von Schul- und Ausbildungszeiten verlängert sich die Jugendphase. Eindeutige Statuspassagen, die das Ende der Jugend und den Übergang zum Erwachsensein markieren, gehen verloren.

In Zeiten steigender Arbeitslosenzahlen und eines zunehmenden Qualifizierungsdrucks gerät freiwillige Arbeit immer mehr in die Gefahr, arbeitsmarktpolitisch und beruflich funktionalisiert zu werden, gerade auch dadurch, daß sie sich von der Erwerbsarbeit abgrenzt. Bestehende Konzepte von Arbeit und Freizeit, von bezahlter Erwerbstätigkeit und unbezahlter freiwilliger Arbeit, beginnen sich aufzulösen: Da die Normalarbeitsbiographie brüchig geworden ist und Erwerbsarbeit nicht mehr uneingeschränkt als sinnstiftend erlebt wird, haben junge Menschen hohe Erwartungen an freiwillige Tätigkeiten; die Bereitschaft dazu hängt davon ob, ob sie in bezug auf die eigene Lebensplanung für zweckmäßig gehalten werden. Um eine Arbeitsstelle zu bekommen, werden allerdings nicht nur ausgezeichnete fachliche Qualifikationen immer wichtiger, sondern auch soziale Kompetenzen und „Schlüsselqualifikationen". An Schulen und anderen Ausbildungsstätten werden diese aber ebensowenig vermittelt wie die oben angesprochenen interkulturellen Kompetenzen.

Junge Menschen haben heute zahlreiche Möglichkeiten und scheinbar grenzenlose Freiheiten, ihr Leben zu gestalten. Diese Wahlfreiheiten betreffen die Berufswahl ebenso wie ihre Wert- und Sinnvorstellungen und individuelle Lebensformen und -stile. Da unter einer Vielzahl von Ange-

boten Entscheidungen getroffen werden müssen, steht die Gestaltung der eigenen Biographie zwischen Chance und Risiko. Dies äußert sich auch in einem Wandel der Sinnorientierungen junger Menschen und einem veränderten Stellenwert von Kirche, Religion und christlichen Werten: Im Prozeß der Säkularisierung verlieren traditionelle christlich-religiöse Lebensmuster an Bedeutung. Die Kirche wird von Jugendlichen zunehmend als fremd und in ihren Strukturen und Ansichten zu gesellschaftspolitischen Themen als autoritär und überkommen empfunden. Individuelle Formen von Religiosität nehmen zu, gleichzeitig erfährt religiöses Leben einen Rückzug ins Private. Traditionelle Milieus verlieren ihre prägende Kraft. So sind Jugendliche zunehmend auf sich selbst verwiesen in der Gestaltung ihrer Lebensentwürfe und in der Übernahme von Sinnangeboten, denn die vorgegebenen Muster werden nicht mehr fraglos akzeptiert . Als Folge daraus verzeichnet Thiersch (1995: 66) ein „vielfältiges, individualisiertes, buntes Bild religiöser Vorstellungen" und eine „Bricolage" religiöser Sinnmuster, in das auch das Engagement junger Menschen in einem christlichen Freiwilligendienst einzuordnen ist.
Im Kontext gesellschaftlicher Individualisierung und Pluralisierung bewegt sich auch die Freizeitgestaltung. Allerorts werden gesellschaftliche Konsumorientierung und Solidaritätsverlust beklagt. Insbesondere Jugendliche zeigten keine Bereitschaft mehr zu ehrenamtlichem sozialem Engagement, so konstatierte 1995 das Hamburger B.A.T. Freizeitforschungsinstitut in einer Studie über das Sozialverhalten von Jugendlichen in ihrer Freizeit mit dem Titel: „Keine Lust auf Soziales? Pflichten werden für Jugendliche immer lästiger." Weiter heißt es darin: „Das Zeitalter der Individualisierung fordert seinen Tribut. (...) Soziale Verpflichtungen werden eher als Störfaktoren empfunden, die den Lebensgenuß in der Freizeit beeinträchtigen. Mit der wachsenden Kommerzialisierung der Freizeit nimmt auch die Entsolidarisierung im Alltag zu." Demnach scheint ein freiwilliges soziales Engagement kein Thema mehr für Jugendliche zu sein.
Eine andere Sprache spricht das wachsende Interesse an Freiwilligendiensten im Ausland, deren Nachfrage bei weitem die Zahl der Angebotsplätze übersteigt. Somit kann nicht generell davon gesprochen werden, die Bereitschaft zu ehrenamtlichen Verpflichtungen sei zurückgegangen. Vielmehr haben sich die Motive für freiwilliges Engagement gewandelt. Rauschenbach (1992: 20) stellt in diesem Zusammenhang ein verändertes „Pathos des Helfens" fest und damit eine „Abnahme (...) des freiwilligen, absichtslosen und persönlichen Engagements". Statt langfristige Verpflichtungen und Bindungen einzugehen, fragen Jugendliche heute eher nach konkreten und zeitlich begrenzten Formen der Mitgestaltung, in denen sie persönliche Interessen und Neigungen

einbringen können und gleichzeitig Selbstverwirklichung und persönliche Erfüllung finden. Diese veränderten Motive für freiwilliges Engagement sind auf dem Hintergrund der „Erlebnisgesellschaft" (Schulze 1992) nachvollziehbar: Die Schul- und Ausbildungsphase ist überfrachtet mit der Vermittlung von Wissensinhalten; auch die Erfahrung von sich selbst und der Welt erfolgt in den kognitiven und funktionalen Strukturen unserer Informations- und Wissensgesellschaft. Jugendliche suchen deshalb gerade im Anschluß an Schule oder Ausbildung nach Erlebnissen und Abenteuern als Ausdruck aktiver und eigenständiger Erfahrungs- und gesellschaftlicher Einflußmöglichkeiten.

Angesichts dieser gesellschaftlicher Entwicklungstendenzen, die hier nur angerissen werden können, bieten „Christliche Freiwilligendienste im Ausland" ein ganzes Bündel von erfahrungsorientierten Lernmöglichkeiten, die derart in keinem anderen Bereich der Jugendarbeit inszeniert werden können. Soziale Arbeit kann dieses Potential zur Erfüllung ihres gesellschaftlichen Auftrages nutzen und gleichzeitig die Risiken des Dienstes minimieren, sofern es ihr gelingt, die Freiwilligen auf diesem Weg zu begleiten, zu beraten und bei Bedarf helfend einzugreifen.

3. DOKUMENTATION DES FORSCHUNGSPROZESSES

3.1. Forschungsanliegen

Gegenstand der Untersuchung war das Lernfeld Christliche Freiwilligendienste im Ausland in seiner Bedeutung für junge Menschen.
Das Ziel der Arbeit bestand zunächst darin, festzustellen, welche Erfahrungen junge Menschen während ihres Freiwilligendienstes im Ausland gemacht haben. Dabei stand im Vordergrund des Interesses, was die Betroffenen aus ihrer subjektiven Perspektive heraus als „anders" erlebt haben und wie sie mit den wahrgenommenen Unterschieden umgegangen sind. Zudem sollte herausgefunden werden, welche Lern- und Entwicklungsprozesse diese Erfahrungen in Gang gesetzt haben. Um Rückschlüsse auf diese Vorgänge ziehen und die subjektiven Sinnzuschreibungen und Deutungsleistungen entschlüsseln zu können, mußte erfaßt werden, wie die Betroffenen selbst ihre Erfahrungen nach dem Dienst darstellen und bewerten.
In einem weiteren Forschungsschwerpunkt ging es mir um mögliche Auswirkungen eines Freiwilligendienstes auf die Lebensentwürfe der Betroffenen. Ausgehend von der Annahme, daß Veränderungen sich als langfristige Folgen aus dem Dienst zeigen, wollte ich in meiner Unter-

suchung feststellen, ob und wie die im Dienst gemachten Erfahrungen Lern- und Entwicklungsprozesse in Gang gesetzt haben und Lebensstil und -planung beeinflussen: Welchen Stellenwert räumen die Betroffenen einem Christlichen Freiwilligendienst im Ausland in ihrer Biographie ein, wenn der Dienst bereits einige Zeit zurückliegt? Gibt es bestimmte Identitätskonzepte, Denk- und Wertmuster, Lebensstile und Zukunftsplanungen, die mit den damals gemachten Erfahrungen in Zusammenhang stehen?

3.2. Methodisches Vorgehen

3.2.1. Wahl der Forschungsmethode

Um persönliche Entwicklungen festzustellen und deren Zusammenhang zum Dienst nachzuweisen, hätte eine genaue Analyse von persönlichen und Lebenslagefaktoren zu verschiedenen Zeitpunkten erfolgen müssen. Um zu überprüfen, inwieweit Lernerfahrungen im Einsatzland und persönliche Veränderungen nach der Rückkehr in einem Bezug zueinander stehen und ob die erfaßten Einstellungen überhaupt handlungsrelevant sind, hätten die verschiedenen Lebenslagefaktoren in ihrer Wirkung auf Persönlichkeit und Lebensstil differenziert erforscht werden müssen: „Handlungsmuster, Reaktionen und Belastungen von Jugendlichen werden erst richtig interpretierbar, wenn die Diskrepanz zwischen den kulturellen Wert- und Normorientierungen bzw. gesellschaftlichen Versprechungen auf der einen Seite und den strukturell begrenzten Möglichkeiten zu ihrer Realisierung auf der anderen Seite berücksichtigt werden" (Keupp 1990: 25). Dieses Bedingungsgefüge hätte jeweils zu unterschiedlichen Zeitpunkten betrachtet werden müssen Auch die Autoren einer vergleichbaren Studie zu den langfristigen Auswirkungen von Auslandsstudienaufenthalten nordamerikanischer Studierender, der Evaluierung „Study Abroad Evaluation Project" (Carlson et al. 1990), schränken damit die Reichweite ihrer Forschungsergebnisse ein: „Bedeutungsvolle Schlüsse können erst dann gezogen werden, wenn sowohl die individuellen Biographien der früheren Auslandsaufenthaltern/innen analysiert als auch der historische Kontext, in dem sie ihr derzeitiges Leben verbringen, in die Untersuchung einbezogen würde (...) Langzeitauswirkungen von Studienaufenthalten im Ausland zu untersuchen, ist eine anspruchsvolle Angelegenheit" (Stadler 1994: 71f). Entsprechendes galt für die Fragestellung meiner Arbeit. Demnach wäre idealiter eine Längsschnittuntersuchung notwendig gewesen, d. h. die Befragung von Freiwilligen vor, während und nach ihrem Dienst. Eine derart komplexe Analyse war für mich im Rahmen einer Diplomarbeit jedoch nicht möglich. Dennoch sollten die unterschiedlichen Zeitpunkte vor, während und nach dem Dienst in die Untersuchung einfließen. Dies war nur möglich durch die rückblickende Sicht der Befragten, aus der Zusammenhänge zwischen den Erfahrungen im Dienst und Auswirkungen auf ihr weiteres Leben rekonstruiert werden konnten.

So richtete sich die Wahl der Forschungsmethode – unter Berücksichtigung der zeitlichen und materiellen Ressourcen – nach dem Untersuchungsthema.

Um die persönlichen Erfahrungen der ehemaligen Freiwilligen, die Bedeutung des Auslandsdienstes auf dem gesamtbiographischen Hintergrund und eventuelle Auswirkungen auf Einstellungen und Verhaltensweisen erforschen zu können, wählte ich gegenstandsbezogen eine qualitative Forschungsmethode. Mit dieser lassen sich komplexe Einstellungs- und Verhaltensmuster erfassen, da die Befragten ihre subjektiven Sichtweisen und Meinungen in der ihnen eigenen Artikulation entwickeln können.

Das Untersuchungsthema verlangt nicht nur das vordergründige Erkennen von Phänomenen, sondern „zusätzlich bedarf es der Erforschung der diesen Phänomenen von den handelnden Menschen zugrundegelegten Bedeutungen, d. h. des (im wesentlichen subjektiven) 'gemeinten Sinns', wofür die jeweiligen Selbstauslegungen der Untersuchten entscheidend sind" (Lamnek 1988: 40). Dies vermag eine qualitative Interviewform als Forschungsmethode zu leisten. Um die Ansammlung einer nicht mehr zu bewältigenden Fülle von Daten zu verhindern, wählte ich das problemzentrierte, teilstrukturierte Interview nach Witzel (1982). Bei dieser Interviewform steht das Erzählprinzip – wie auch im narrativen Interview – im Vordergrund, d. h. die „Bedeutungsstrukturierung der sozialen Wirklichkeit bleibt dem Befragten allein überlassen" (Lamnek 1989: 74). Der Grundsatz der Problemzentrierung verhindert zudem willkürliche Fragen des Forschers oder schränkt sie weitgehend ein. Die Problemzentrierung ermöglicht es, bereits bei der Datenerhebung Nachfragen an die befragte Person zu stellen und das Erzählte in einem kommunikativen Prozeß zwischen Interviewtem und Forscher einer gemeinsamen Vorinterpretation zu unterziehen. Durch dieses Vorgehen wird die Datenmenge auf die Problemstellung des zu untersuchenden Themas eingegrenzt und – dadurch, daß Unklarheiten unmittelbar in der Datenerhebung beseitigt werden können – eine bessere Vergleichbarkeit der Interviews gewährleistet.

Ziel des problemzentrierten Interviews ist es „die in einem bestimmten Problemzusammenhang stehenden Einzelheiten der Vergessenheit zu entreißen und tendenziell den Erfahrungen und Erlebnissen des Interviewten die Selbstverständlichkeit, d. h. den Alltagscharakter zu nehmen" (Witzel 1982: 70). Dieser Aspekt ist besonders wichtig im Hinblick auf das gewählte Untersuchungsthema. Da der Auslandsdienst der Befragten bereits einige Jahre zurückliegen sollte, spielten die dort gemachten Erfahrungen nur noch eine untergeordnete Rolle in ihrer Alltagswelt. Die Auswirkungen auf die aktuelle Lebenssituation waren nicht offensichtlich, so daß sich die ehemaligen Freiwilligen im Verlauf des Gespräches rückblickend damit auseinandersetzen und an ihrer Problemsicht arbeiten mußten.

Den Selbstdeutungen der Erzählenden liegen subjektive Denk- und Handlungsmuster zugrunde, die im Forschungsprozeß rekonstruiert werden können. Darüber lassen sich „individuelle und kollektive Handlungsstrukturen und Verarbeitungsmuster gesellschaftlicher Realität erfassen" (ebd.: 67).

Bei dem problemzentrierten Interview verfügt der Forscher bereits zu Beginn der Datensammlung über ein theoretisches Konzept, das „durch eine Kombination aus Induktion und Deduktion" (Lamnek 1989: 74) beständig überprüft und verändert wird. Das problemzentrierte Interview trägt damit dem Prinzip der Prozeßorientierung Rechnung. Es ist also nicht beabsichtigt, Vorannahmen und Erwartungen des Forschers über den Untersuchungsgegenstand auszuschließen. Strauss beschreibt ein solches „Kontextwissen" als die „Daten, die der Forscher 'im Kopf' hat und die aus seinem persönlichen Erleben, seiner Forschungserfahrung und seiner Kenntnis der Fachliteratur stammen" (Strauss 1994: 48). Er warnt davor, dieses in dem Forschungsprozeß auszuklammern (ebd.: 36). Die eigenen Erfahrungen und Kenntnisse sind jedoch zu reflektieren, ihr Einfluß ist zu kontrollieren und insbesondere in der Auswertung zu berücksichtigen, offenzulegen und fortlaufend zu modifizieren.

3.2.2. Zielgruppenbestimmung und Auswahlkriterien

Da sowohl die gesamte Untersuchungspopulation wie auch die Fragestellung der Untersuchung relativ weit gefaßt sind, habe ich die Gesamtgruppe ehemaliger Freiwilliger auf einen Personenkreis eingeschränkt, der für das Forschungsthema von besonderer Bedeutung ist. Damit wurde eine bessere Vergleichbarkeit gewährleistet und gleichzeitig innerhalb der gesetzten Kriterien ein genügend breites Spektrum von ehemaligen Freiwilligen erfaßt. Diese Eingrenzung sollte auch eine spätere Typenbildung erleichtern.

(1) Entsendeorganisation
Um Zugang zu ehemaligen Freiwilligen zu bekommen, war es sinnvoll, diesen über eine Entsendeorganisation herzustellen, auf die ich mich bei

der Kontaktaufnahme berufen konnte. Deshalb wählte ich einen Träger, mit dem ich selbst einige Jahre zuvor zwei Christliche Freiwilligendienste im Ausland geleistet habe. Unter der Vielzahl vorhandener Entsendeorganisationen in Deutschland, die Freiwilligendienste ins Ausland vermitteln, wurde die Untersuchungspopulation damit eingeschränkt auf ehemalige Freiwillige einer Entsendeorganisation, deren christliches Profil stärker ausgeprägt sein dürfte als das anderer Träger. Da dieser Akzent auch in der Bewerberauswahl zum Tragen kommt, spielen religiöse Aspekte in den Interviews vermutlich eine größere Rolle als es bei einer Befragung von ehemaligen Freiwilligen aus anderen Entsendeorganisationen der Fall wäre. Auf der Grundlage der mir zur Verfügung gestellten Daten mit Angaben zu Geschlecht, Alter, Einsatzland, Einsatzdauer und der ausgeübten Tätigkeit konnte ich die Untersuchungspersonen kontaktieren.

(2) Alter
Aus der Forschungsfrage ergab sich eine Einschränkung der Zielgruppe auf „junge Menschen". Auch wenn Freiwilligendienste grundsätzlich allen Altersgruppen offenstehen und die Entsendeorganisationen keine Altersbegrenzung nach oben setzen, habe ich Freiwilligendienste als Angebot der außerschulischen Jugendbildung definiert. Daraus und im Hinblick auf eine angestrebte gesetzliche Regelung ergibt sich in Anlehnung an die Definition des Kinder- und Jugendhilfegesetzes eine Altersbegrenzung bis 27 Jahre. Für die Untersuchungsgruppe gilt diese Altersgrenze zum Zeitpunkt der Rückkehr; als Mindestalter für den Dienstantritt zählt das 18. Lebensjahr und damit die Volljährigkeit.

(3) Keine Fachkräfte
Im weiteren begrenzte ich die Untersuchungsgruppe auf Freiwillige, die nicht professionell in ihrem erlernten Beruf arbeiteten, d. h. nicht als „freiwillige Fachkräfte" im Ausland tätig waren.
Ursprünglich hatte ich geplant, nur Freiwillige ohne Berufsausbildung zu berücksichtigen, um die Erfahrungen und Auswirkungen des Freiwilligendienstes in einer Übergangsphase zwischen Schule und Beruf zu untersuchen. Ausgangspunkt dabei war meine Hypothese, daß in dieser Lebensphase im Ausland gemachte Lernerfahrungen von prägender Bedeutung für das weitere Leben sind.
Bei der Datenerhebung stellte sich jedoch heraus, daß die meisten Befragten bereits eine Ausbildung absolviert hatten und diese fachlichen Kompetenzen auch teilweise im Dienst einsetzen konnten. Allerdings arbeitete keiner von ihnen überwiegend als Fachkraft: Wenn die Befragten eine Ausbildung hatten, dann wurden sie größtenteils in fachfremden Tätigkeiten eingesetzt.

Das Kriterium „keine Berufsausbildung" wurde deshalb relativiert bzw. verändert zu dem Kriterium „keine Fachkräfte im Dienst". Damit habe ich die beabsichtigte Wirkung dieses Kriteriums erhalten: Die Freiwilligen konnten während ihres Dienstes neue Tätigkeits- und Berufsfelder entdecken, so daß das Kennenlernen und Ausprobieren bisher unbekannter Arbeitsbereiche gewährleistet war. Zudem war eine klare Abgrenzung zu den Fachkräften der Entwicklungshilfe beabsichtigt.

(4) Zeitpunkt der Rückkehr
Um Auswirkungen auf Lebensstil und Lebensentwürfe festzustellen, sollte seit der Rückkehr aus dem Dienst bereits einige Zeit verstrichen sein. Ich habe insoweit eine Einschränkung vorgenommen, als die ehemaligen Freiwilligen zum Zeitpunkt der Datenerhebung mindestens zwei bis drei Jahre wieder aus ihrem Einsatz zurück sein sollten. Mit diesem Kriterium wollte ich weitgehend ausschließen, daß die Befragten noch Schwierigkeiten mit ihrer Wiedereingliederung in Deutschland haben. Nach Gesprächen mit Praktiker/innen des Arbeitsfeldes erschien mir der Zeitraum von zwei bis drei Jahren nach der Rückkehr als ausreichend, um untersuchen zu können, welche langfristigen Auswirkungen der Dienst zeigt.
Die Frage, wie lange der Dienst zum Zeitpunkt des Interviews bereits zurückliegen sollte, war ein zentraler Faktor bei der Auswahl der Untersuchungsgruppe. Deshalb habe ich den geeigneten Zeitpunkt der Rückkehr, zu dem Anpassungsprobleme in Deutschland bewältigt sein sollten, außerdem in Gesprächen mit ehemaligen Freiwilligen auf einem Rückkehrseminar der entsprechenden Entsendeorganisation überprüft. Ein Vergleich von Freiwilligen, die erst vor einigen Monaten bis zu einem Jahr zurückgekehrt waren, und Ehemaligen, deren Dienst bereits ein paar Jahre zurücklag, bestätigte meine Vorannahme, daß wenige Monate nach der Rückkehr aus einem längeren Auslandseinsatz die Erfahrungen noch sehr gegenwärtig und unverarbeitet sind. Die Bedeutung der im Einsatz gemachten Erfahrungen und die vermuteten Auswirkungen auf das Leben in Deutschland werden von den gerade Heimgekehrten meist sehr hoch bewertet; diese Einschätzung relativiert sich bei den ehemaligen Freiwilligen im Lauf der Zeit, wenn sie in Deutschland wieder Fuß gefaßt und ihre Erfahrungen verarbeitet haben.
Es ist zu vermuten, daß längere Auslandseinsätze entsprechend mit einer ausgedehnteren Wiedereingliederungs- bzw. Eingewöhnungszeit in Deutschland einhergehen.
Die Befragten, die ich interviewt habe, waren zum Zeitpunkt des Interviews seit mindestens zweieinhalb Jahren und maximal fünf Jahren wieder zurück.

(5) Einsatzdauer
Die befragten Personen sollten nicht weniger als 12 und nicht länger als 24 Monate im Ausland gewesen sein. Damit wurden nur längerfristige Freiwilligendienste in die Untersuchung einbezogen. Die Begrenzung auf mindestens zwölf Monate erfolgte, da die gewählte Entsendeorganisation nur Dienste vermittelt, die weniger als sechs Monate oder mindestens ein Jahr dauern. Eine kürzere Einsatzdauer als zwölf Monate wollte ich auch in Anbetracht der erforderlichen Einarbeitungs- und Eingewöhnungszeit ausschließen. Unterhalb dieser Grenze ist eine sinnvolle Tätigkeit kaum möglich, zumal die Anpassung an eine andere Kultur mehrere Monate bis zu etwa einem Jahr erfordert (Kohls 1984 in: Stadler 1994: 168f).
Die Obergrenze von 24 Monaten ergab sich zum einen aus der Entscheidung, keine Fachkräfte zu berücksichtigen, die meist zwei bis drei Jahre im Entwicklungsdienst arbeiten; zum anderen lehnen die Entsendeorganisationen aus jugend- und bildungspolitischen Gründen eine längere Einsatzzeit ab, um die berufliche und soziale Wiedereingliederung nach der Rückkehr nicht zu erschweren.

(6) Weitere Auswahlkriterien
Im Rahmen der vorstehend genannten Kriterien habe ich den vorhandenen Daten entsprechend nach dem Prinzip der maximalen Kontrastierung typische Fälle ausgewählt, soweit dies nach meinen Vorkenntnissen möglich war. Ziel war damit, „nicht die Häufigkeit bestimmter Handlungsmuster in einer sozialen Situation herauszufinden, sondern ein möglichst zutreffendes Set der relevanten Handlungsmuster in einer sozialen Situation herauszufinden" (Lamnek 1989: 91).
Mein Vorwissen beschränkte sich auf wenige Informationen, die ich für die Auswahl nutzen konnte. Es sollten nach Möglichkeit zu Wort kommen:
(a) Frauen und Männer,
(b) Freiwillige, die gleichzeitig einen Anderen Dienst leisteten und Freiwillige, die ausschließlich einen Freiwilligendienst leisteten,
(c) Freiwillige aus verschiedenen Einsatzländern und
(d) Personen unterschiedlichen Alters.
Damit sollte gewährleistet sein, daß innerhalb der eingrenzenden Kriterien ein möglichst breites Spektrum von Personen berücksichtigt wird. Da der Untersuchung jedoch keine repräsentative Stichprobe zugrunde liegt, werden mögliche Rückschlüsse auf die Gesamtgruppe ausgeschlossen.
Im weiteren folgte ich bei der Auswahl der Interviewpartner/innen pragmatischen Grundsätzen. Sofern die übrigen Kriterien zutrafen, entschied ich nach der geringsten Entfernung zum Wohnort der ehemaligen

Freiwilligen und ob ein Interviewtermin in der nächsten Zeit vereinbart werden konnte.

3.2.3. Interviewleitfaden und Strukturierung des Untersuchungsthemas

Der Interviewleitfaden, der in einem nächsten Schritt erstellt wurde, soll „das Hintergrundwissen des Forschers, bzw. Interviewers thematisch organisieren, um zu einer kontrollierten und vergleichbaren Herangehensweise an den Forschungsgegenstand zu kommen. Der Leitfaden ist Orientierungsrahmen, bzw. Gedächtnisstütze für den Interviewer und dient der Unterstützung und Ausdifferenzierung von Erzählsequenzen des Interviewten" (Witzel 1982: 90f). Dabei besteht jedoch die Gefahr, daß der Leitfaden zum „Oktroi" und zur „Leitfadenbürokratie" verkommt (Hopf 1978: 101ff in: Hoffmann-Riem 1994: 55). Um dies zu vermeiden, benötigt der Interviewer eine offene Haltung und die Fähigkeit, „sich den Denkstrukturen und dem Sprachvermögen des Befragten" anzupassen (Lamnek 1989: 95).

Der Leitfaden diente auch der groben Gliederung des Untersuchungsthemas. In den Interviews sollten zur Sprache kommen: die Motivation vor dem Dienst, die Erfahrungen während des Dienstes, die Zeit nach dem Dienst von der Rückkehr bis heute und ein Ausblick in die Zukunft. Diese differenzierte zeitliche Strukturierung hielt ich insofern für notwendig, als gerade bei dem gewählten Forschungsthema die Rekonstruktion von Vergangenem Voraussetzung dafür ist, bedeutsame Erfahrungen zu erkennen, Auswirkungen des Erlebten zu überprüfen und zur gegenwärtigen Situation in Bezug zu setzen. Dies verlangt den Interviewten nicht nur die aktive Erinnerung an Vergangenes ab, sondern auch ein gehöriges Maß an Abstraktionsvermögen, um mögliche Zusammenhänge zu reflektieren und detailliert darzustellen.

Die zeitliche Abfolge wurde von mir in den Interviewfragen immer wieder betont. Dies sollte den Befragten als Hilfe dienen, ihre Erfahrungen, Handlungen, Einstellungen und Gedanken auf den verschiedenen zeitlichen Ebenen zu verorten, und ihnen so die Erzählsystematik erleichtern.

Der ausgearbeitete Leitfaden umfaßte folgende Themenkomplexe, die entweder von mir oder von den Befragten selbst ins Gespräch eingebracht wurden:

(1) Motivation: Motivation für einen Christlichen Freiwilligendienst im Ausland; Frage nach der Bedeutung des Christlichen und des Auslandes; Frage nach Information oder Bewerbung bei anderen Trägern

(2) Erfahrungen im Dienst: Tätigkeitsschwerpunkte; besondere Schwierigkeiten und der Umgang damit; besonders positive Erlebnisse; Kontakte im Einsatzland; Kontakte nach Deutschland
(3) Erfahrungen nach dem Dienst: (a) Bei der Rückkehr: Wiedereingliederung; besondere Schwierigkeiten; besonders schöne Erlebnisse; Kontakte in Deutschland; Zukunfts- und Berufsplanung (b) Heute, d. h. zum Zeitpunkt des Interviews: Stellenwert des Dienstes; Vergleich zu anderen Lebensstationen; Frage, ob sie im Nachhinein etwas anders machen würden; Frage, was aus den Erfahrungen gelernt wurde und wo Veränderungen stattgefunden haben. (c) Zukunft: Einschätzung, welche Bedeutung die Erfahrungen aus dem Dienst in der Zukunft haben werden
Der problemzentrierte Interviewleitfaden diente mir zur Überprüfung, inwieweit die Aussagen der Interviewten den Forschungsfragen zuzuordnen waren. Formulierung und Reihenfolge der Fragen setzte ich flexibel ein. Dadurch war immer gewährleistet, daß der Erzählstrang der Befragten den Gesprächsverlauf bestimmte.

3.3. Datenerhebung

3.3.1. Kontaktaufnahme

Ehemalige Freiwillige, die den genannten Kriterien entsprachen, wurden von mir angeschrieben, wobei ich mich selbst als ehemalige Freiwillige vorstellte und kurz Sinn und Zweck der Untersuchung erläuterte. Ich wies darauf hin, daß die Untersuchung im Rahmen meiner Diplomarbeit stattfinden sollte und die Entsendeorganisation Interesse an den Ergebnissen der Untersuchung hat. Außerdem sicherte ich Anonymität zu und bat um Rückmeldung. Da der Kontakt zu den Befragten durch mich hergestellt wurde und nicht „über Dritte (...), die als Vermittler zwischen Forscher und Befragtem beider Vertrauen genießen" (Lamnek 1989: 86), verwies ich auf meine Zusammenarbeit mit der Entsendeorganisation, um so die notwendige Vertrauensbasis herzustellen.
Von 19 angeschriebenen Personen meldeten sich 15 zurück, indem sie telefonisch oder schriftlich auf mein Anschreiben reagierten. Dies spricht unter Umständen dafür, daß die ehemaligen Freiwilligen ihrem Dienst einen hohen Stellenwert zuschreiben und kann zugleich als Bereitschaft gedeutet werden, daß die ehemaligen Freiwilligen gerne über ihren Auslandsdienst sprechen. Allerdings besteht die Möglichkeit, daß durch dieses Vorgehen ein bestimmter Personenkreis von der Untersuchung ausgeschlossen worden ist, etwa ehemalige Freiwillige, die dem Auslandsdienst nur geringe Bedeutung in ihrem Leben beimessen oder aus anderen Gründen nicht darüber sprechen wollten. Diese Personen

konnten also nicht berücksichtigt werden. Das Gesprächsangebot wurde aber durchaus auch von solchen Freiwilligen genutzt, die negative Erfahrungen bis hin zum Abbruch des Dienstes gemacht hatten und bei denen das Interview einen wichtigen Bestandteil des Verarbeitungsprozesses bildete. Den Wunsch nach Verarbeitung brachten mehrere Gesprächspartner/innen bereits vor dem Interview zum Ausdruck, indem sie erklärten, sie hätten noch nicht genügend Zeit gehabt, sich mit den Erfahrungen im Dienst auseinanderzusetzen. Ein ehemaliger Freiwilliger äußerte vor dem Interview, seine Aussagen in bezug auf den Dienst seien dementsprechend „undifferenziert". Es wurde deutlich, daß nicht nur eine große Bereitschaft, sondern auch ein starkes Bedürfnis vorhanden war, über die gemachten Erfahrungen zu sprechen.

3.3.2. Vorbereitung der Interviews: Interviewtraining und Probeinterview

Zu Beginn der Interviewphase übte ich verschiedene Interviewtechniken ein, z. B. die Gestaltung des Gesprächseinstiegs, wie bestimmte Themenfelder eingebracht werden können sowie die Anwendung allgemeiner und spezifischer Sondierungen. Schwerpunkt dieses Trainings war es, Fragen einfach verständlich, alltagssprachlich und offen zu formulieren, um Erzählanreize zu geben und die differenzierte Darstellung eigener Sichtweisen anzuregen. Gleichzeitig mußte ich mir die Fertigkeit aneignen, mich in verschiedenen Gesprächskonstellationen flexibel der jeweiligen Person und Situation anzupassen und mich an der Erzählstruktur des Befragten zu orientieren, ohne das problemzentrierte Forschungsinteresse aus den Augen zu verlieren. Ich mußte also meine Wahrnehmung derart sensibilisieren, daß ich im richtigen Moment über immanente oder marginale Fragen zu entscheiden konnte.
Weitere Techniken, die ich zur Vorbereitung für die Datenerhebung einüben mußte, waren das Zusammenfassen von Gesprächsinhalten um dem Befragten die Möglichkeit zur Korrektur zu geben, sowie das adäquate Stellen von Rückfragen bei Unklarheiten und Widersprüchen in der Erzählung. Dadurch soll der Gesprächspartner dazu veranlaßt werden, an seiner Darstellungsweise und Problemsicht zu arbeiten und sie zu differenzieren. Nach Möglichkeit sollten direktive Fragen nicht und das Aufzeigen von Widersprüchen nur mit äußerster Vorsicht erfolgen. Der Einsatz von Konfrontationen im Gespräch kann die Erzählung hemmen (Witzel 1982: 101); ebenso sollte die Anwendung von Suggestivfragen und Unterstellungen kritisch reflektiert erfolgen (siehe Girtler 1988: 157-161). Ziel war es, die genannten Techniken so einzusetzen, daß sie „zu einem Gespräch führen, in dem die Untersuchten zu einer Problementwick-

lung in Form der Selbst- und Verhältnisreflexion angeregt werden" (Witzel 1982: 77). Es soll also keine bloße Assoziierung von Gedächtnisinhalten erfolgen, sondern eine Entfaltung der Problemsicht im Verlauf des Gesprächs erreicht werden.
Im Anschluß an diese Vorarbeiten führte ich ein Probeinterview durch. Eine Transkription und gründliche Auswertung dieses Probeinterviews, wie es Aufenanger (in: Garz/Kraimer 1991: 45f) empfiehlt, um Interviewfehler aufzudecken und damit einen Lernprozeß seitens des Interviewers in Gang zu setzen (Strauss/Corbin 1996: 14), erfolgte aus zeitlichen Gründen nicht.
Ein Probeinterview dient neben der kritischen Analyse des Interviewerverhaltens insbesondere der Überprüfung des Leitfadens. Es half mir insbesondere, rechtzeitig Korrekturen im Forschungsprozeß vorzunehmen und mein Interviewerverhalten weiter zu verbessern. Mehrere Fragen des Leitfadens erwiesen sich als zu umfangreich und wurden deshalb von mir gekürzt bzw. zusammengefaßt, da sie auf den gleichen Themenbereich zielten.
Aus dem Gesprächsverlauf des Probeinterviews ergab sich außerdem, daß eine zu feine Ausdifferenzierung der Zeitspanne nach dem Dienst in Fragen (a) zu der unmittelbaren Rückkehr, (b) zu einer geraumen Zeit nach der Rückkehr und (c) zu dem Heute nicht sinnvoll war. Die Wiedereingewöhnung nach dem Dienst von der unmittelbaren Rückkehr bis zum Zeitpunkt des Interviews stellte für die Befragten offenkundig einen Prozeß dar, der in der Erinnerung nicht der zeitlich vorgegebenen Logik folgte und sich somit auch nicht gedanklich in vorgegebene Zeitabschnitte zerlegen ließ. Der Prozeß der Wiedereingliederung wird mit individuell verschiedenen zeitlichen Maßstäben wahrgenommen, die auch im Interview zur Geltung kommen sollten. Deshalb löste ich mich von der ursprünglichen zeitlichen Untergliederung der Frage nach Rückkehr und fragte nur noch danach, wie die Betroffenen die Zeit nach ihrer Rückkehr erlebten. Diese Frage war so offen gehalten, daß sie ihrer eigenen Erzählstruktur und -logik folgend ihre Erfahrungen nach dem Dienst schildern konnten, ohne weiter unterscheiden zu müssen nach ihren Erfahrungen kurz nach der Rückkehr und nachdem sie bereits wieder einige Zeit zurück waren.

3.3.3. Durchführung der Interviews

Nachdem diese Vorarbeiten abgeschlossen waren, führte ich mit neun ehemaligen Freiwilligen (ohne Probeinterview) Interviews durch. Bis auf ein Interview, das auf Wunsch des Gesprächspartners bei mir zu Hause stattfand, wurden alle anderen bei den Interviewpartner/innen da-

heim geführt: „Um wirklich gute Interviews zu bekommen, muß man also in die Lebenswelt dieser betreffenden Menschen gehen und darf sie nicht in Situationen interviewen, die ihnen unangenehm oder fremd sind" (Girtler 1988: 151; siehe auch Lamnek 1989: 98).
Zunächst informierte ich die Gesprächspartner/innen nochmals kurz über Sinn und Zweck des Projektes und beantwortete Rückfragen. Dabei achtete ich darauf, „eine inhaltliche Prädetermination des inhaltlichen Verlaufs des Gesprächs" (Lamnek 1989: 103) zu vermeiden, das Gespräch also nicht durch entsprechende Aussagen inhaltlich zu beeinflussen. Soweit dies nicht bereits in telefonischen Gesprächen ausreichend geklärt war, erläuterte ich den Verwendungszweck der Tonbandaufnahmen und klärte über die datenschutzrechtlichen Absicherungen, die Anonymisierung von Personen- und Ortsangaben, auf.
Mit einem Kurzfragebogen, den ich zu Beginn des Interviews ausfüllen ließ, gewann ich Vorinformationen zur Biographie der Befragten und ihrem Dienst, die nicht unmittelbar zum Gesprächsthema werden sollten. Witzel (1982: 90) empfiehlt einen solchen Vorabfragebogen, um ein „Frage-Antwort-Schema" im Interview zu vermeiden, „bestimmte Gedächtnisinhalte" anzuregen und die „Zentrierung auf das zu untersuchende Problemgebiet" zu unterstützen.
Die Interviews fanden an vier Wochenenden innerhalb eines Monats statt und wurden allesamt mit Einverständnis der Befragten auf Tonband aufgezeichnet. Die Dauer der einzelnen Interviews lag zwischen 60 und 100 Minuten.
Im Anschluß an jedes Interview fertigte ich ein Postskriptum an, um Gesprächsthemen oder Ereignisse vor und nach dem Interview, kurze Eindrücke zur Person und den Lebensumständen der Interviewpartner/innen, die Gesprächsatmosphäre und den Interviewer-Befragten-Rapport festzuhalten. Damit sollte ein Gesamteindruck aufgezeichnet, erste Ideen für die Interpretation gewonnen und eine „realitätsgerechte und lebensweltlich angemessene Verortung des Befragten" ermöglicht werden (Lamnek 1989: 98; siehe auch Witzel 1982: 91f; Haupert 1991: 227f). Damit verfügte ich über ergänzendes Material zur Datenerhebung, das mit in den Prozeß der Datenauswertung einfließen konnte.

3.4. Auswertung der Interviews

3.4.1. Transkription

Alle Befragten erklärten sich mit der Gesprächsaufzeichnung auf ein Tonband bereit, nur eine Person äußerte im Anschluß an das aufgezeichnete Gespräch Bedenken hinsichtlich einer wörtlichen Verschriftung und

späteren Verwendung ihrer Aussagen als Quellentext bei der Auswertung, stimmte jedoch einer nur inhaltlich-thematischen Berücksichtigung der Interviewaussagen zu. Um für die Auswertung gleichartig aufbereitetes und damit vergleichbares Datenmaterial zu haben, habe ich dieses Interview jedoch nicht weiter verwendet. Bis auf diese Ausnahme transkribierte ich die anderen acht Interviews wörtlich und vollständig.
Bei der Transkription wurden folgende Verschriftungsregeln beachtet: Die sprachlichen Färbungen des Dialektes wurden ebenso wiedergegeben wie paralinguistische Elemente wie Lachen oder Räuspern, außerdem Störungen des Gespräches und Unverständliches in Klammern gekennzeichnet. Gesprächspausen wurden im Transkript wie folgt kodiert: kurze Pause innerhalb eines Satzes: – ; Pause von drei bis vier Sekunden: – ; Pause von sieben bis acht Sekunden: (Pause). Die normale Orthographie wurde weitgehend beibehalten, Kommata auch nach der Stimmführung gesetzt (Hebung der Stimme), um Sinneinheiten zu verdeutlichen. Besondere Betonungen der Sprecher/innen stehen im Fettdruck. Als ausgelassen habe ich einzelne Wörter (...) oder Satzteile (...) gekennzeichnet, sofern diese schwer verständlich und ohne Belang für den jeweiligen Interpretationskontext waren. Häufig sollte die Auslassung einzelner Wörter oder Eigennamen auch eine größtmögliche Anonymität der Befragten sicherstellen. Von mir eingefügte Anmerkungen, die dem Verständnis der Interviewpassagen dienten, sind in eckige Klammern gesetzt [ ]. Ferner anonymisierte ich Eigennamen von Personen und Städten und Namen von Entsendeorganisation, Projektpartnern und Einsatzstellen.

3.4.2. Schritte der Interpretation

Ebensowenig, wie es die objektiv richtige, universal einsetzbare Datenerhebungsmethode gibt, existiert die mustergültige Auswertungsmethode. Sie ist vielmehr den Vorgaben Untersuchungsthema und Datenerhebungsmethode entsprechend auszuwählen. „Der erste Schritt der Auswertung ist daher die Entwicklung einer dem Projekt angepaßten Auswertungsmethode" (Lamnek 1989: 111).
Die Problemzentrierung des Interviewleitfadens führte dazu, daß das erhobene Datenmaterial bereits klar umrissene und logisch aufeinander bezogene Themenbereiche enthielt. Diese strukturierten die Auswertung entsprechend vor und erlaubten ein Vorgehen entlang der Problemzentrierung. Neben den im Leitfaden enthaltenen Fragen bezog ich aber auch solche Motive in die Auswertung ein, die die Befragten von sich aus in das Gespräch einbrachten.
Bei meiner Auswertung lehnte ich mich in einzelnen Auswertungsschritten an Mayrings „Qualitative Inhaltsanalyse" (1993) an. Ihr Vor-

zug gegenüber anderen Auswertungsmethoden liegt darin, daß „sie systematisch, d. h. durch die Erarbeitung und Verwendung eines präzisen Kategoriensystems, (...) regelgeleitet, also intersubjektiv nachvollziehbar, und (...) theoriegeleitet verfährt, d. h. in ihren Rückschlüssen auf die außertextliche soziale Realität von expliziten Annahmen ausgehend eine explizite Argumentation durchführt" (Spöhring 1995: 201).
Eine systematisch-methodische Vorgehensweise ist besonders wichtig im Hinblick auf die Validierung, da das vorliegende Datenmaterial nicht von mehreren Forschenden interpretiert werden konnte.

(1) Einzelanalyse
In der Einzelanalyse faßte ich zunächst jedes Interview systematisch zusammen. Die Transkripte paraphrasierte und generalisierte ich Satz für Satz, wobei Passagen, die durch inadäquates Interviewerverhalten zustande kamen, gestrichen wurden. Dazu mußte ich die Interviews gleichzeitig in ihrer Dialogstruktur erfassen. Zudem analysierte ich die syntaktische und die semantische Ebene der Texte, filterte die Besonderheiten jedes Interviews, die Wortwahl wie z. B. verwendete Stereotype heraus und hielt die Ergebnisse dieses Arbeitsschrittes jeweils in einem Skript fest.
Die Generalisierungen aus jedem Interview wurden dann in einem nächsten Arbeitsschritt nach Themenbereichen geordnet, gegebenenfalls nochmals gekürzt, und grob in logische Beziehungen zueinander gesetzt, so daß ein systematisch reduziertes und abstrahiertes Kategoriensystem entstand, das induktiv, d. h. aus dem Datenmaterial heraus gewonnen wurde. Dieses Kategoriensystem ergänzte ich auf der Grundlage des bereits erstellten Skriptes sowie des Kurzfragebogens und des Postskriptums und nahm damit eine Synthese von inhaltlicher und methodischer Interpretation vor. Um zu gewährleisten, daß dieses erweiterte Kategoriensystem dem gesamten Interview noch entspricht, ließ ich es von zwei außenstehenden Personen daraufhin überprüfen. Noch unklare und interpretationsbedürftige Textstellen diskutierten wir gemeinsam, wenn die Sequenzen im Kontext des gesamten Interviews, der zusätzlichen Informationen aus Kurzfragebogen und Postskriptum und des theoretischen Hintergrundwissens nicht hinreichend aufgelöst werden konnten. Nach dieser intersubjektiven Validierung der Interpretation überprüfte ich erneut die Kategorien mit den Kommentierungen und veränderte sie gegebenenfalls.

(2) Generalisierende Analyse
Die zu jedem der Interviews angefertigten Kategoriensysteme bildeten den Ausgangspunkt für die generalisierende Analyse. Die Themenbereiche, die in der Auswertung berücksichtigt werden sollten, waren (a)

die Motivation vor dem Dienst, (b) die Erfahrungen im Dienst, insbesondere Schwierigkeiten und deren Bewältigung, die Wahrnehmung von Unterschieden in der Fremde und der Umgang mit damit, (c) die Erfahrungen nach der Rückkehr und (d) die Auswirkungen und Veränderungen auf die heutige und eventuell – sofern sich schlüssige Ergebnisse fanden – die zukünftige Lebenssituation. Dabei sollte auch der Verarbeitung der Erlebnisse besondere Aufmerksamkeit zukommen. Die einzelnen, mit Ankerzitaten versehenen Kategorien aller Interviews wurden dann nach diesen Gesichtspunkten geordnet, so daß ein Quervergleich nach den für die Auswertung relevanten Themenbereichen durchgeführt werden konnte. Dabei ergaben sich weiter abstrahierte Kategorien innerhalb der thematischen Auswertungsfelder, die teilweise als Kapitelüberschriften in die Ergebnisdarstellung übernommen wurden. Sofern dies möglich war, wurden ähnliche Typen einander zugeordnet und verschiedene Ausprägungen innerhalb der neu entstandenen Kategorie beschrieben.

4. DARSTELLUNG DER ERGEBNISSE

Die folgenden Auswertungsergebnisse beziehen sich auf die Gespräche mit acht ehemaligen Freiwilligen, drei Frauen und fünf Männern. Die Befragten, von denen die Hälfte ihren Dienst zugleich als Anderen Dienst im Ausland ableisteten, waren in verschiedenen Einsatzländern tätig: Drei Personen waren in Brasilien, zwei in Kanada und je eine Person in Israel, Frankreich und Paraguay. Die Hälfte der acht Interviewpartner/innen verbrachte 12 Monate im Dienst, zwei jeweils 17 Monate, einer 23 und ein weiterer 24 Monate. Alle arbeiteten in sozialen Einrichtungen und Projekten, vorwiegend mit Kindern und Jugendlichen, drei mit geistig und körperlich Behinderten; außerdem waren die Freiwilligen mit Lagerarbeiten, Hausmeistertätigkeiten und Bildungsarbeit betraut. Überschneidungen in den Tätigkeiten kamen dadurch zustande, daß die Hälfte der Befragten während ihres Dienstes die Einsatzstelle wechselte oder innerhalb ihrer Einsatzstelle einen anderen Tätigkeitsbereich übernahm. Sechs Gesprächspartner/innen hatten bereits eine Berufsausbildung abgeschlossen, bevor sie ihren Dienst antraten. Bei der Rückkehr waren sie 20 bis 26 Jahre alt.

Die Auswertungsergebnisse sind analog der im Interviewleitfaden dokumentierten Problemzentrierung untergliedert: (4.1.) Motivation für den Dienst, (4.2) Erfahrungen während des Dienstes, (4.3.) Erfahrungen bei der Rückkehr, (4.4.) die Auswirkungen dieser Erfahrungen auf aktuelle und zukünftige Lebensbezüge und abschließend (4.5.) die Zusammenfassung der Ergebnisse.

4.1. Motivation

4.1.1. Abenteuerlust und Aufbruch

Im Vordergrund der Motivation für einen Freiwilligendienst stehen für die meisten Freiwilligen Abenteuerlust, der Reiz des Fremden und der Wunsch, neue Erfahrungen zu sammeln und etwas anderes kennenzulernen.

„(...) ich wollt' da gern – wollt' mal gern die große weite Welt sehen" (D, 2). „(...) im Schnitt würd' ich sagen, war das für mich alles (...) Freiheit und Abenteuer" (D, 20).

Zugleich bedeutet ein Auslandsaufenthalt, das Gewohnte zu verlassen, aus dem Alltagstrott auszubrechen und von zu Hause wegzukommen. Offensichtlich ist der Schritt, ins Ausland zu gehen, ein wichtiger Faktor bei der Ablösung vom Elternhaus. In diesem Zusammenhang wird die Tatsache bedeutsam, daß fast alle Befragten vor dem Auslandsdienst noch bei ihren Eltern gewohnt haben.

„(...) einfach mal weg von zu Hause – 'n Stück weit. Und – was anderes kennenlernen, was anderes sehen – naja" (G, 1).

In dem Wunsch, etwas anderes zu sehen und neue Erfahrungen zu machen, spiegelt sich auch die Suche nach Orientierung wider, die sich wie ein roter Faden durch mehrere Interviews zieht. C nennt unter anderem die Klärung des eigenen Standpunktes als Begründung dafür, warum er ins Ausland gegangen ist. Die damit angesprochene Suche nach der eigenen Identität wird so deutlich zum Ausdruck gebracht.
„(...) einfach, ja – mal raus aus dem, wo ich eben – herkam und mal zu sehen, vielleicht auch, wo ich steh' selber (...)" (C, 2).

Mehrere Freiwillige verbinden ihre primäre Motivation, die etwas verkürzt mit der Haltung „Weg von Zuhause – rein ins Abenteuer" umschrieben werden kann, mit dem Interesse an einem bestimmten Land. Sie wollen dort das Land, die Kultur sowie die gesellschaftliche und politische Situation besser kennenlernen und ihre Kenntnis der Landessprache verbessern.

„(...) mir kam's halt wirklich nur darauf an, daß ich auch – grad diesen Kontakt halt – hatte, mit den Latinos, und (Pause) (...) das Land, Leute und Kultur kennenzulernen" (F, 1).

Die Abenteuerlust umfaßt auch den Wunsch nach etwas Ungewöhnlichem oder „Exotischem", das mit einem Auslandsaufenthalt verbunden wird. „(...) mal 'n Jahr lang was Außergewöhnliches zu machen (...)"

(E, 38). Auch die Außenwirkung, die ein Auslandsaufenthalt hat, kann in die Motivation mit einfließen. So erwähnen mehrere Befragte die Reaktionen des sozialen Umfeldes wie des Freundeskreises als bedeutsam: man wird als etwas Besonderes angesehen dadurch, daß man etwas Besonderes macht. Der Auslandsaufenthalt bzw. der notwendige Mut zum Abenteuer verschafft damit den Befragten soziale Anerkennung.

4.1.2. Aus der Not eine Tugend machen oder Das geringere Übel: Die Verknüpfung der staatsbürgerlichen Pflicht mit der eigenen Abenteuerlust

Die Freiwilligen, die gleichzeitig einen Anderen Dienst im Ausland leisten, verknüpfen auf pragmatische Weise ihre staatsbürgerliche Pflicht mit ihren eigenen Wünschen, indem sie einen Freiwilligendienst im Ausland machen.

„(...), ich muß eh 'n Dienst machen, und den mach' ich gern im Ausland" (D, 2). „(...) also willst du irgendwo was erleben, was sehen, und eh, Zivildienst muß, muß so, sowieso sein, weil man das eben machen muß, o. k., dann – mach' doch 'n Auslandsdienst so ungefähr, ja" (C, 4).

Das Verhältnis von Freiwilligkeit und Pflicht bei den Freiwilligen, die zugleich einen Anderen Dienst leisten, ist ambivalent. Der Wunsch, ins Ausland zu gehen, besteht zum Teil unabhängig von der Überlegung, einen Anderen Dienst zu machen. Der Zivildienst ist deshalb nicht unbedingt die primäre Motivation für den Freiwilligendienst im Ausland. In den Erzählungen wird immer wieder deutlich, daß der Freiwilligendienst im Ausland als Alternative zum Zivildienst in Deutschland gesehen und damit verglichen wird. „(...) ja, ich möcht' kein Zivildienst machen in Deutschland, sondern da drüben (...)" (D, 26).

Ob die Befragten sich in erster Linie als Freiwillige oder als Zivildienstleistende begreifen, scheint von der Einsatzstelle und vom subjektiven Erleben abhängig zu sein. Die ursprüngliche Haltung kann sich im Laufe des Dienstes aber auch verändern. D sieht sich während seines Dienstes nicht mehr als Zivildienstleistenden, sondern entwickelt ein Selbstverständnis als Freiwilliger.

4.1.3. Der Freiwilligendienst im Kontext der Zukunftsplanung

Die Zukunftsplanung, vor allem im Hinblick auf die Berufswahl, ist ein wesentlicher Faktor bei der Entscheidung für einen Freiwilligendienst. Die berufliche Orientierung erstreckt sich über den Zeitraum von mehreren Jahren und ist mit dem Abschluß einer Ausbildung – über den fast alle Befragten bereits vor dem Dienst verfügen – nicht zwangsläufig abgeschlossen. Die Unsicherheit über die berufliche Zukunft spiegelt sich in den biographischen Daten der Befragten und ihren geäußerten Zukunftsvorstellungen wider: Fast alle beginnen nach ihrem Auslandsdienst eine neue Ausbildung oder ein Studium, auch wenn sie bereits eine abgeschlossene Berufsausbildung haben. Der Freiwilligendienst trägt somit dazu bei, bisherige Entscheidungen der Lebensplanung zu überprüfen, und ist gleichzeitig Experimentierfeld für neue Berufs- und Tätigkeitsfelder. So will C nach seiner Ausbildung Klarheit über die richtige Berufswahl gewinnen, indem er ein neues Arbeitsfeld erprobt:

„(...) ja das war dann immer so'n bißjen Problem, Kfz und sozial, das paßt ja relativ wenig eigentlich, aber irgendwo war auch für mich – war ich mir noch nich sicher, ob ich wirklich so im Kfz-Bereich überhaupt richtig war, und dann – dacht' ich eben auch, das ist danach eigentlich auch die Chance mal, so den Sozialsektor bißjen abzuchecken, ob mich das irgendwo interessieren würd'. Und das war eben eigentlich auch 'n Grund – Grundding, was auch noch mitgespielt hat. Ich wollt' eigentlich auch noch mal 'n anderen Bereich irgendwo – kennenlernen, um – mir auch für die Zukunft und für mich selber irgendwo sicherer zu werden, wo ich halt mal – landen wollte" (C, 3).

Auch berufliche Sicherheit und die langfristige Verpflichtung einer festen Anstellung können den Anstoß dazu geben, ins Ausland zu gehen. Gerade die beiden Befragten, die bereits vor dem Dienst in einem festen Arbeitsverhältnis waren, bringen dies zum Ausdruck. Die alltägliche Routine ist Anlaß für Unzufriedenheit mit der Situation in Deutschland; man möchte aus ihr ausbrechen und geht deshalb ins Ausland.

„Also, es war'n – mehrere – Gründe, daß ich das gemacht hab'. Erschtens hab' ich dann drei Jahre im Marienkrankenhaus gearbeitet, und des war – also mit Ausbildung warn's dann – sechs Jahre schon fast, un des war irgendwie so'n Zeitpunkt, wo ich dacht', so, es könnte mal jetzt was andres komme" (B, 1).

Bei den meisten Freiwilligen entsteht der Wunsch, ins Ausland zu gehen, in einem längeren Prozeß, der mit der Zukunftsplanung in Einklang gebracht werden muß. Die Überlegung, daß die künftige Lebensplanung unter Umständen einem späteren Auslandsaufenthalt entgegensteht, ist dann für einige Befragte der Auslöser, ihr Vorhaben zu einem geeigneten Zeitpunkt zu verwirklichen. Dazu bietet sich die Übergangsphase nach dem Abschluß von Schule oder Ausbildung an. „(...) wann hat mer früher die Gelegenheit als nach'm Abitur, das zu machen" (H, 1).

Es werden nicht nur Statuspassagen beruflicher, sondern auch privater oder familiärer Art in die Überlegung einbezogen, einen Auslandsdienst zu leisten. Dazu halten die Befragten eine Phase für günstig, in der feste Bindungen durch Partnerschaft und eigene Familie in der Regel noch nicht vorhanden sind.

„Aber – später, also jetzt (Lachen –-, wenn mer vernünftig vorausdenkt und später mal 'ne Familie haben möchte oder irgendwas, dann isch mit – mit 'ner Familie isch des zwar möglich – 'n Dienscht im Ausland zu machen, aber's is – ja, es hängt dann immer von – von der Partnerin ab, und von der Situation und – da wird mer immer mehr abhängig – und isch mehr eingebunden in das Leben hier, so daß man eigentlich net – schlecht weg kommt, und deshalb hab' i mir gedacht, mach' i des halt in jungen Jahren"(G,2).

Der Freiwilligendienst wird auch als sinnvolle Überbrückungszeit in einer beruflichen Umorientierungsphase verwendet, der damit Brüche im Lebenslauf verhindert. E plant schon vor seinem Auslandsaufenthalt, sich beruflich zu verändern. Für ihn ist ausschlaggebend, daß er den gewünschten Studiengang nicht ohne Wartezeit beginnen kann. Er entscheidet sich, diese Wartezeit zu nutzen, indem er ins Ausland geht.

„(...) und dann hab' ich, dadurch daß ich so schlechte Noten hatte (...) – und da hab' ich gesagt, ich muß kucken, daß ich einfach die Wartezeit angerechnet bekomm'. Und da hab' ich gesagt, Mensch, die Wartezeit zählt dann auch für Brasilien, also geh' ich das Jahr nach Brasilien, danach hab' ich bessere Chancen" (E, 33).

4.1.4. Elternhaus und soziales Umfeld als Wegbereiter

Auffallend ist die Rolle der Eltern und anderer Autoritätspersonen oder das Vorbild der Geschwister bei der Kontaktaufnahme zur Entsendeorganisation.

„(...) und unser Pfarrer hat des gehört, und er hat dann an (...) [die Entsendeorganisation] geschrieben, und die ham mir dann 'n Anmeldungsbogen – zugeschickt" (A, 1). „Und zufällig hat mein Vater irgendwie halt rausbekommen, daß man über (...) [die Entsendeorganisation] Möglichkeit hat, für ein Jahr – nach Paraguay zu gehen" (F, 1).

Zudem werden immer wieder Vorbilder aus dem sozialen Umfeld der Freiwilligen als bedeutsam genannt für die Entscheidung, einen Freiwilligendienst im Ausland zu machen.

„(...) mein Vater, der hat damals, früher, ich glaub' mit 28, war er (...) in'n USA – des war für ihn auch so'n Schlüsselerlebnis" (C, 1).

Die große Bedeutung der Eltern bei der Entscheidung für einen Auslandsdienst ist im Kontext der Ablösung von der Ursprungsfamilie zu sehen. Die noch vorhandene finanzielle und emotionale Abhängigkeit vom Elternhaus kann zunächst der Absicht, von daheim wegzukommen und ins Ausland zu gehen, entgegenstehen. Mit dem elterlichen Einverständnis ist ein längerer Auslandsaufenthalt aber sehr viel einfacher zu verwirklichen, wenn die Eltern also überzeugt davon sind, daß es sich um eine vertrauenswürdige Organisation und um eine sinnvolle Aufgabe handelt. Die Informationswege machen deutlich, daß viele Freiwillige eher durch Zufall von der Möglichkeit, über die von ihnen gewählte Entsendeorganisation ins Ausland zu gehen, erfahren haben. Nur wenige haben sich bei anderen Organisationen informiert, dies läßt zwei Schlüsse zu: Entweder erfolgt die Bewerbung gezielt auf das Selbstverständnis eines bestimmten Trägers hin, oder aber – und diese Deutung ist im Kontext der Erzählungen wahrscheinlicher – die unterschiedlichen Entsendeorganisationen von Freiwilligendiensten im Ausland sind ebenso wenig bekannt wie die Möglichkeit überhaupt, einen Freiwilligendienst zu machen. Deshalb nutzen interessierte Personen die sich bietende Chance, ohne sich weiter über andere Möglichkeiten zu informieren.

4.1.5. Prosoziale Motivation und der Kontext des Christseins

Aus den vorangehenden Ausführungen wird deutlich, daß das Interesse am Ausland im Vordergrund der Motivation für einen Freiwilligendienst steht; andere Beweggründe treten dabei in den Hintergrund. Dennoch haben die Befragten den Anspruch, während ihres Auslandsaufenthaltes eine sinnvolle soziale Tätigkeit auszuüben.

„(...) wenn ich schon ins Ausland geh', hab' ich gedacht, Heizungen repariern kann ich auch in Deutschland, des is egal, ob die Heizung in Frankreich steht oder sonstwo. – Ja, also daher hab' ich auch erstmal das als Priorität ausgewählt von den andern Angeboten, weil's halt mit, mit Menschen war Arbeit, das war mir wichtig" (H, 1f).

Der Vorrang selbstbezogener Motive gegenüber prosozialem Verhalten wird in einem weiteren Interview klar formuliert. „Und weniger – natürlich wollt' ich Leuten helfen und so, aber das war nich mein Hauptmotor" (D, 20). Implizit kommt bei D die Annahme zum Ausdruck, der Dienst setze in erster Linie selbstlose Beweggründe voraus. Diese gedankliche Verknüpfung ist möglicherweise eine Erklärung dafür, daß die Befragten ihre Motivation für eine soziale Tätigkeit nur selten begründen – sie wird als elementarer Bestandteil des Freiwilligendienstes und somit als selbstverständlich betrachtet. Der Wunsch, etwas Gutes oder Sinnvolles zu tun, verweist auf das spezifisch Christliche am Friedensdienst, wird aber häufig nur zwischen den Zeilen erwähnt. Nur selten wird die eigene christliche Haltung ausdrücklich als Beweggrund für einen Freiwilligendienst genannt.

„Schule und – und Lehre, des war nich unbedingt so der Bereich, wo mer so dieses – christliche Denken oder Leben irgendwo auch – mehr oder weniger eben – praktizieren konnt', das wollt' ich eigentlich – einfach mal ausprobieren (...)" (C, 6).

Allerdings weisen mehrere Passagen darauf hin, daß der Freiwilligendienst an sich und die Wahl der Tätigkeit als Vorhersehung betrachtet wird. Diese Deutung ergibt sich aus dem Kontext und unter Berücksichtigung der Wortwahl, da verschiedene Erzähler/innen betonen, daß sich etwas „ergeben" hat oder so „passiert" ist.

„(...) irgendwie wußt' ich eigentlich gar net, in welche Richtung ich wollte –, ich bin dann mehr oder weniger dann so – draufgestoßen worden, indem mir jeder irgendwas von Brasilien erzählt hat, und auch, daß dort Krankenschwestern gebraucht würden. (...) Aber, ja irgendwie war des echt auffällig, egal, wo ich hinkam – irgendwie wurde mir immer was von Brasilien erzählt und da dacht' ich so – , 's reicht jetzt" (B, 1).

Zusammengefaßt ist die Motivation für einen Freiwilligendienst primär von Interessen geleitet, die als jugendtypisch zu bezeichnen sind: dem oft nur angedeuteten Wunsch, sich vom Elternhaus abzulösen, in Verbindung mit Abenteuerlust und dem Bestreben, etwas anderes und Neues kennenzulernen. Hierin spiegelt sich die Suche nach Anstößen für die Lebensgestaltung und Berufswahl, die mit dem spezifisch Christlichen bzw. dem Wunsch, gleichzeitig eine gute und sinnvolle Tätigkeit zu leisten, verknüpft wird. Damit liegen die vielfältigen Erwartungen, die an einen Freiwilligendienst im Ausland herangetragen werden, zwischen den Polen selbstbezogener Interessen und dem Anspruch, eine sinnvolle soziale Tätigkeit damit zu verbinden.

4.2. Erfahrungen im Dienst

Die Erfahrungen im Dienst nehmen in den meisten Interviews sehr viel Raum ein. Dabei fallen vor allem die unterschiedlichen Erzählweisen und -tempora der Befragten auf. Einige stellen ihre Erfahrungen sehr detailliert und gegenwärtig dar, ohne einen Zusammenhang zur aktuellen Lebenssituation zu schaffen. Andere berichten mit großer Distanz und reflektiert vom Erlebten. Dies läßt Rückschlüsse auf die unterschiedliche Verarbeitung der Erfahrungen zu. Die Erzählungen über den Dienst greifen besondere Schwierigkeiten und ihre Bewältigung auf sowie die Wahrnehmung von Unterschieden und Andersartigkeit in der fremden Kultur.

4.2.1. Schwierigkeiten

4.2.1.1. Überforderung bei der Arbeit

Fast ausnahmslos nennen die ehemaligen Freiwilligen auf die Frage, was ihnen in ihrem Dienst Schwierigkeiten bereitet habe, zunächst Probleme im Zusammenhang mit der Arbeit. Die Befragten fühlen sich in ihrer Tätigkeit häufig überfordert, da sie mit einem ihnen bis dahin unbekannten Tätigkeitsfeld konfrontiert sind und sich dort zurechtfinden müssen. Dies gilt insbesondere, wenn es die ersten Arbeitserfahrungen überhaupt sind.

„Und am Anfang war das eigentlich schon recht schwierig für mich gewesen, weil ich – mit so, solch kleinen Kindern noch gar keine Erfahrung gehabt hab', und (Pause) gar keinen Kontakt irgendwie zu denen herstellen konnt', ich wußt' gar nicht, wie ich, was ich mit denen anfangen sollt'" (F, 2).

Die Anforderungen bei der Arbeit gehen teilweise bis an die Grenzen der Belastbarkeit: „Ich stand da natürlich auch sehr unter Leischtungsdruck e Stück weit, weil – zwölf Stunden am Tag mit den Kindern Umgang haben oder – dort in dem Dorf zu sein und – alles andre um sich rum (Pause) des isch – war für mich damals bißle Überforderung" (G, 11).
Als belastend werden Situationen aber auch dann erlebt, wenn die Erwartungen der Einrichtung und die Arbeitsbedingungen nicht mit den eigenen Vorstellungen und Überzeugungen zu vereinbaren sind. Die Befragten stehen dann im Konflikt, ihren eigenen Verhaltensmaßstäben gemäß zu handeln oder aber sich den Bedingungen der Einsatzstelle anzupassen.

„Also, ich bin mir – maßlos überfordert vorgekomme, einfach weil's halt e komplett fremde Arbeit für mich war – un weil's einfach zu viel war, also – es war unmöglich für mich, in – anderthalb Stunde neun Kinder zu dusche – un fertigzumache. Des, des ging einfach net. Beziehungsweise ich – es wär' wohl gegange, aber dann hätt' ich mich nimmer mit de Kinder beschäftige könne, dann hätt' ich se geduscht wie e

Pupp' unn dann in die Eck gesetzt, un dann hätt' aber auch keiner sich mehr muckse dürfe. Un irgendwie, des konnt' ich halt net verantworte – weil des sind für mich halt auch Mensche, die ich auch so behandle wollte (...)" (B, 4).

Zu Schwierigkeiten führt die Arbeitssituation vor allem dann, wenn sich die Einsatzstelle am gleichen Ort wie die Unterkunft der Freiwilligen befindet und somit Arbeits- und Freizeitbereich nicht voneinander getrennt sind. Neben der ohnehin anstrengenden Tätigkeit fehlt dann eine Rückzugsmöglichkeit.

„Was echt gefehlt hat (...) war einfach 'ne Bleibe an dem freien Wochenende, wo man eben frei gehabt hat" (C, 23).

4.2.1.2. Anpassungs- und Integrationsschwierigkeiten

Die Anpassung an andere Lebensbedingungen und die Integration in ein fremdes soziales Umfeld werden von den meisten Befragten – zumindest in einem bestimmten Stadium des Auslandsaufenthaltes – als problematisch erlebt. In den Erzählungen aller wird deutlich, daß sich der Übergang in den fremden Lebenskontext, der von dem vertrauten zum Teil stark abweicht, nicht automatisch und selbstverständlich vollzieht, sondern mit vielfältigen Schwierigkeiten verbunden ist.

(1) Eingewöhnungs- und Kontaktschwierigkeiten
Die Anpassung und Integration im Einsatzland stellt vor allem in der Anfangsphase des Dienstes eine beträchtliche Hürde für die Freiwilligen dar. Sie müssen hohe Anpassungsleistungen erbringen, um sich in der neuen Situation zurechtzufinden. Wie lange sich die Eingewöhnung hinzieht, ist allerdings sehr unterschiedlich. Im Extrem erstreckt sie sich über den gesamten Dienst. Dabei führen zu Beginn insbesondere fehlende Kontakte zu Schwierigkeiten, die sich mitunter in persönlichen Stimmungstiefs und Heimweh wie auch im Gefühl der Einsamkeit äußern.

„(...) nachdem ich, ganz stark Heimweh gehabt hab', war ich mal so down gewesen, also so fix und fertig, daß mich jede Kleinigkeit, wo die Kinder anders reagierten, als ich es wollte, eigentlich – fast in Tränen ausgebrochen wäre (...)" (F, 5).

Immer wieder werden die Anpassungsschwierigkeiten in Zusammenhang mit mangelnden sozialen Kontakten gebracht. Dabei wird einigen Befragten ihre Situation, alleine in einem fremden Land zu sein, erst bewußt, als der anfängliche Reiz des Aufregenden und Neuen verflogen ist. So antwortet ein Gesprächspartner auf die Frage, was ihn in das von ihm geschilderte Stimmungstief gebracht habe:

„Ja, Euphorie am Anfang, ja, die ersten drei, vier Wochen. Und dann holt eim vielleicht doch dann so der Alltag ein, und mer kennt halt auch am Anfang doch niemand, unn es geht halt auch schon bißje langsam" (D, 10).

Oft hat die Schwierigkeit, Kontakte zu Einheimischen zu finden, zur Folge, daß die Befragten nur Freundschaften zu anderen Ausländer/innen pflegen, die sich in einer ähnlichen Situation befinden wie sie selbst. H schildert genau dieses Problem, Kontakte außerhalb der Gruppe anderer ausländischer Freiwilliger aufzubauen:

„Also das war auch noch 'n Problem. Anschluß zu finden zu – zu andern – Franzosen, sag' ich jetzt mal. Also zum Beispiel weil – in meinem Stockwerk, wo ich gewohnt hab' in der Zivi-WG, da gab's auch immer – immer wieder so, halt Ausländer, die 'n Praktikum gemacht ham da oder – oder auch 'n – zwei Zivildienstleistende aus Frankreich warn da – und, also mit denen hatt' ich dann immer auch – sehr viel gemacht und viel Spaß und – also war total witzig, zusammen gekocht und alles – aber – halt auf die Dauer hätt' ich gerne halt bißjen mehr Kontakte nach außen gehabt" (H, 9f).

(2) Sprachprobleme
Bei den Anpassungsschwierigkeiten werden mehrfach auch Sprachbarrieren erwähnt, die im Vergleich zu anderen Problemen jedoch eine eher untergeordnete Rolle spielen. Offenbar verfügen die Befragten über sprachliche Grundkenntnisse, die – nach anfänglichen Hindernissen – eine rasche Verbesserung der sprachlichen Kommunikation ermöglichen.
Lediglich A kommt immer wieder auf ihre Verständigungsprobleme zu sprechen, da sie ohne jegliche Sprachkenntnisse ihren Dienst angetreten hat. Aus ihrer Erzählung läßt sich nachvollziehen, daß es ohne minimale sprachliche Voraussetzungen sehr schwierig ist, sich in einem fremden Land und einer fremden Kultur zurechtzufinden. Bei ihr bedingen bzw. verschärfen Verständigungsprobleme allgemeine Eingewöhnungsschwierigkeiten und führen zu Heimweh und Unsicherheit.

„Schwierigkeiten war'n auf alle Fälle mal die Sprachschwierigkeiten, des war mal 's – das eine – 'ne unheimlich große Schwierigkeit, denk' ich, war aber auch für mich, daß ich mich einfach allein gefühlt hab'. Es war niemand da, der meine Sprache gesprochen hat (...)" (A, 6).

Die Orientierung und Anpassung im Ausland zieht sich deshalb bei dieser Befragten über einen sehr langen Zeitraum hin. Sie reagiert darauf mit Rückzug und selbstgewählter Isolation.

„(...) und ich denk', so im nachhinein, daß ich's erste halbe Jahr komplett Heimweh hatte – also, daß ich bin nich aus'm Haus raus – oder ganz selten, und wenn, dann wirklich nur, wenn man mich aus'm Haus rausgezerrt hat mehr oder weniger – oder wenn ich halt wirklich ganz genau wußte, was Sache ist oder auch sehr widerwillig nur, oder – ja, es war sehr viel Angst eigentlich dabei das erste halbe Jahr, bis ich mich mal so annähernd zurechtgefunden hab und so, so – akklimatisiert" (A, 17).

Gefragt nach seinen Kontakten zur einheimischen Bevölkerung, bringt ein anderer ehemaliger Freiwilliger seine guten Englischkenntnisse, um die er sich intensiv bemüht, zur Sprache. Auch bei ihm wird die Wechselwirkung von Sprachkenntnissen und der Eingliederung im Ausland deutlich; das Beherrschen der Landessprache erleichtert ihm seine Eingewöhnung.

„Ja, was noch vielleicht mir auch noch sehr geholfen hat, muß ich sagen, is, daß ich – ich war in der Schule net besonders gut in Englisch, ich hatt' immer so 'n Dreier oder so. – War aber sehr – ehrgeizig. Des wollt' ich wirklich hinkriegen, daß ich's gut kann, daß ich gut Englisch kann. Und zwar so gut, daß se nich, mich nich mehr ansprechen als Ausländer. Weil mich des immer genervt hat. (Lachen) – Und – zum Schluß ging des dann auch fast so" (D, 10).

(3) Kulturelle Anpassungsschwierigkeiten
Die eigenen Schwierigkeiten, sich im Einsatzland anzupassen, bringen mehrere der Interviewten in Zusammenhang mit der anderen Lebens- und Denkweise der Einheimischen. Auffällig ist dabei, daß dies vor allem von den ehemaligen Freiwilligen geäußert wird, die für nur zwölf Monate und in südamerikanischen Ländern tätig sind. Neben der vergleichsweise kurzen Aufenthaltsdauer erschwert die ungewohnt fremde Kultur die Eingliederung in die neue Umgebung. Im Vergleich zu Freiwilligen, die etwa in Europa oder Nordamerika eingesetzt waren, sind in südamerikanischen Ländern entsprechend höhere Anpassungsleistungen zu vollbringen, was auch das Auftreten größerer Anpassungsprobleme wahrscheinlich macht. Mehrere Befragte nennen die ihnen fremde Mentalität als Hindernis, um Kontakte zu den Einheimischen aufzubauen.

„Die Brasilianer sind generell recht unverbindlich, in allem, was sie tun. – Des war oft e bissel schwierig. – Auch so im Kontakte han – halten oder so – ja. – Mer mußt' immer auf se zugehe" (B, 7).

Diese Schwierigkeiten ergeben sich daraus, daß die anderen Denk- und Verhaltensweisen kulturell vermittelt sind und auf anderen Werten beruhen, die in Konflikt mit den eigenen Vorstellungen von einem angemessenen und „richtigen" Verhalten geraten. Problematisch ist dies vor allem dann, wenn die Aufgabe der Freiwilligen darin besteht, den Einheimischen bestimmte Kenntnisse oder Fertigkeiten zu vermitteln; dies erschwert ein Selbstverständnis, sich in bezug auf die andere Kultur als Lernende zu begreifen.

„(...) du musch se entweder von irgendwas – also sie müssen die Erfolge sehe, dann sind se davon überzeugt, aber wenn du ihne nur irgendwas verbal versuchscht beizubringe, des is unheimlich schwierich – des zieht net. Des muß irgendwie Hand und Fuß habe. (Lachen) Also des is mir oft ufgefalle, daß des relativ schwierig war beim Umgang (...)" (B, 6).

Nicht nur eine andere Mentalität führt zu Verhaltensweisen, die für die Befragten schwer nachvollziehbar sind, sondern auch eine andere Religiosität der Einheimischen. So reflektiert F, warum die Spiritualität der Ureinwohner/innen Unverständnis bei ihr ausgelöst hat:

„Und irgendwie – ich hatt' es irgendwie nicht geschafft, dieses Denken dann auch so zu akzeptieren, zu – zu begreifen, daß es einfach so sein muß. (...) Man hat mir halt gesagt gehabt, daß es halt mit den bösen Geistern und so zusammenhängt, ja, und daß sie – teilweise recht tief darin noch verwurzelt sind. Aber – das Verständnis von meiner Seite war – teilweise doch – wahrscheinlich weil ich doch – zu sehr entfernt von diesem – Denken bin, daß es böse Geister und Dämonen und sowas geben kann. Und die (Pause) für die war das halt – elementar in ihrem Leben" (F, 10f).
Mit der Zeit kann die anfänglich einseitige Wahrnehmung – seien es Enthusiasmus oder Vorbehalte – in der Begegnung mit Einheimischen differenzierter werden und das stereotype Bild erweitern.

4.2.2. Bewältigungsstrategien

Es gibt verschiedene Möglichkeiten, mit Schwierigkeiten umzugehen, die aufgrund der Differenz der eigenen Vorstellungen und Erwartungen auf der einen Seite und der realen Bedingungen auf der anderen Seite auftreten. Der Konflikt kann unterschiedlich aufgelöst werden, d. h. die Freiwilligen behaupten ihre eigenen Verhaltensmaßstäbe und verstärken darüber mitunter den Konflikt oder aber sie stellen diese zurück und passen sich den anderen Verhältnissen und Verhaltensweisen an. Als weitere Alternative ist das Ignorieren des Konfliktes oder das Ausweichen vor ihm denkbar: Die beiden unvereinbaren Standpunkte werden dann ohne weitere Auseinandersetzung stehengelassen. In den Erzählungen über den Umgang mit Schwierigkeiten und Konflikten fällt die sprachliche Darstellung besonders auf. Gerade in der Art und Weise, wie die Befragten ihr damaliges Verhalten schildern, werden Lern- und Entwicklungsprozesse deutlich sichtbar.

4.2.2.1. Behauptung der eigenen Verhaltensmaßstäbe

Häufig entstehen Konflikte dadurch, daß eine Anpassung der Befragten an das im Ausland übliche Verhalten gleichzeitig einen Verstoß gegen die eigenen Überzeugungen bedeuten würde. Mit der Gewißheit, selbst über „gute" und „richtige" Maßstäbe zu verfügen, gelten die eigenen Grundsätze als handlungsleitend, auch oder gerade wenn sie den fremden Gewohnheiten entgegenstehen. Als Konfliktfelder treten vor allem Bereiche wie Gesundheit, Pädagogik und Umwelt hervor: In der Gewißheit, über besseres Wissen zu verfügen, sind die Freiwilligen kaum bereit, Zugeständnisse zu machen und von ihren Standpunkten abzuweichen. So versuchen mehrere Befragte, den Einheimischen die eigenen Überzeugungen und Werte zu vermitteln, wenn sie von ihren eigenen Auffassungen überzeugt sind. A schildert ihre Betroffenheit über den schlechten Zustand der Spielsachen in der südamerikanischen Kindertagesstätte, in der sie als Freiwillige gearbeitet hat. Beim Einkaufen mit der Einrichtungsleiterin versucht sie dann, ihre Überzeugung von sinnvollem Spielzeug geltend zu machen.

„(...) was halt auch sehr – besonders war, ich hab' von meinen Eltern bißjen Geld geschickt bekommen, für Spielzeug zu kaufen, und dann einfach – ja, mit *ihr* [der Leiterin der Kindertagesstätte] einkaufen gehen zu können und – und ihr sagen können, is in Ordnung, du darfst aussuchen, oder – ja, mit ihr auszusuchen und ihr aber sagen – warum ich Holzspielzeug möchte – zum Beispiel sowas, weil wir hatten dort nur Plastiksachen (...) Und des mit dem Spielzeug des war – des war dann schön gewesen, wo mer einkaufen warn, weil wir ham da wirklich auch sehr viel, oder hm – wo ich halt denk', des sin pädagogisch – wertvolles Spielzeug. Oder – was, was einfach deutscher Standard dann war, so ungefähr, ne" (A, 9f).

Nicht immer gelingt der Versuch, etwas von den eigenen Standpunkten und als sinnvoll eingestuften Verhaltensweisen an die Menschen im

Einsatzland weiterzugeben. Nach anfänglichen fruchtlosen Bemühungen, seine Kollegen zu umweltgerechtem Verhalten zu bewegen, gibt H seine Überzeugungsarbeit auf, hält aber an seiner Auffassung unverändert fest:

„(...) diese Kaffeeautomaten, wo zu jedem Getränk der Plastikbecher unten rauskommt, gell, der dann sofort weggeschmissen wird, und keiner kommt auf die Idee – oder nach 'm, ja oder in der Kantine auch, die Franzosen trinken ja immer 'n Kaffee nach 'm Essen, und jeder Kaffee, für jeden Tag jeder einzelne Kaffee von den Betreuern, die mer wirklich überschauen kann, gell, so viel warn das ja auch nich, ham jeden Tag wieder einen Plastikbecher weggeworfen, da hab' ich mal gesagt, wie wär' das eigentlich und warum nich, und wie wär's, jeder schafft sich 'ne Tasse an und so – und alle mich sehr ernst genommen und gesagt, das is eine gute Idee und so – aber und wenn sich dann – haja, und da hab' ich's auch gelassen" (H, 20).

4.2.2.2. Rückzug und Ausweichen

Ein anderes Muster, wie die Befragten auf Schwierigkeiten mit der anderen Kultur angesichts anderer Denk- und Verhaltensweisen reagieren, ist Rückzug und Ausweichen. Die Bereitschaft, sich mit einer fremden Mentalität und den ihr zugrunde liegenden Norm- und Wertvorstellungen auseinanderzusetzen, ist Voraussetzung für das Verstehen und Respektieren der anderen. Um die Verständigung nicht auf unverrückbare Standpunkte zu reduzieren bzw. sie daran scheitern zu lassen, müssen eigene Grundsätze und Wertvorstellungen zurückgestellt und relativiert werden. Dort, wo den Befragten eine gewisse Distanz zu mitgebrachten Wertvorstellungen nicht gelingt, gestaltet sich der Austausch mit den Einheimischen als sehr schwierig. Die fehlende kommunikative Auseinandersetzung verhindert die Annäherung gegensätzlicher Positionen und das Entstehen von Toleranz.

„(...) ich hab', hab' halt einfach gesagt gehabt, die sind so und ich kann se in 'nem halben Jahr ganz bestimmt nicht ändern noch sonstwas – ich hatte halt einfach versucht – sie so zu nehmen, wie sie sind (...)"(F, 11).

Manche Freiwillige umgehen die Schwierigkeiten der Anpassung im Einsatzland, indem sie vorwiegend Kontakte zu anderen ausländischen Freiwilligen oder Deutschen pflegen, die im Einsatzland leben. Dort finden sie am ehesten eine gemeinsame Sprache und vertraute Denkmuster vor.

„Aber die (...) war'n ja auch wiederum Deutsche, mit, auf die ich mich – viel leichter einstellen konnte" (F, 12).

Auch in bezug auf ihre Arbeit, die häufig zur Belastungsprobe wird, sind die Freiwilligen nicht bereit, sich den Schwierigkeiten bedingungslos zu stellen. Freiwilligkeit bedeutet für sie eben nicht nur selbstloses Handeln, und so wollen sie sich nicht um jeden Preis mit den Arbeitsbedingungen arrangieren. Einige wechseln wegen ihrer Schwierigkeiten dann auch die Einsatzstelle oder zumindest den Arbeitsbereich.

„So das hat sich einfach so ergeben, weil ich – irgendwann mal die Nase voll hatte von den *Kindern*, nach'm ersten Vierteljahr, weil ich einfach keinen Kontakt mit denen bekommen hatte. (...) Es war halt einfach *schwierig* für mich mit den Babys und – eben aus dieser Schwierigkeit heraus kam dann halt der Wunsch – vielleicht doch noch irgendwas anderes zu machen (...)" (F, 4).

Unbewältigte Schwierigkeiten und Konflikte bei der Arbeit können sogar zum Abbruch des Dienstes führen wie bei diesem Befragten, der fast am Ende seines Dienstes steht:

„(...) weil einfach – die Krise unerträglich war und des einfach nimmer so – geklappt hat. (...) aber ich war dann in der Zeit schon – ziemlich verletzt und war au krank selber, ich hatte – so 'ne Entzündung am Fuß (Pause) joah, und des hat mir dann einfach alles gestunken (Lachen) und 's war einfach net alles so toll (Pause) ja dann bin ich nach Haus geflogen – (...)" (G, 12).

4.2.2.3. Verhaltensanpassung und Entwicklung einer positiven Einstellung

Das Bewußtsein, einen Dienst auf freiwilliger Basis zu leisten, kann auch zu einer gelasseneren Einstellung verhelfen. Allein die Möglichkeit, den Dienst abzubrechen, dient einem Freiwilligen als Motivation, mit den Schwierigkeiten bei der Arbeit fertigzuwerden:

„(...) also, wenn alle Brücken zusammenbrechen – das hatt' ich mir auch selber so immer so bißjen als Trost gesagt: wenn alles nich hinhaut, und da bin ich in neun Stunden wieder in Karlsruhe, und alles is beim alten, und es war 'ne nette Erfahrung gewesen, dann mach' ich halt dort 'n Zivildienst. Und das hat viel so bißjen von der ganzen – Dramatik irgendwie genommen (...)" (C, 9).

In der Regel gelingt es den Befragten, sich schwierigen Situationen zu stellen. Wenn sie keine Wege sehen, ihre Arbeits- und Lebensbedingungen im Dienst grundsätzlich zu ändern, versuchen sie, das Beste aus ihrer Lage zu machen und stellen sich gedanklich oder in ihrem Verhalten darauf ein. So werden kritische Situationen mit einer positiven Grundeinstellung und einem gewissen Maß an Frustrationstoleranz bewältigt. Eine positive Grundeinstellung ermöglicht es auch, Schwierigkeiten bei der Anpassung und Heimweh zu Beginn des Auslandsdienstes mit entsprechenden Gedankenmodellen entgegenzusteuern.

„(...) ich hab' mir gedacht, ich ärger' mich nachher nur für jeden Tach, den ich Heimweh gehabt hatt'. (Lachen) Un es war auch so, also es wär' auch so gewesen (...) ich mein' natürlich, hab' ich mich vielleicht auch selber irgendwie – bißjen – ausgetrickst damit, mit diesem Gedanken" (D, 11).

Heimweh und Eingewöhnungsschwierigkeiten spielen meist dann keine Rolle mehr, wenn tragfähige Beziehungen im Einsatzland entstanden sind. Im Wissen darum bemühen sich die meisten Befragten auch bewußt um Kontakte.

„(...) es war vielleicht schon 'n bißjen Heimweh, aber ich hab' das dann immer – ich hab' dann immer gedacht, jetzt bin ich hier in Frankreich, und ich möcht' nich so oft nach Hause fahren, ich mach' lieber mit meinen Freunden, die ich *hier* hab', einen drauf in Marseille (...)" (H, 13).

Eine weitere Hilfe bei der Bewältigung von Anpassungsproblemen bietet auch das Wissen um deren Normalität. In der Gewißheit, daß diese Schwierigkeiten auf die Anfangsphase begrenzt sind, lassen sie sich besser aushalten.

„Also es hat, war eigentlich genauso, wie se's uns gesagt ham auf 'm Vorbereitungstreffen [der Entsendeorganisation], daß so nach drei Monaten so 'n Tief, eigentlich so im Schnitt so 'n Tief is, und das war bei mir auch genau so, und da war ich dann auch sehr dankbar, daß se des vorher gesacht ham, weil dann hab' ich gedacht, naja dann is ja alles klar (Lachen) und dann bin ich ja – dann is ja alles o. k., ne. Wenn ich jetzt mein Tief hab', dann geht's auch wieder weiter" (D, 10).

Auch der christliche Glaube wird als wesentlich bei der Bewältigung von Schwierigkeiten genannt. „(...)da hab' ich echt, also so vom Glauben her echt – Unterstützung erfahren für mich (...)" (C, 22).

4.2.2.4. Verarbeitung der Erfahrungen im Zusammenhang mit unterschiedlichen sprachlichen Darstellungsformen

Die Bewältigung von Schwierigkeiten und Konflikten im Dienst läßt zwar ein Aussage darüber zu, inwieweit die Befragten sich auf die anderen Lebens- und Arbeitsverhältnisse einstellen können und wie sie damit umgehen; allerdings teilen die Bewältigungsstrategien selbst noch nichts darüber mit, wie die ehemaligen Freiwilligen die Situationen im nachhinein beurteilen und was sie daraus gelernt haben. Ihr damaliges Verhalten und ihre heutige Selbsteinschätzung weichen häufig stark voneinander ab. Dabei läßt die Darstellungs- und Erzählweise der Schwierigkeiten und Problembewältigung Rückschlüsse auf damit verbundene Lernprozesse zu. Bei der Schilderung des Umgangs mit Schwierigkeiten fallen zwei Muster auf: (1) die Distanzierung vom damaligen Verhalten und (2) das Verharmlosen bzw. Bagatellisieren von Schwierigkeiten.

(1) Distanzierung vom damaligen Verhalten
Mitunter sind die Befragten im nachhinein wenig überzeugt von der Art und Weise, wie sie mit Schwierigkeiten umgegangen sind. Sie distanzieren sich häufig von ihrem Verhalten, indem sie auf ihr junges Lebensalter und die damit verbundene Unerfahrenheit und fehlende Problembewältigungsstrategien hinweisen.

„Grad mal 's Abitur gemacht, überhaupt keine Idee gehabt, was oder – ja wie ich das jetzt am besten – anpack' (...)" (H, 4).

Wenn die ehemaligen Freiwilligen auf Probleme im Dienst zu sprechen kommen, die sie aus heutiger Sicht nur unzureichend bewältigt haben, verweisen sie zum einen immer wieder auf die zeitliche Distanz zum Dienst. Sie erleichtert es, Schwierigkeiten und den eigenen Umgang damit kritisch zu reflektieren und die Ursachen des damaligen Verhaltens zu erkennen.

„Also im nachhinein, ich mein', wo ich da war, hab' ich des alles natürlich ganz anders gesehen, aber jetzt bin ich ja *fünf* Jahre wieder zurück (Lachen) un hab' – über vieles nachdenken können aus – aus Abstand auch (...)" (A, 17).

Zum anderen deuten die Befragten häufig auf eine veränderte Einstellung zu dem Problem hin und distanzieren sich damit emotional von ihrem damaligen Verhalten. Dies zeigt, daß zwischenzeitlich ein Reflexions- und Lernprozeß stattgefunden hat, der zu einer Veränderung der eigenen Einstellung führt.

Rückblickend sehen die ehemaligen Freiwilligen oft – im Gegensatz zur Konfliktsituation im Dienst – ihre eigenen Anteile, wenn beispielsweise keine zufriedenstellenden Beziehungen zu den Einheimischen aufgebaut werden konnten. Auf die Frage, ob sie heute im Dienst manches anders machen würde, erklärt F:

„Ich glaub', ich würde (...) mich viel mehr – dahintersetzen, daß ich 'n bißjen mehr von den – von der Sprache kennenlern' – und vielleicht auch (Pause) versuchen, mehr mit den Leuten Kontakt, in Kontakt zu kommen. (...) Die und ich brauche relativ lange – um überhaupt 'n Kontakt aufzubauen (...) des weiß ich jetzt halt und – würd' mich wahrscheinlich auch da in der Hinsicht auch ganz anders drauf einstellen" (F, 24).

Auch in Konfliktsituationen in bezug auf andere Wertvorstellungen oder bei der Arbeit sind die ehemaligen Freiwilligen oft sehr selbstkritisch, was ihr Verhalten im Dienst betrifft; so auch H, der seine damalige Einstellung reflektiert:

„(...) ich würde mit 'ner ganz, ganz anderen Grundeinstellung da reingehen, und zwar – muß ich sagen, ich bin's erste Mal da reingegangen mit der Einstellung – du weißt viel – und, und du weißt, nich du weißt, wie's abgeht und du weißt, wie's richtig is, des wär' zu viel gesagt, aber zum Beispiel hab' ich gedacht, hier ich komm' nach Frankreich, und das sind alles Umweltsäue, und ich als Deutscher setz' da Akzente, und nach anderthalb Jahren ham die 'ne super – Müll – verteilungsanlage, daß se 'n Müll schön sortiern und keine Plastikbecher mehr ham und so weiter (...) Und ich hab' halt echt gedacht, ich kann was verändern, vereinfacht gesagt – und, und wenn ich da jetzt nochmal – sowas angehen würde, würd' ich sagen – du schaust es dir an – wenn dich was ganz arg stört, dann sagst du's natürlich auch – aber so, daß es halt auf keinen Fall – verletzend is, und so, daß es die andern Leute noch immer anerkennen – und aber, ich hab', ich hätte jetzt zum zweiten Mal viel mehr Distanz, denk' ich so" (H, 18f).

Auffällig ist, daß sich die reflektierten Formen der Bewältigung vorwiegend auf die Anerkennung anderer Werte, Denk- und Verhaltensweisen beziehen. Damit spiegeln sie einen Lernprozeß von Toleranz wider, der in den Lösungsstrategien im Dienst nicht zum Tragen kommt, sondern sich erst in der Reflexion dieser Strategien offenbart. Somit bestätigt sich der Zusammenhang von Lernen und Selbstreflexion: Lernen in und aus Konfliktsituationen ist abhängig von der Fähigkeit und Bereitschaft zur Selbstreflexion.

(2) Verharmlosung von Schwierigkeiten
Neben der zeitlichen und emotionalen Distanzierung vom eigenen Verhalten in Konfliktsituationen fällt ein weiteres Darstellungsmuster auf: die Tendenz, Schwierigkeiten und Konflikte im nachhinein abzuschwächen und als unbedeutend darzustellen, um den Dienst alles in allem positiv in Erinnerung zu behalten. „Das hat alles *prima* geklappt. Es war einfach saugut" (E, 42). D bringt dieses nachträgliche Ausklammern

von Problemsituationen deutlich zum Ausdruck, als er nach Schwierigkeiten in seinem Dienst gefragt wird:

„Des is so komisch, mer vergißt des auch. Tut mer so bißje ausblenden, glaub' ich. (Lachen) Denkt nur noch an die schönen Sachen" (D, 11).

Schwierige Situationen und Konflikte verblassen häufig in der Erinnerung. In den Interviews kommt dennoch unterschwellig zum Ausdruck, daß sie damals eine größere Belastung waren, als es aus heutiger Sicht empfunden wird. Zwar gibt es laut Ds Aussage häufiger Spannungen mit Kollegen, „immer mal wieder paar Reibereien", doch rückblickend verlieren diese Konflikte an Bedeutung, „war auch nich irgendwie was Großes" (D, 12), zumal man sie seiner Meinung nach mit beiderseitigen Bemühungen einfach hätte beilegen können. Mitunter blenden die Befragten auch den Prozeß der Problembewältigung im Rückblick völlig aus und erzählen nur mehr die positive Bewältigung.

„Und am Anfang war das eigentlich schon recht schwierig für mich gewesen, weil ich – mit so, solch kleinen Kindern noch gar keine Erfahrung gehabt hab', und (Pause) gar keinen Kontakt irgendwie zu denen herstellen konnt', ich wußt' gar nicht, wie ich, was ich mit denen anfangen sollt', aber – mit der Zeit – hat sich das wirklich so ergeben, daß ich – einen engen Kontakt gehabt hab' und vor allem halt mit den schwierigeren Kindern, 'n Kontakt bekommen hab'"(F, 2).

Eine Analyse der Bewältigungsstrategien läßt zwei Rückschlüsse auf die Lernprozesse der Befragten zu: zum einen auf die Umgangsweisen mit Schwierigkeiten und Konflikten während ihres Dienstes; zum anderen auf die Bewertung ihres früheren Verhaltens zum Zeitpunkt des Interviews. Die Art der Problembewältigung im Dienst sowie die Reflexion und Verarbeitung nach dem Dienst korrelieren offenbar mit der heutigen Sichtweise des Dienstes. Die Freiwilligen, die Probleme für sich zufriedenstellend gelöst haben oder selbstkritisch ihr Verhalten reflektieren, haben durch den Dienst ein größeres Selbstvertrauen gewonnen. Die Freiwilligen, die vorwiegend passiv-ausweichend mit Problemen umgegangen sind, beurteilen den Dienst heute insgesamt eher als negativ und zwar dann, wenn sie ihre Erfahrungen in nur geringem Maße reflektiert und sich von ihrem damaligen Verhalten nicht distanziert haben.

Der eigentliche Lernprozeß aus Konfliktsituationen und Schwierigkeiten, insbesondere mit der anderen Kultur, verlagert sich aus dem Dienst auf die Zeit nach dem Dienst. Damit stellen zeitliche wie auch emotionale Distanz günstige Voraussetzungen dar, um eigene Einstellungen und Verhaltensweisen selbstkritisch zu reflektieren und etwa Toleranz auszubilden. Die Bereitschaft und Fähigkeit zur Selbstreflexion wiederum sind Bedingung für persönliche Entwicklung und das Lernen aus Konflikten. Die subjektive Verarbeitung der gemachten Erfahrungen erweist sich damit als ein wichtiges Element in interkulturellen Lernprozessen.

4.2.3. Wahrnehmung von Unterschieden

Wenn die Befragten von ihren Erfahrungen im Dienst erzählen, betonen sie immer wieder die wahrgenommenen Unterschiede im Vergleich zu Deutschland. Oft gewinnen Gegensätze erst dadurch an Bedeutung, daß sie in Relation zu den dortigen Lebensbedingungen gesetzt werden. So werden mehrfach die Gastfreundschaft der Einheimischen und ihre Bereitschaft zum Teilen hervorgehoben, die in Anbetracht der Lebensumstände in Deutschland nicht dieselbe Tragweite besitzen.

„Was mich unheimlich beeindruckt hat, war, daß – des warn ja alles Leute, die am – Existenzminimum existiern. – Egal, wann du irgendwohin gekommen bischt, oder wo – du hascht immer irgendwo was gekriegt, die Leut ham wirklich absolut nix, aber du hascht immer irgendwas gekriegt (...) die ham immer Zeit gehabt, immer. Die ham alles stehe un liege lasse, un ham sich dann zu dir gesetzt un mit dir erzählt. (Pause) Des is halt schon was, was ich denk', was, was ich hier seltenst erleb'" (B, 8).

In den Schilderungen wird deutlich, daß die persönlichen Wertvorstellungen Grundlage für die Wahrnehmung und Bewertung von Unterschieden sind. So kommt immer wieder das Erstaunen darüber zum Ausdruck, daß materielles Wohlergehen in ärmeren Einsatzländern keine Bedingung für Zufriedenheit zu sein scheint. Darin zeigt sich, wie sehr die Befragten selbst von materiellen Werten geprägt sind: Sie sind weniger über die anderen Lebensbedingungen an sich verwundert, sondern vielmehr über das beobachtete positive Lebensgefühl, das für sie im Widerspruch zu den einfachen Lebensverhältnissen steht.

„Die Art und Weise, der Lebensstil zu leben. Sie wissen oft net, wie se 'n nächsten Tag überleben sollen. Und wissen net – ob se morgen genügend Essen für ihre Kinder ham. Wie 's weitergeht, ob se 'ne Hütte ham, ob se dort rausgeworfen werden aus dem Loch, wo se grad drin wohnen. Aber sie sind fröhlich, sie sind einfach so fröhlich und strahlen so 'ne Herzlichkeit aus" (E, 19).

Auch andere Ausdrucksformen von Religiosität werden von mehreren Interviewpartner/innen als beeindruckend während des Dienstes erlebt.

Zum Teil sind diese Wahrnehmungen eher auf eine veränderte Perspektive zurückzuführen und weniger auf grundlegende Unterschiede.

„(...) und des fand ich einfach toll, daß es Leute gibt, die *glauben*, die also – meines Erachtens – die hatten so 'n tiefer Glauben, wie ich ihn in Deutschland nie erlebt hab'. – Oder wenn, dann hab ich immer gedacht, jo, is in Ordnung. Laß den Spinner nur reden, ne. Und dort ham die des aber wirklich gelebt (...)" (A, 11).

Allerdings wird eine andere Religiosität offenbar nur dann als beeindruckend empfunden, wenn sie sich auf verschiedene Ausdrucksformen des christlichen Glaubens bezieht, nicht aber, wenn es sich um eine gänzlich fremde Religiosität handelt. F schildert ihre Erfahrungen mit dem traditionellen indianischen Glauben, der für sie nur schwer nachvollziehbar ist.

„(...) sie hatten zum Beispiel auch Denken – von bösen Dämonen und sowas, also, wir hatten einen (...) Schamanen im Dorf gehabt, der versucht hat, böse Geister zu vertreiben – und teilweise war's auch so, wenn jemand gestorben ist (Pause) ja, wurde, ist man meistens aus dem Haus ausgezogen – weil – der Tod den, jetzt den Weg in das Haus kannte. Ja? Und ich konnte, ich persönlich hatte Probleme, das zu verstehen, weil se teilweise echt schöne Häusjen gebaut hatten aus Holz – und, wenn se dann aus diesen Häusern dann rausgezogen sind und sich dann irgendwo in – bei Verwandtschaft reingequetscht haben oder in ihre Häusjen dann – für mehrere Jahre teilweise – bloß, um – dem zu entgehen, ja. Und das auch teilweise von Leuten, wo man dachte, die sind eigentlich inzwischen schon so zivilisiert, oder denken so zivilisiert, daß die eigentlich – das Denken aufgegeben haben müßten (...)" (F, 10).

Oft sind die kulturellen Gegensätze so extrem, daß es den Befragten schwerfällt, die Andersartigkeit verstehend nachzuvollziehen. Die Wahrnehmung und Bewertung von Unterschieden ist an vertraute Denkmuster gekoppelt; die eigene Kultur ist deshalb zunächst selbstverständlicher Beurteilungsmaßstab, auf dessen Hintergrund fremde Denk- und Verhaltensweisen als rückständig eingestuft werden.

„(...) in vielen Sachen hab' ich immer gedacht, Brasilien is so vierzig Jahre hinter uns her. Also so, des war ja auch so, ne – früher hatten die Lehrer noch mehr Autorität gehabt – oder auch, also in praktischen Sachen wie – Spülmittel. Wo ich da war – kam grad so das Spülmittel auf, oder – ja, die ham zum Teil noch mit Seife abgewaschen, un am Anfang vom Monat, wenn halt noch Geld da war, dann hatten die aber auch Spülmittel, und ach die ham das verwendet – als *das* Wundermittel schlechthin – un wo ich mir gedacht hab', ja, so muß es bei uns wohl vor vierzig Jahren auch gewesen sein, ne" (A, 6).

Das Fehlen von Hintergrundwissen über die kulturelle und politische Situation des Einsatzlandes erschwert es zusätzlich, Unterschiede differenziert wahrzunehmen. Der Mangel solcher Kenntnisse führt bei A zu Verunsicherung und Angst, da sie ihre Wahrnehmungen nicht einordnen kann und deshalb Situationen im Alltag fehlinterpretiert.

„Ich hab' immer gedacht, meine Güte, die können mich – aus'm Bus holen – da stand ja auch überall Militär rum – die können mich aus'm Bus holen oder die können mich irgendwo abgreifen, in irgend 'n Loch stekken, da kriegt mich kein Mensch mehr raus – und – ja, von daher war ich eigentlich schon ziemlich – ängstlich dann auch. (...) Ja, vielleicht auch – einfach, weil ich zu wenig Informationen hab' – oder hatte" (A, 17f).

Die Wahrnehmung und Bewertung von Unterschieden bewegt sich zwischen den Polen Bewunderung und Unverständnis. Positiv hervorgehoben werden immer wieder die Gastfreundschaft der Einheimischen, deren Lebenszufriedenheit, die in scheinbarem Widerspruch zu einfachen Lebensbedingungen und Armut gesehen wird und eine andere Religiosität, die sie im Einsatzland erleben sowie die offene, unkomplizierte Mentalität und Lebensart. Ist die wahrgenommene Differenz zu dem Vertrauten zu groß, so kann dies zu Konflikten führen. Einerseits sind die ehemaligen Freiwilligen auf der Suche nach neuen Impulsen aus der anderen Kultur, andererseits reagieren sie auf allzu starke Gegensätze mit Abwehr und Ablehnung, solange bis die vorhandenen Wahrnehmungs- und Deutungsschemata die Andersartigkeit zulassen. Dies erklärt, warum die Befragten im nachhinein Schwierigkeiten und ihr Verhalten heute so viel anders beurteilen als im Dienst.

4.3. Erfahrungen bei der Rückkehr

Die Phase der Rückkehr und der Wiedereingewöhnung in Deutschland bedeutet für die meisten Befragten eine schwierige Zeit. Dabei scheint die Verunsicherung durch fehlende äußere Fixpunkte ein größeres Problem darzustellen als die Wiedereingliederung in die Heimatkultur. Auffällig ist in den Erzählungen, daß die Zeit der Eingewöhnung vielfach mit der aktuellen Lebenssituation zeitlich gleichgesetzt wird. Dies weist darauf hin, daß eine Verarbeitung der Erfahrungen und eine bewußte, reflektierte Wiedereingliederung häufig nicht stattgefunden hat oder noch nicht abgeschlossen ist.

4.3.1. Neuorientierung in Beruf und sozialem Umfeld

Die Rückkehr konfrontiert die Freiwilligen mit verschiedenen Herausforderungen: Zum einen stellt sich die Frage der weiteren Zukunfts- und Berufsplanung, die mit ihrer neuen Lebenssituation verbunden ist; zum anderen hat sich in Deutschland zwischenzeitlich das soziale Umfeld der Befragten verändert. Die Rückkehrer/innen müssen sich somit in verschiedenen Lebensbereichen völlig neu orientieren. Dies betrifft insbesondere berufliche Entscheidungen. Sind keine Perspektiven vorhanden, belastet diese Ungewißheit bereits die Zeit im Dienst.

„(...) natürlich hat mich das beschäftigt, was mach' ich, wenn ich heimkomm' – und ich wußt's eigentlich net (...)" (D, 13) „(...) ich hab' mich versucht, dann schon – damit auseinanderzusetzen, was *will* ich machen, will ich studieren, will ich sonst irgendwas machen, was will ich überhaupt – und das war sehr schwer, in Kanada mich über die Lage in Deutschland, über die Lage – klarzuwerden, *was* ich danach machen wollte (...)" (C, 28).

Diese berufliche Ungewißheit führt bei mehreren Befragten zu Überlegungen, im Einsatzland zu bleiben und dort eine Ausbildung oder irgendeine andere Tätigkeit zu beginnen. In diesem Zusammenhang fällt auf, daß nur die Befragten, die länger als ein Jahr im Dienst waren, solche Überlegungen anstellen. Voraussetzung dafür ist, daß die Freiwilligen sich in hohem Maße im Einsatzland integriert und angepaßt haben und sich dort „zu Hause" oder „wohl" fühlen.

„Das war dann, als ich, als ich hier war, hab' ich gedacht, Mensch, also in Frankreich – hab' ich mich da auch schon sehr zu Hause gefühlt, als ich – nach ungefähr 'nem, nach 'nem guten Jahr in Frankreich, hab' ich mir überlegt, ob ich in Marseille bleiben soll sogar" (H, 14f). „Und da ging's mir zum Schluß – so gut, daß ich eigentlich – nur nach Deutschland gekommen bin, weil ich's – de Mutter versprochen hab' und – wegen der Schulausbildung eben (...) Wenn ich, wenn ich da noch'n halbes Jahr länger geblieben wär', wär' ich dortgeblieben. Auf jeden Fall" (C, 28).

H und C sprechen nicht von einer Verlängerung des Auslandsaufenthaltes, sondern vom „Bleiben". H zieht dies schon „nach 'nem guten Jahr" (H, 14f) in Erwägung, C versichert: „wenn ich da noch 'n halbes Jahr länger geblieben wär', wär' ich dort geblieben" und bekräftigt diese Aussage noch: „Auf jeden Fall" (C, 28). Er bringt damit zum Ausdruck, daß das Abschiednehmen mit zunehmender Verweildauer schwerer fällt, sofern man sich dort positiv arrangiert hat. Das Fehlen konkreter beruflicher

Zukunftsvorstellungen ist ein großes Problem für einige der Befragten und erschwert die Wiedereingliederung nach der Rückkehr wesentlich:

„(...) ich weiß noch, ich bin dann da heimgekommen, saß auf'm Schlepper, es war im September, saß auf 'm Schlepper, bin da entlanggefahrn, hab' gedacht Mensch – jetzt könntste auch in Kanada sein. Aber was machste in Kanada? Weißte, ich hatte irgendwie nich so 'ne Perspektive, des war halt das Problem, daß ich nich so – nich genau wußte, was ich mach', was ich machen könnt' – und (Pause) das ist eine dumme Situation" (D, 14).

Neben der beruflichen Neuorientierung fordert die Rückkehr nach Deutschland auch eine Neuorientierung im sozialen Umfeld. Nur für B ist die Rückkehr nicht mit einer beruflichen Veränderung verbunden, da sie wieder an ihre alte Arbeitsstelle zurückkehren kann. Ihr erschwert allerdings die Umgestaltung des sozialen Umfeldes in Deutschland das Eingewöhnen.

„Es war relativ – schwierich. (Lachen) Aber schlicht und einfach, weil sich des ganze Umfeld halt unheimlich geändert hatte. So mein' ganze Freundeskreis hatt' sich eigentlich aufgelöst gehabt, weil viele weggezoge sin, jetzt mittlerweile verheiratet war'n – also ich hab' – ja, dann hab' ich zu Haus' bei meine Eltern gewohnt, des war dann auch wieder – halt e Stück Einschränkung – ja, un ich mußt mer halt'n komplett neue Freundeskreis aufbaue hier (...)" (B, 13f).

Die Veränderung des sozialen Netzwerkes ist eine Schwierigkeit, mit der alle Befragten nach ihrer Rückkehr konfrontiert sind. Alte Freunde sind infolge einer Ortsveränderung nicht mehr greifbar, und auch persönliche Entwicklungen, die stattgefunden haben, verändern die Beziehungen.

„Nach zwei Jahr ham sich die Freunde nich direkt verlaufen, aber mer hat sich – weiterentwickelt (...)" (C, 33).

4.3.2. Der Wertekonflikt

Neben den diskutierten Schwierigkeiten führen die unterschiedlichen gesellschaftlichen Normen und Werthaltungen zu Konflikten. Die Befragten vergleichen die im Ausland als positiv empfundenen mit den in der Heimat gültigen Werten und Normen, mit denen sie in Deutschland wieder konfrontiert werden. Insbesondere die Anspruchshaltungen der Deutschen, egoistisches Denken und der als „typisch deutsch" empfundene Sinn für Ordnung, Sauberkeit und Perfektionismus werden als problematisch erlebt.

„(...) umstellungsmäßich weiß ich nur, daß – ich hab' nach einem Monat wieder im Krankenhaus angefange – daß ich am Anfang absolut abgenervt war von den Patienten, weil dann ständich kam: Schwester, ich hab' da noch'n Knick im Bett, machen se das bitte grad, oder könnten se mir die Kaffeetasse statt da vorne da hinten hinstellen – un – ja, also so Sache, wo ich dacht', des is einfach net begründet, was die da alles, reklamieren, oder – wollen – weil ich einfach gesehe hab', daß in andere Länder die Leute mit'm Minimalsten von dem leben, was se da gebote kriegen" (B, 14).

Da sie andere Werte und Einstellungen im Ausland erlebt haben, sind die Befragten in der Lage, hier gültige gesellschaftliche Werte zu hinterfragen. So werden bereits vor dem Dienst bestehende kritische Haltungen gegenüber bestimmten Werten und Verhaltensweisen durch den Dienst – und das nun vorhandene Wissen um Alternativen – verstärkt. Der Konflikt zwischen den kritisierten gesellschaftlichen Werten und Verhaltensmustern und den individuell angestrebten ist bei den meisten nicht auf die Wiedereingewöhnungsphase beschränkt, sondern erstreckt sich bis in die Gegenwart. Bei der Rückkehr wird dieses Spannungsverhältnis allerdings besonders intensiv wahrgenommen, weil die Eindrükke aus dem Einsatzland noch sehr präsent sind.

Immer wieder kritisieren die Befragten die Leistungsorientierung und die Bedeutung des Materiellen in Deutschland. Diese Werte stellen sie prinzipiell in Frage. Zugleich ist auffällig, daß viele ihre kritische Haltung im Hinblick auf eigene Verhaltenskonsequenzen relativieren. Dies verweist darauf, daß individuelles Handeln immer auch von den soziokulturellen Rahmenbedingungen abhängig ist. Infolgedessen passen viele den eigenen Lebensstil und -standard an die gesellschaftliche Normalität an, auch wenn diese den eigenen Überzeugungen zuwiderläuft.

„(...) wo ich jetzt auch selber wieder drin steck', daß eben in Deutschland – alles so – high tech, high culture, high – power, alles – immer top level, irgendwie so, auch (Pause) hohe Ansprüche an alles, daß es einen fast überfährt, irgendwie alles is so hochgedopet – irgendwie – der Lebensstandard is so immens hoch. Was ich eigentlich ganz schlimm find', aber selber irgendwie merk', ich komm' gar nich da raus – also sehr schwierig" (D, 22).

Vermutlich werden kulturelle Anpassungsschwierigkeiten auch deshalb als weniger belastend empfunden im Vergleich zu der Notwendigkeit einer beruflichen und sozialen Neuorientierung, weil die Befragten auf einen zweiten „Kulturschock" nach der Rückkehr vorbereitet waren. Diese Hürden bei der Wiedereingewöhnung werden offenbar leichter genommen, wenn die Befragten mit Problemen rechnen und gleichzeitig um deren Normalität wissen. Verschiedentlich kommt zum Ausdruck, daß die Befragten von solchen „Rückkehrsymptomen" Kenntnis haben und ihre eigene Erfahrung darunter einreihen.

4.3.3. Desinteresse und Unverständnis der Daheimgebliebenen

In der Regel haben die Rückkehrer/innen ein großes Bedürfnis, von ihren Erfahrungen zu berichten. Diese Erzählfreude wird allerdings schnell gebremst, da echtes Verständnis nach Meinung der Befragten Zuhörer/innen mit eigenen Auslandserfahrungen voraussetzt.

„Die wolltens hören, aber die hams natürlich nich gepeilt, wie des halt so is. Die wissen ja nich, wie's war, ne, ich mein', da kannste ja viel erzählen, und du bist dann, du bist dann begeistert, und das geht *allen* Freiwilligen so, du bist begeistert, erzählst davon, und irgendwie merkste, die sind überhaupt nich, die *können* das überhaupt nich mit –, nachvollziehen, weil se eben nich da warn (...)" (D, 16).

Formulierungen wie „du kannst denen viel erzählen" (H, 22f) oder „da kannste ja viel erzählen" (D, 16) liegt eine Enttäuschung darüber zugrunde, daß das soziale Umfeld in Deutschland nicht mitfühlen kann und die eigene Begeisterung nicht teilt. Eine intensiver kommunikativer Austausch gerät so rasch an Grenzen. Mitunter führt das Gefühl des Unverstandenseins dann dazu, überhaupt nichts mehr zu erzählen und sich dem bestehenden Anpassungsdruck zu beugen. Auf die Frage, wie sie mit dem mangelnden Verständnis, umgegangen sei, antwortet A:

„(...) ich – hm, hab' dann, ich nehm' an, einfach aufgehört zu erzählen. – Oder was heißt aufgehört zu erzählen, ich – weiß ja gar nicht, ob ich's überhaupt schon richtig verarbeitet hab' (...)" (A, 19).

Hier wird – wie auch in anderen Interviews – ein Zusammenhang zwischen Interesse und Verständnis der Umwelt bei der Rückkehr und der Verarbeitung des Erlebten angedeutet: Dem Erzählen kommt eine bedeutende Funktion für die Verarbeitung der zurückliegenden Erfahrungen zu. So setzt das Berichten darüber voraus, daß man sie für sich selbst ausgewertet und bewertet hat.

„(...) viele finden's – beeindruckend oder finden's einfach schön, richtich, auf jeden Fall im Vergleich zur Bundeswehr eben, sowas zu machen, daß es viel sinnvoller war, das is klar. (...) dann gibt's natürlich auch Leute, die dann sagen, selber schuld, Idiot, so, so 'ne Aktion da zu machen und nix dafür zu kriegen – kam sogar einmal in der Gemeinde vor in Betzdorf, dir is nich zu helfen irgendwo – aber des ja – aber des war irgendwo, die, die Erfahrung die war so reich, daß mich das relativ wenich berührt" (C, 34).

Die Bedeutung eines kommunikativen Austausches über die zurückliegenden Erfahrungen ist besonders wichtig im Hinblick auf Konflikte, die im Dienst nicht bearbeitet wurden. Für G wird die unzureichende Verarbeitung seiner Erlebnisse zur zusätzlichen Belastung in der Wiedereingewöhnungsphase.

„Ja, ich hatte halt einfach das Gefühl, ich hab' viele Fehler gemacht – in Israel – und wollte mir sie nicht eingestehen, die Fehler, die ich gemacht hatte. Das hat mich sehr beschäftigt (...)" (G, 19).

Die Erfahrungen aus dem Dienst können nur dann in den heimischen Lebenskontext übertragen und in den Alltag integriert werden, wenn ein bewußter erzählerischer und gedanklicher Austausch darüber stattfindet. Tatsächlich ist es aber die Normalität der Rückkehrer/innen, daß sie sich mit ihren Erfahrungen alleine fühlen und deshalb gezwungen sind, diese möglichst schnell abzustreifen und sich wieder in den hiesigen Alltag einzufügen.

4.3.4. Wiedereingliederungshilfe durch die Familie

Die meisten Befragten können nach ihrer Rückkehr kaum auf ein verläßliches Beziehungsnetzwerk zurückgreifen. Die Familie scheint in dieser Situation der Veränderungen und Unsicherheiten der einzig verläßliche Fixpunkt zu sein, der Halt gibt.

„(...) daß ich ein, zwei Jahre gebraucht hab', um wieder hier so in den normalen Rhythmus reinzukommen. Und das is das, was, was mir halt – ja was, das hab' ich dann eben so – der Familie wieder zu verdanken, irgendwo (...)" (C, 33).

Drei der Befragten arbeiten zunächst im elterlichen Betrieb mit, was sie von einer weiteren beruflichen Entscheidung zumindest vorerst entbindet und wohl auch eine Chance darstellt, langsam wieder in für Deutschland übliche Arbeits- und Leistungsnormen hineinzufinden.

„(...) und eben der Vatter hat hier den Betrieb gehabt, und da hab' ich dann eben – gearbeitet und – das war – sehr, sehr wichtig. Also samal, ich war schon nach dene zwei Jahre – für deutsche Verhältnisse total abgedriftet, ich war halt – im Ausland, und hab', ich hab'n freien Dienst gemacht und hab' samal so diesen Drill oder diesen Druck – ja, gar nich gehabt, oder total – aus'm Auge verlor'n eigentlich (...)" (C, 29).

Zusammenfassend bleibt festzuhalten, daß die Rückkehr mit vielfältigen Neuorientierungen verbunden ist und für die meisten eher ein Neubeginn denn ein Wiederanknüpfen darstellt – sowohl im Hinblick auf Ausbildung und Beruf wie auch auf die sozialen Beziehungen. Dem ursprünglichen Wunsch, von Zuhause wegzukommen, zum Trotz ist nach dem Dienst die Möglichkeit, zur Herkunftsfamilie zurückzukehren, eine große Hilfe bei der Wiedereingliederung. Die Unsicherheiten der weiteren Lebensplanung und die Bewältigung dieser Anforderungen überlagern in den Erzählungen der Befragten kulturelle Anpassungsschwierigkeiten. Offensichtlich treten diese gegenüber Zwängen wie der Notwendigkeit des Geldverdienens, dem Ausbildungsbeginn, Wohnortwechsel usw. in den Hintergrund.

Die Erfahrungen bei der Rückkehr beschreiben den Verlauf der Wiedereingewöhnung, die sich nicht nur aufgrund der notwendigen Neuorientierung über einen langen Zeitraum hinzieht. Insbesondere bei den Freiwilligen, die eineinhalb bis zwei Jahre im Ausland waren, erstreckt sie sich über mehrere Jahre; eine Tatsache, die auch damit zusammenhängt, daß die Freiwilligen nach ihrer Rückkehr ihre Erlebnisse kaum mit Leuten teilen können, die Verständnis für ihre anderskulturelle Erfahrung und für ihre Anpassungsschwierigkeiten in Deutschland aufbringen. Die Zeit im Ausland wird deshalb möglichst schnell „beiseite gelegt" (H, 24) zu Lasten einer systematischen Aufarbeitung der Erfahrungen. Als Folge daraus ist die Phase der Wiedereingliederung bei vielen bis heute noch nicht abgeschlossen. Dies spiegelt sich auch in der Darstellung der Rückkehrerfahrung wider, die häufig nicht vom Heute unterschieden wird.

4.4. Auswirkungen der Erfahrungen

Die Analyse der Auswirkungen aus dem Dienst legt drei verschiedene Muster offen: (1) Wiederanpassung und Idealisierung, (2) Reflexion und Orientierung, (3) Integration und Umsetzung.

4.4.1. Wiederanpassung an die hiesigen Lebensbedingungen und Idealisierung des Auslandes

Die im Ausland gemachten Erfahrungen haben nicht immer eine augenscheinliche Konsequenz im Leben der ehemaligen Freiwilligen. Häufig werden zwar die im Ausland kennengelernten Werte und die dortige Lebensweise als sehr positiv eingeschätzt, doch sehen die Befragten oft keine Möglichkeit, diese in ihrem Umfeld zu Hause zu integrieren und in ihrem Denken und Verhalten umzusetzen. Oft stellt die Veränderung von Verhaltensweisen im Einsatzland eine Anpassung in bezug auf ge-

gebene Erfordernisse dar; man gleicht sich dann in demselben Maße wieder den Lebensbedingungen in Deutschland an.

„Also ich hab' mein ganzes Leben wieder umgestellt auf deutsche Verhältnisse. (Pause) Also auch, mein, als ich – mein Denken hab' ich halt auch wieder umgestellt" (F, 19f).

Im Rückblick wird der Auslandsdienst oft idealisiert. Dabei taucht das Muster der Idealisierung meist in Verbindung mit neuen Auslandsplänen auf. Mehrere Befragte äußern konkrete Absichten, wieder – meist in Verbindung mit beruflichen Interessen – ins Ausland zu gehen; andere zeigen grundsätzlich Interesse an einem erneuten Auslandsaufenthalt, erwähnen aber einschränkend, daß ihre berufliche, finanzielle oder private Situation dies derzeit nicht zulasse. In einem weiteren Auslandsaufenthalt halten die ehemaligen Freiwilligen es am ehesten für möglich, sich ihre Erfahrungen wieder bewußt zu machen.

„(...) so die Erfahrungen von Brasilien sind alle wieder überdeckt mit dem ganzen – Arbeitsalltag, mit dem – also ich hab' schon ganz vieles wieder hinter mir gelassen, eigentlich müßt' ich schon wieder losziehen – und mein nächstes Jahr machen, um wieder – eigentlich wachgerüttelt zu werden oder so wieder das zu sehen" (E, 32).

Mitunter knüpfen die Befragten einen ideellen Lebensstil, der in Deutschland nicht in gleichem Maße gelebt werden kann, an einen weiteren Auslandsaufenthalt.

„Man kann ja nich, man kann dort nicht anders, als mit der Natur zu leben, man ist, diese Abhängigkeit vom Wasser – vom Wetter, von allem. Des, des hat mich fasziniert und das (Pause) diese Abhängigkeit kennt man hier in Deutschland halt einfach nicht mehr. Und deswegen – war das für mich – auch – so 'ne schöne Erfahrung, und deswegen möcht' ich eigentlich auch da wieder *hin*" (F, 18f).

Eine bestimmte Lebensweise wird in Abhängigkeit von den gegebenen Lebensverhältnissen gesehen, so auch bei E, für den das Ausland die Verwirklichung eines bestimmten Lebensstils bedeutet.

„(...) und es war 'ne sehr, sehr schöne Zeit, die schönste Zeit in meinem ganzen Leben." (E, 37) „(...) in Brasilien ging's mir so gut, und ich war wirklich fröhlich und glücklich, und seitdem ich von Brasilien zurück bin, hab' ich nimmer richtig gelacht – und war nimmer fröhlich" (E, 44).

Eine Idealisierung des Auslandes geht mit einer unzureichenden Verarbeitung und Reflexion der Erfahrungen einher. Erst wenn die Ursachen der idealisierten Erinnerung reflektiert werden, können die Erfahrungen aufgearbeitet werden und zu einer realistischen Sichtweise führen, wie D deutlich macht:

„Ich wußt' eigentlich, wenn ich zurückgeh', das is also völlig – illusorisch, also ich, da, daß ich da – daß ich eigentlich, daß das Glück eigentlich nich in Kanada liegt. Aber es war halt 'ne schöne Zeit, samer so" (D, 15).

Es bleibt festzuhalten, daß die Befragten während ihres Freiwilligendienstes unter den bislang fremden Werten und Lebensstilen auch solche für sich entdeckt haben, die sie in ihr Lebenskonzept integrieren wollen. Dieser Wunsch gerät aber nach der Rückkehr in Konflikt zu den hiesigen Lebensbedingungen. Der Zwiespalt kann in diesem Falle dahingehend aufgelöst werden, daß man sich in Deutschland wieder den hiesigen Verhältnissen anpaßt oder die Umsetzung bestimmter Erfahrungsbereiche und als positiv erlebter ideeller Werte in die Zukunft bzw. auf einen erneuten Auslandsaufenthalt verschiebt.

4.4.2. Reflexion und Orientierung

Das Nachdenken über die Erfahrungen im Ausland ist Teil eines Lernprozesses, der bei einigen bereits im Dienst einsetzt; andere wiederum brauchen die zeitliche und emotionale Distanz, um das Erlebte und wahrgenommene Unterschiede in einem anderen Licht zu sehen und interpretieren zu können.
Dadurch, daß die Befragten neue und andere Dinge im Ausland erlebt haben, wird ihnen häufig erst bewußt, daß es Alternativen gibt zu hiesigen Werten und Normen. Durch diese Erfahrung verlieren sie die Selbstverständlichkeit ihrer bisherigen Lebensbezüge: Das, was vorher normal war, wird durch die Begegnung mit anderen Lebensformen in Frage gestellt.

„(...) vorher – dacht' ich einfach, 's is so. (Pause). Ich hab' einfach in dem Jahr erlebt, daß des auch annersch geht (...)" (B, 15).

Durch die Erfahrung, daß es auch andere Lebensformen und Werte gibt, muß das Vertraute auf einem erweiterten Erfahrungshorizont neu eingereiht werden und verliert damit seine Absolutheit. Dies hat häufig zur Folge, daß sich die Befragten damit auseinandersetzen, ob andere Lebensformen und -stile auch auf Deutschland übertragbar sind.

„(...) und also eigentlich muß ich sagen, hab' ich die Lebensweise von 'n Franzosen, also – hab' ich da sehr viele Sachen halt erkannt, wo ich sagen würde – warum geht das hier nich so, warum kann man nich einfach locker mal nur drüber hinwegsehen (...)" (H, 25f).

Darüber hinaus werden durch die Konfrontation mit ungewohnten Verhaltensweisen im Ausland die eigenen Beurteilungsmaßstäbe verändert. Im Einsatzland lassen sich Verhaltensweisen nicht mehr nach dem bislang gültigen Maßstab beurteilen, da dort andere Normen gelten und deshalb auch andere Vorstellungen von einem angemessenen Verhalten herrschen. Die bisherigen Wahrnehmungs- und Deutungsmuster erweisen sich somit als untauglich bzw. unzureichend, um die Auslandserfahrungen einzuordnen. Indem dies reflektiert wird, können vorhandene Beurteilungsmaßstäbe relativiert werden.

„Und – zum Beispiel also – also ich hab' oft gedacht irgendwie – schau dir an, wie die Leute Auto fahrn und – mehr oder weniger kennste ihrn Charakter, und wenn mer das halt in Frankreich oder des in Marseille gemacht hätt' (unverständlich, Lachen) war das ja total kraß und – und wenn ich da hier nach Ulm kam, irgendwie das war so, das warn echt zwei Welten" (H, 26).

Die Reflexion über den Geltungsbereich anderer Werte bezieht sich aber nicht nur auf gesellschaftliche Zusammenhänge, sondern betrifft insbesondere den individuellen Lebensstil. Mehrfach heben die Befragten Armut und Einfachheit im Ausland hervor, sei es als allgemeine gesellschaftliche Lebensbedingung dort oder im Rahmen ihrer selbstgewählten „Freiwilligen-Kultur". Sie setzen ihre aktuelle Lebenssituation in Relation zu den Lebensumständen ihres Einsatzlandes und nehmen dadurch ihr materielles Wohlergehen nicht mehr als selbstverständlich hin.

„(...) also ich hab' zum Beispiel meine Ausbildung danach wirklich als Geschenk gesehen. Weil ich gesehn hab', wie die – wie hart die schuften, wie knochenhart die arbeiten tagsüber und dann nachts noch in die Schule gehen" (E, 21).

In mehreren Interviews wird deutlich, daß manche positive Erfahrungen nicht fest in Einstellungs- und Verhaltensmuster integriert werden, sondern vielmehr als Orientierung für die eigenen Handlungs- und Lebensentwürfe dienen.

„(...) ich fühl' mich dann oft so in der Tretmühle hier drin, und immer nur Leistung und immer nur Power. Und – anstatt zu sagen – irgendwie anstatt vielleicht auch – was eben *freiwillig* zu machen für jemand anders oder – oder wo's nich immer so ganz genau gezählt wird und – einfach mal Zeit ham für jemand anders, ohne daß jetzt irgendwie gleich wieder auf die Uhr kucken – müssen – und auch Zeit ham für einen selber, für mich selber, nich immer dieses – dieser – dieser Mammon –

ne. Der ja alles diktiert. – Auch wo ich merk', bei *mir* alles diktiert irgendwie, wenn ich nich aufpaß'. Und ich paß' oft nich auf, ne" (D, 28).

Auch die Auseinandersetzung mit religiösen Lebensstilen im Einsatzland löst bei einigen einen nachhaltigen Reflexions- und Entwicklungsprozeß aus. Erst durch die Erfahrung anderer religiöser Lebensformen wird der eigene Standpunkt bewußt und ist somit Voraussetzung für die Entwicklung einer individuellen Religiosität.

„Da hab' ich gemerkt, daß viele Leute sehr viel – konsequenter leben – ihren Glauben so also – eben zum Beispiel jetzt materiell oder – und einfach so Feuer und Flamme auch sind. (...) dadurch daß ich eben selber da ganz alleine war und nich nur mitgedabbelt bin bei meine Eltern – und dann – ah ja – dann erlebstes ja auch viel frischer, ne, so – hautnah, selber (...)" (D, 24).

Mehrere Befragte umschreiben ihre Situation im Dienst auch mit dem Gefühl von Freiheit. Die empfundene Freiheit wird zum einen auf den fehlenden Erwerbs- und Leistungsdruck zurückgeführt, zum anderen bestehen im Ausland nicht im gleichen Maße wie in Deutschland vorgefertigte Rollenmuster und soziale Erwartungen, denen man entsprechen muß.

„(...) ich hab' mich da einfach frei gefühlt und – wollte die Freiheit dann auch leben, also – ich war hier so einfach in des Leischtungsdenken eingebunden – in den Leischtungsdruck – und des wollt' ich da einfach loslassen und – so bißle – frei sein" (G, 16f).

Die Unabhängigkeit von bestehenden Bindungen und Erwartungen im Ausland eröffnet neue Handlungsoptionen und birgt damit die Möglichkeit, neue Verhaltensweisen und Rollen auszuprobieren, ohne daß diese gesellschaftlich geächtet werden.

„Also ich glaub', was ich am meisten genossen hab', is die Freiheit. Und einfach mal – ganz weg. Und meine eigenes, mein eigenes Leben – leben und – ja neue Leute und neue Möglichkeiten, neue Chancen und – (Pause) in seiner Heimatgemeinde oder jetzt seinem Heimatland is mer ja doch bekannt und is dann auch in 'nem bestimmten Raster drin – und das – das war eben da nich, es war 'ne neue Möglichkeit. 'N ganz – 'n ganz neuer Absprung (...)" (D, 5).

Die Möglichkeit, im Ausland Handlungs- und Wertealternativen kennenzulernen und diese in den eigenen Lebensentwurf zu integrieren, ist in einer von Individualisierung und Wertepluralisierung gekennzeichneten deutschen Gesellschaft von besonderer Bedeutung, da sich damit Chancen zu einer befriedigenden Selbstverwirklichung verbinden.

Aus den vor den Interviews ausgefüllten Kurzfragebögen geht hervor, daß drei der Befragten, die bereits eine Ausbildung abgeschlossen haben, nach dem Dienst eine zweite Ausbildung in einem sozialen oder pädagogischen Beruf aufnehmen. Nicht zuletzt aufgrund des anfänglich geäußerten Wunsches, durch den Dienst Anstöße für die Berufswahl zu bekommen, liegt die Vermutung nahe, daß der berufliche Wechsel durch die Erfahrungen aus dem Dienst beeinflußt wurde. Dennoch stellt nur G einen direkten Bezug zwischen der Tätigkeit im Dienst und dem Berufswechsel her.

„(...) hab' dann jetzt die Ausbildung (...) angefangen vor anderthalb Jahren (Pause) aus dem Grund schon – weil ich – weil ich im Dienscht einfach gemerkt hab', des – macht mir schon Spaß, mit behinderten Kindern umzugehen oder so (...)" (G, 20).

Allerdings finden sich in allen Interviews Hinweise, daß die Erfahrungen während des Freiwilligendienstes in berufliche Entscheidungen einfließen. Auch wenn die meisten Befragten einem erneuten Auslandsaufenthalt grundsätzlich aufgeschlossen gegenüberstehen, wird er nur dann ernsthaft in Erwägung gezogen und realisiert, wenn er sich mit der weiteren Berufsplanung verknüpfen läßt. So planen zum Zeitpunkt des Interviews mehrere Befragte einen längeren Auslandsaufenthalt im Rahmen ihrer Ausbildung oder in Verbindung mit beruflichen Interessen. Mehrere Befragte benennen die Schwierigkeit, aus der kennengelernten Vielfalt unterschiedlicher und als gleichberechtigt wahrgenommener Werte und Lebensformen eine Wahl zu treffen für den eigenen Lebensentwurf.

„Weil ich denk', ich hab' in Brasilien so viel *erlebt*, so viel – Unterschiedliche und – es ist eigentlich nix wichtig (...) Und von daher vielleicht auch, was is wichtig. Hm – ja. Is des jetzt *wichtig*, daß er den Tisch abdeckt oder – sein Zimmer aufräumt, des is – unwichtig eigentlich. Des sind wir, oder – es sind vielleicht die Deutschen, – weiß nich" (A, 22f).

Auffallend ist, daß diese Entscheidungsschwierigkeiten in Zusammenhang mit einer ungenügenden Verarbeitung des Dienstes zu stehen scheinen, wie an mehreren Stellen deutlich wird oder teilweise direkt geäußert wurde. Reflexion ist demnach ein wesentlicher Faktor in der Lebensorientierung nach einer Phase, in der bisher gültige Lebensgrundsätze in Frage gestellt werden.

Erfahrungen aus dem Dienst sind auch deshalb heute ohne Relevanz im Alltag, weil Ereignisse im Dienst nur auf einer oberflächlichen Ebene wahrgenommen wurden, ohne daß eine weitergehende Reflexion stattfand. Dies läßt sich am Sprachgebrauch einer ehemaligen Freiwilligen illustrieren: sie spricht nicht von „Erfahrungen", sondern von „gespeicherten Bildern", d. h. das Gesehene wird ihr im nachhinein wohl bewußt, aber nicht interpretiert, was Voraussetzung für eine Integration der Erfahrungen ist.

„Wo jetzt so im nachhinein einfach die ganzen Bilder, die ganzen Informationen, die ich gespeichert hab' halt, wieder hochkommen und verarbeitet werden wollen, ne" (A, 20).

4.4.3. Integration und Umsetzung

Indem die einzelnen Lernerfahrungen im Dienst von den Betroffenen identifiziert und systematisch reflektiert werden, analysieren sie ihr Selbstkonzept, das vor dem Dienst gültig war, und ihr möglicherweise verändertes Selbstkonzept nach Dienstende. Da es sich hierbei um einen komplexen Vorgang handelt, fällt es den meisten Befragten schwer, konkrete Lern- und Veränderungsprozesse auf Erfahrungen im Dienst rückzubeziehen und Zusammenhänge zwischen dem Erlebten und den eigenen modifizierten Einstellungen, Werten und Verhaltensweisen zu benennen.

„Das is immer so schwer, so 'n Vergleich vorher, nachher – (Pause) direkt umgesetzt, fällt mir jetzt grade da kein spezielles Beispiel ein, aber – (Pause) ich denk' halt von der Art irgendwie so – allein daß wenn mer, wenn ich halt gesehen hab', daß es *so* – mir auch sehr gut gefällt und –, daß das auch so seine Berechtigung hat und daß ich das selber – mir auch sehr gut vorstellen könnte halt, so zu leben, – allein dadurch, hab' ich vielleicht dadurch auch was angenommen. Aber halt konkret fällt mir da nix ein" (H, 26).

Die Schwierigkeit, konkrete Erfahrungsbereiche zu schildern, die in Einstellungs-, Denk- und Verhaltensmuster verinnerlicht und im Alltag umgesetzt werden, liegt darin begründet, daß sich die wenigsten Lernerfahrungen aus dem Dienst unmittelbar auf die Lebenszusammenhänge im Heimatland übertragen lassen. Lernerfahrungen, die eine veränderte Lebensführung bewirken, müssen deshalb reflektiert und abstrahiert sein. Unterschiedlich gestalten sich dabei die Reflexionsebenen: Die Erlebnisse der Befragten im Dienst sind häufig belastend und zeigen persönliche Grenzen auf, da sie die Situationen auf sich selbst gestellt bewältigen müssen. Die Freiwilligen lernen so ihre eigene Leistungs- und Belastungsfähigkeit kennen in dem Maß, wie sie sich den Anforderungen stellen, und gehen dann mit gewachsenem Selbstvertrauen aus dem Dienst.

„(...) was sich echt bei mir, denk' ich mal – ja was sich echt für mich geändert hat, war'n einfach, daß ich 'ne ganz gehörige Portion Selbstvertrauen mehr hab' oder irgendwo auch – die totale Bestätigung für mich bekommen hab', also o. k. soweit – ich weiß irgendwo, daß ich was leisten kann oder daß ich meine Qualitäten hab' – das hat sich dort irgendwie so für mich bestätigt (...)" (C, 37).

Aus ihrer Tätigkeit im sozialen Bereich schöpfen die Befragten auch Sicherheit im Umgang mit Menschen. „Also ich hab' gemerkt, ich kann mit Menschen eigentlich relativ gut umgehen (...)" (G, 20). In den Interviews wird immer wieder sichtbar, daß die ehemaligen Freiwilligen in der Arbeit mit Menschen auf ihre eigenen Schwächen verwiesen werden. Indem sie ihr damaliges Verhalten reflektieren, entwickeln sie ein Bewußtsein für ihre Grenzen und die Möglichkeit, sich zu ändern. Die persönlichen Entwicklungs- und Integrationsprozesse äußern sich gerade im Alltagshandeln der Befragten, d. h. eine persönliche Weiterentwicklung zieht auch veränderte Verhaltensmuster nach sich. Im Bemühen um ein bestimmtes Sozialverhalten werden oft klare Bezüge hergestellt zwischen den Erfahrungen im Dienst und den Lebensbereichen in Deutschland, auf die diese Erfahrungen übertragen werden können. So zeigt sich B sehr beeindruckt von der Gastfreundschaft, die sie in Brasilien erfahren hat, und versucht heute, dieses Erleben in ihrem Alltag umzusetzen.

„(...) wenn Besuch kommt, oder – ja (Pause) auch e Stück weit, wenn jemand unangemeldet kommt, oder so, auch offen zu sein, einfach zu sagen: schön, daß du kommst (Lachen) unn net denken: grad jetzt? – So, ja, da e Stück weit – bissel anderschter zu denke. Fällt mer zwar net immer leicht, aber – (Lachen) – oder manchmal – geht's a einfach auch net, – aber – ich denk' schon, daß sich da – mei Denke e Stück weit geändert hat" (B, 19).

Die Veränderung bisheriger Lebenseinstellungen kann sich auch darin niederschlagen, daß sie Ausländer/innen in Deutschland gegenüber offener und toleranter sind, da sie sich in ihrer Situation besser einfühlen können und ihnen deshalb größere Hilfsbereitschaft entgegenbringen.

„Was – ja, was ich vielleicht noch in mein Verhalten aufgenommen hab', des is einfach des – bessere Verstehen oder des bessere Nachvollziehenkönnen, wie – ja, fremdländische – Mitbewohner sich bei uns fühlen, wenn se hierherkommen und – mit so viel Sachen konfrontiert werden, mit denen se – ja, die ganz neu für sie sind – und – daß ich da schon auch probier', einfach – Verständnis aufzubringen – ich, ja Verständnis aufzubringen und, und die dann wirklich 'n Stück weit zu begleiten und zu beraten und ihnen des zu erklären und nich einfach zu sagen: meine Güte, sind die blöd. Die müßten des doch wissen. – Sondern ich weiß halt, daß die des einfach gar nich wissen können (...)" (A, 31f).

Durch die Begegnung mit Menschen einer anderen Nationalität und Kultur während des Auslandsaufenthaltes werden auch Berührungsängste gegenüber Ausländer/innen in Deutschland abgebaut. „Man verliert auch sehr stark die Hemmung irgendwo, jemandem irgendwie entgegenzutreten, der aus 'ner ganz andern Welt kommt (...)" (C, 38). Dadurch, daß die ehemaligen Freiwilligen während ihres Dienstes selbst „Ausländer/innen" waren, haben sie selbst die Schwierigkeiten erfahren, die sich aus der Unkenntnis einer anderen Sprache und Kultur ergeben. Außerdem wissen sie, was sie damals als hilfreich empfunden haben, und übertragen diese Erfahrung auf ihr eigenes Verhalten Ausländern gegenüber.

„(...) grad so in der Anfangszeit – die [Brasilianer] ham mir was gesagt und ich hab's nich verstanden, und sie ham's mir *wieder* gesagt, und ich hab's immer noch nicht *verstanden*, aber so nach 'ner Viertelstunde hab' ich verstanden, was sie gesagt ham – also des war einfach so, ich hab' – ich hab's einfach *verstanden*. Und, von daher – kann ich – sehr langsam reden, ich kann sehr einfach reden, und ich kann sehr viel Geduld aufbringen – einfach durch die Erfahrung, die ich gemacht hab'" (A, 32).

Darüber hinaus können die Befragten die „fremde" Perspektive von Ausländer/innen in Deutschland besser nachvollziehen, da sie nach ihrer Rückkehr die deutsche Kultur selbst mit erhöhter Distanz wahrnehmen.

„(...) wenn ich hier in Deutschland irgendwo jemand Fremdes kennenlern', dann – seh' ich, hab' ich dann auch, ich hatt' ja dann auch die Umstellung wieder auf – Deutschland irgendwie erleben müssen, und – da konnt' ich mir, kann ich mir heut' auch viel besser vorstellen, was dem hier in Deutschland auffällt oder schwerfällt, sich drauf einzustellen oder 's zu verstehen" (C, 38).

Die Wiedereingliederung in Deutschland und die Umsetzung von Erfahrungen nach der Rückkehr kann durch freiwilliges bzw. ehrenamtliches Engagement erleichtert werden. C bringt dies zum Ausdruck, als er von seiner Mitarbeit bei Ferienfreizeiten berichtet:

„(...) Freizeit is' auch so was – wenn man da mit Jugendliche halt, da war das sehr lebendich wieder halt (...) Das war auch mit'n Ding, was mir eigentlich dann wieder bißjen geholfen hat, wieder in Deutschland irgendwo auch – wieder sein eigenes Leben wieder weiterzuleben, da auf der Freizeit eben, die Erfahrung von Kanada rüberzubringen hier im deutschen, weiß nich, Jugendwerk oder so – und das bißjen umzusetzen auch, weil ich hatt' ja dann danach gar nich mehr mit Jugendliche irgendwie so zu tun" (C, 35).

Wenn Bezugspunkte zu den Erfahrungen im Freiwilligendienst gefunden werden, können diese nach dem Dienst im Alltag der Befragten und in ihrem jeweiligen Umfeld Zuhause umgesetzt und fortgeführt werden.

4.5. Zusammenfassung und Auswertung

Die Erfahrungen der Befragten in ihrem Auslandsdienst spiegeln eine große Bandbreite wider. Eine ebensolche Vielfalt liegt in der Art und Weise, wie sie mit ihren Erfahrungen umgehen und welche Bedeutung diese einige Jahre nach der Rückkehr haben.
Einige schildern ihre Auslandserfahrungen als erlebnisreiche Zeit ihrer Biographie, ohne Bezüge zur Gegenwart herzustellen. Der Dienst repräsentiert dann einen isolierten Lebensabschnitt ohne Verbindung zum Davor und zum Danach. Manche planen deshalb auch einen erneuten Auslandsaufenthalt, um dort den Lebensstil weiterführen zu können, den sie in ihrem Freiwilligendienst als positiv erlebt haben. Mitunter scheint die Absicht, wieder ins Ausland zu gehen, der einzige Ausweg aus dem Dilemma zu sein, das darin liegt, daß die Integration der gemachten Erfahrungen nicht gelingt, weil man im selbstgesetzten Anspruch an den hiesigen gesellschaftlichen Rahmenbedingungen scheitert.
Ob die Erfahrungen aus dem Dienst einen episodenhaften Erinnerungscharakter beibehalten oder aber zur Persönlichkeitsentwicklung beitragen und in die Alltagswelt der Befragten integriert werden, hängt dabei wesentlich vom Grad der Selbstreflexion und der Verarbeitung ab sowie von der Fähigkeit, die Erfahrungen im Dienst aus ihrem spezifischen Kontext zu lösen und Verknüpfungen zu aktuellen Lebensbezügen herstellen zu können. Gelingt dies, so führen die Lernerfahrungen zu persönlichem Wachstum, zu dem Erwerb sozialer Kompetenzen und einem Engagement im jeweiligen Umfeld der Befragten. Ohne den Druck der im Bildungs- und Erwerbssektor vorhandenen Selektions- und Leistungsnormen wird die Zeit im Freiwilligendienst zum biographischen Schonraum, zum Experimentierfeld in einem relativ sanktionsfreien Raum, in dem Platz für persönliche Entwicklungen ist wie in kaum einem anderen Sozialisationsmilieu.
Inwieweit Erfahrungen reflektiert werden und damit einen Lernprozeß in Gang setzen, hängt auch von den Erfahrungen bei der Rückkehr ab.

Interesse und Verständnis der Daheimgebliebenen fördern die Verarbeitung in einem kommunikativen Prozeß des Erzählens und Berichtens, sind allerdings selten genug der Fall. Darüber hinaus ist die Phase der Rückkehr und Wiedereingewöhnung in Deutschland von einer Neuorientierung im beruflichen und sozialen Kontext gekennzeichnet, in dem sich die Heimkehrenden zurechtfinden müssen. Die Verarbeitung der Erfahrungen wird dadurch zurückgedrängt in eine spätere Lebensphase, in der die äußeren Lebensverhältnisse stabilisiert sind, und zieht sich deshalb oft über Jahre hin. So wurde das Interview selbst zu einem problemverarbeitenden Instrument.

Die Auswirkungen des Auslandsdienstes lassen sich am ehesten mit einem orientierenden, richtungsweisenden Charakter für die eigenen Selbst-, Handlungs- und Lebensentwürfe umschreiben. Durch die intensive Begegnung mit anderen Werten und Lebensformen während eines längeren Auslandsaufenthaltes haben die Befragten neue Bezugspunkte gewonnen und dadurch ihre eigenen Sichtweisen relativiert. Als gemeinsames Motiv zieht sich die eigene Lebensgestaltung, die insbesondere vor dem Dienst noch bruchstückhaft und revidierbar war, durch die Interviews. Christliche Freiwilligendienste im Ausland stellen damit Teil einer Wegstrecke bei der Werte- und Lebensorientierung und der Ausbildung von Individualität dar. Insbesondere in der Wahrnehmung und Deutung kultureller Unterschiede äußert sich die Suche nach individuellen Ausdrucksformen: Andere Werte und Lebensstile werden daraufhin geprüft, ob sie für das eigene Lebenskonzept tauglich sind. Allerdings werden sie im nachhinein sehr viel anders beurteilt als im Dienst selbst, da im Ausland die Anpassung an die andere Kultur im Vordergrund steht und nicht das Nachdenken über Werte und Lebensziele. Dadurch verlagert sich der eigentliche Lernprozeß aus dem Dienst heraus bis ins Heute hinein. Er ist bei vielen auch Jahre nach der Rückkehr noch nicht abgeschlossen und wird damit zu einem offenen Lernprozeß: Die ehemaligen Freiwilligen setzen sich lange nach der Rückkehr noch mit ihren Erfahrungen auseinander und damit, was sie in ihr gegenwärtiges und zukünftiges Lebenskonzept integrieren können. Der Prozeß der Auseinandersetzung mit den Erfahrungen wird damit lange nach der Rückkehr zu einem alltagsgestaltenden Element.

5. KONSEQUENZEN FÜR DIE PÄDAGOGISCHE BEGLEITUNG

Eingangs habe ich von Lernmöglichkeiten in Freiwilligendiensten gesprochen; dies mit gutem Grund, denn Lernprozesse vollziehen sich nicht automatisch, sie „passieren" nicht. In den Ergebnissen der Studie habe ich die Reflexion der gemachten Erfahrungen als wesentlichen Faktor für deren Verarbeitung und Integration in die individuelle Lebensgestaltung dargestellt. Ein Konzept von Freiwilligendiensten, das Lernprozesse nicht auf die Zeit im Ausland begrenzt, sondern den offenen, prozeßhaften Charakter des Lernens betont, hat somit Konsequenzen für die Soziale Arbeit, die diesen Aspekt in der Begleitung von Freiwilligen entsprechend berücksichtigen muß. Im Mittelpunkt der pädagogischen Arbeit steht dann die Organisation eines andauernden Lern- und Suchprozesses, in dem die eigene Persönlichkeit und Kultur immer wieder neu im Spiegel des „anderen" gesehen und Impulse für die persönliche Weiterentwicklung und daraus resultierendes Handeln gewonnen werden können.

Da Lernprozesse während eines Dienstes abhängig sind von den subjektiven Wahrnehmungs- und Deutungsschemata, die die Freiwilligen mitbringen, ist eine gründliche Vorbereitung auf den Auslandsdienst erforderlich. Neben der Auseinandersetzung mit der eigenen Motivation und den historischen, politischen, wirtschaftlichen, soziokulturellen und sprachlichen Bedingungen des Einsatzlandes müssen dabei auch interkulturelles Lernen und die Phasen der Anpassung in einer anderen Kultur thematisiert werden. Statt konkretes, „richtiges" Verhalten zu lernen, sollen individuelle und kollektive Denk- und Verhaltensmuster reflektiert und die Selbst- und Fremdwahrnehmung eingeübt werden. Darüber kann die Offenheit und Lernbereitschaft der Freiwilligen gefördert und ihr Repertoire von Deutungs- und Verhaltensweisen im Umgang mit kulturellen Unterschieden und in Konfliktsituationen erweitert werden.

Gleichwohl sind während des Dienstes Verunsicherungen und Konflikte unvermeidbar. Diese auszuschalten, ist auch nicht gewollt, da gerade darin die Chance persönlicher Entwicklung liegt. Allerdings sind damit auch spezifische Risiken verbunden, etwa persönliche Krisen, die adäquater sozialpädagogischer Intervention bedürfen. Soziale Arbeit muß deshalb Instrumente zur gezielten Hilfestellung während des Dienstes bei Problemen und in Krisensituationen sowie zur Verarbeitung der Erfahrungen entwickeln. Dadurch erleichtert sie eine aktive Problembewältigung und setzt einen konstruktiven Lernprozeß in Gang. Ohne diese Unterstützung besteht die Gefahr, daß einseitige Wahrnehmungen oder Vorurteile verstärkt und festgeschrieben werden, die Freiwilligen sich aus der Konfliktsituation zurückziehen oder gar den Dienst abbrechen und mit dem Gefühl zurückkehren, versagt zu haben. Wenn sich aber die Verarbeitung von schwierigen und konfliktreichen Erlebnissen vollständig auf die Zeit nach dem Dienst verlagert, erschwert und verzögert dies wiederum die ohnehin problematische Wiedereingewöhnung und Neuorientierung.

Gerade im Hinblick auf die Rückkehr nach Deutschland kann neben der pädagogischen Begleitung durch die Entsendeorganisation ein informelles Netzwerk aus dem Heimatland unterstützend wirken, indem es – etwa im brieflichen Austausch – bereits im Dienst Anteil nimmt am Lernprozeß der Freiwilligen. Die Entsendeorganisationen können den Aufbau solcher Unterstützungsnetzwerke fördern, sie begleiten und damit das soziale Umfeld zu Hause konsequent in den Lernprozeß einbeziehen. Ein derartiger Austausch während des Dienstes bedingt wechselseitiges Lernen, stabilisiert die Freiwilligen bei der Rückkehr und begünstigt damit den gesellschaftlichen Rückbezug der Erfahrungen: Wenn die Rückkehrer/innen sich zu Hause mit ihren Erfahrungen verstanden wissen, werden sie ermutigt, diese nicht in einem persönlichen Erfahrungsschatz zu vergraben, sondern Gelerntes in ihrem jeweiligen Umfeld umzusetzen. Darüber hinaus schreiben die Daheimgebliebenen, wenn sie die Erfahrungen der Freiwilligen während des Dienstes mitverfolgt und verstehen gelernt haben, diesen nach der Rückkehr nicht mehr zwangsläufig die gleiche Rolle wie vor dem Dienst zu und schaffen ihnen damit Raum für eine Neubestimmung der eigenen Identität und persönliche Weiterentwicklung.

Um diese im Dienst initiierten Lern- und Entwicklungsprozesse offen zu halten, muß die begleitende Soziale Arbeit der Rückkehr der Freiwilligen einen exponierten Stellenwert zuweisen. Im Hinblick auf die Prozeßhaftigkeit des Lernens in Freiwilligendiensten ist deshalb eine intensive, an den individuellen Erfordernissen und Bedürfnissen orientierte kontinuierliche Nachbegleitung besonders wichtig. Deren Aufgabe ist es, die Rückkehrer/innen bei der Identifikation, Reflexion, Integration und Umsetzung ihrer Lernerfahrungen zu unterstützen. Dazu ist zunächst eine systematische Auswertung des Dienstes notwendig: Subjektiv bedeutsame Erfahrungen, insbesondere im Zusammenhang mit kultureller Unterschiedlichkeit, sowie die eigene Rolle in bezug darauf müssen reflektiert werden. Unbewältigte Erlebnisse und Konflikte aus dem Dienst aufzuarbeiten und darüber nachzudenken, wo die Freiwilligen mit ihren persönlichen Grenzen konfrontiert wurden, stellen weitere Schritte dar, um Lernprozesse zu identifizieren. Die pädagogische Begleitung kann die Freiwilligen darin unterstützen, sich ihr Selbstbild, ihre Sichtweisen und Wertorientierungen zu verschiedenen Zeitpunkten (in der Vorbereitung, während des Dienstes und in der Auswertung) bewußt zu machen und zu dokumentieren, um so einen Lern- und Entwicklungsprozeß transparent werden zu lassen. (Als Anhaltspunkte hierzu können die Fragen bzw. Themenbereiche aus dem Interviewleitfaden dienen.) Ein solches Vorgehen kann den Betroffenen dabei helfen, die Rückkehrsituation als Spannungsfeld zu begreifen zwischen verändertem Selbstbild und unverändertem Fremdbild der Daheimgebliebenen sowie ihren eigenen modifizierten Wertmustern im Konflikt mit den hiesigen Normvorstellungen. Vorhandene Wiedereingliederungsschwierigkeiten lassen sich so besser einordnen und bewältigen. Gerade in der für den weiteren Lernprozeß so bedeutsamen Phase der Rückkehr und Wiedereingliederung in Deutschland ist eine systematische Reflexion und Verarbeitung der Erfahrungen aber erschwert durch die Umstellung und die damit verbundene Notwendigkeit der Neuorientierung: Die Rückkehrer/innen müssen ihre Erfahrungen verarbeiten und die eigene Biographie vor diesem Hintergrund neu verorten, sich dabei aber möglichst schnell wieder einfügen und ihre weitere Lebensgestaltung in die Hand nehmen. Damit beide Aufgaben gelingen, muß die Wiedereingewöhnungsphase in einem möglichst ausgewogenen Verhältnis von vorgeplanten, stabilisierenden und offenen, flexiblen Elementen gestaltet werden. Das Eingehen von Verpflichtungen gibt Orientierung und damit Struktur in der Rückkehrphase, allerdings sind zeitliche Freiräume genauso notwendig zur Reflexion und Verarbeitung. Demgemäß ist es einerseits sinnvoll, bereits vor dem Dienst Pläne in bezug auf Ausbildung und Beruf entwickelt und konkrete Schritte in die Wege geleitet zu haben; andererseits machen es die Erfahrungen aus dem Dienst vielfach notwendig, berufliche Absichten zu überdenken und gegebenenfalls zu revidieren. Um hierbei das individuell richtige Maß an Sicherheit und Verunsicherung herauszufinden, muß Soziale Arbeit klärend, beratend und vermittelnd wirken.

Diese eher punktuelle Form der Nachbereitung, die Unterstützung bei der Deutung und Verarbeitung der Erfahrungen gibt und gleichzeitig Orientierungshilfen bei sozialen, kulturbezogenen und beruflichen Wiedereingliederungsschwierigkeiten anbietet, muß ergänzt werden durch eine langfristige, kontinuierliche Nachbegleitung: Sie soll die ehemaligen Freiwilligen dabei anleiten, Anknüpfungspunkte aus ihren Erfahrungen im Dienst zu alltagsweltlichen Lebensbezügen aufzufinden. Es gilt, immer wieder neu Brücken zu schlagen und Verknüpfungen herzustellen zwischen Gelerntem und sich verändernden Lebenssituationen nach dem Dienst. In einem fortlaufenden Reflexions- und Transformationsprozeß, in dem die Erfahrungen so auf den Alltag übertragen und in die individuelle Lebensplanung eingebaut werden, verändert sich damit auch die subjektive Bedeutung der Erfahrungen. Die Reflexion der Lernerfahrungen und ihre Integration und Umsetzung stehen damit in einem sich wechselseitig beeinflussenden Prozeß, der nicht mit dem Dienst seinen Abschluß erlebt, sondern im Idealfall lebenslang in Bewegung bleibt. Aufgabe der Nachbegleitung ist es deshalb, Impulse zu geben zur beständigen Reflexion und Integration von Erfahrungsbereichen, um diese Dynamik aufrechtzuerhalten. Sie kann dabei auf ein flexibles Instrumentarium zurückgreifen: individuelle Auswertungsgespräche, gegebenenfalls auch Kriseninterventionen, eine Reihe aufeinander aufbauender Rückkehrseminare in zeitlichen Abständen nach dem Dienst, Ehemaligentreffen zum kontinuierlichen Erfahrungsaustausch sowie die Unterstützung der ehemaligen Freiwilligen darin, Umsetzungsmöglichkeiten und Anwendungsfelder aufzufinden, in denen sie Gelerntes, erprobte Tätigkeitsfelder und erworbene Kompetenzen, einsetzen und weiterentwickeln können. Denkbar ist dies durch ihre Einbindung als Ehrenamtliche in die Arbeit der Entsendeorganisationen (etwa in der Vor- und Nachbereitung von aktuellen Freiwilligen) oder in anderen sozialen Bereichen. Letzteres können die Entsendeorganisationen erleichtern durch eine Vernetzung mit unterschiedlichen sozialen Verbänden, Organisationen und Initiativen, in denen ehrenamtliche Tätigkeiten vermittelt werden.

Sozialer Arbeit stellen sich im Rahmen der pädagogischen Nachbegleitung zweierlei Aufgaben: Erstens bietet sie Reflexions-, Strukturierungs- und Deutungshilfen an. Mit ihrer Hilfe können die ehemaligen Freiwilligen sich – einerseits verwurzelt in ihre subjektiven und kulturspezifischen Sichtweisen und Sinnstrukturen, andererseits um die verfremdende Erfahrung kultureller Unterschiedlichkeit bereichert – Realität immer wieder neu aneignen und so ihr Selbstbild und ihre Lebensentwürfe kontinuierlich fortschreiben. Zweitens muß Soziale Arbeit dabei unterstützen, Umsetzungs- und Anwendungsmöglichkeiten zu finden, um die Lernerfahrungen der ehemaligen Freiwilligen auf einen sozialen Kontext nach dem Dienst rückzubeziehen. Damit entsteht ein komplexes Lerngefüge, bei dem Persönlichkeitsentwicklung und gesellschaftliche Mitverantwortung ineinandergreifen. Soziale Arbeit im Rahmen von Freiwilligendiensten darf deshalb nicht nur individuelle Lernziele im Blick haben, sondern muß diese in Bezug setzen zu soziokulturellen und gesellschaftspolitischen Bedingungen, um jungen Menschen die Erfahrung zu vermitteln, daß nicht nur ihre eigene Biographie, sondern auch gesellschaftliche Realität aktiv gestaltbar ist. In diesem Sinne ist Freiwilligendienst ein umfassender Bildungsprozeß, der einen Beitrag zu den oben skizzierten gesellschaftlichen Herausforderungen darstellt, da in ihm Identitätsbildung gefördert und gleichzeitig soziale Mitverantwortung und Mitgestaltung eingeübt werden können. Eine professionelle pädagogische Begleitung im Rahmen von Freiwilligendiensten im Ausland überschneidet sich also mit anderen Formen der Jugend- und Bildungsarbeit, die die Konstruktion und Aneignung sozialer Wirklichkeit unterstützt, indem sie an subjektiven Sinnstrukturen anknüpft und kontinuierlich neue Deutungsmöglichkeiten zu erschließen hilft. Damit emanzipiert sich Soziale Arbeit in der Begleitung von Freiwilligendiensten von dem besonderen, „exotischen" Feld interkulturellen Lernens, da sie einen lebensweltbezogenen Ansatz ganzheitlichen und lebenslangen Lernens verfolgt, der in jeglichen alltagsweltlichen Lebensbezügen wirksam werden kann.

LITERATUR

Aktionsgemeinschaft Dienst für den Frieden e. V. (Hrsg.) (1989): Freiwilliger Friedensdienst – Ein Memorandum der Aktionsgemeinschaft Dienst für den Frieden. Bonn

Aktionsgemeinschaft Dienst für den Frieden e. V. (Hrsg.) (1995): Dokumentation des Symposiums „Freiwilligendienst: Innovation in Europas Zukunft" 10.-13. Nov. 1994 in Bonn. Bonn

British-American Tobacco (Germany), Presse und Information (Hrsg.) (1996): Freizeit aktuell. BAT Freizeitforschungsinstitut. Ausg. 126, 17. Jg., Hamburg

Frey, U. (1993): Die Förderung eines freiwilligen Dienstes auf europäischer Ebene. Europäischer Lenkungsausschuß für zwischen staatliche Zusammenarbeit im Jugendbereich. Straßburg

Garz, D./Klaus Kraimer (Hrsg.) (1991): Qualitativ-empirische Sozialforschung. Konzepte, Methoden, Analysen. Opladen

Girtler, R. (1988): Methoden der qualitativen Sozialforschung. Anleitung zur Feldarbeit. Studien zur qualitativen Sozialforschung. Bd. 2., Wien/Köln/Graz

Hoffmann-Riem, C. (1994): Elementare Phänomene der Lebenssituation. Ausschnitte aus einem Jahrzehnt soziologischen Arbeitens. Weinheim

Keupp, H. (1990): Lebensbewältigung im Jugendalter aus der Perspektive der Gemeindepsychologie. Förderung präventiver Netzwerkressourcen und Empowermentstrategien. In: Sachverständigenkommission 8. Jugendbericht. Bd. 3. Weinheim/München, S. 1-51

Lamnek, S. (1988): Qualitative Sozialforschung Bd. 1 Methodologie. München/Weinheim

Lamnek, S. (1989): Qualitative Sozialforschung Bd. 2 Methoden und Techniken. München/Weinheim

Mayring, Ph. (1993): Qualitative Inhaltsanalyse. Grundlagen und Techniken. Weinheim

Moltmann, B. (Hrsg.) (1994): Die Zukunft braucht Frieden. Zur Zukunft der christlichen Friedensdienste. Ev. Akademie Arnoldshain. Arnoldshainer Protokolle. Schmitten/Ts.

Pax Christi – Deutsches Sekretariat (Hrsg.) (1994): Friedens- statt Militäreinsätze. Freiwillige Friedensdienste im Aufwind. Politische Vierteljahreszeitschrift. Probleme des Friedens 2-3. Idstein

Rauschenbach, T. (1992): Die Einstellung und Bereitschaft von Jugendlichen und jungen Erwachsenen zu gesellschaftlichem Engagement. In: Evangelische Arbeitsgemeinschaft zur Betreuung der Kriegsdienstverweigerer (EAK) (Hrsg.): Jugendliche und freiwilliges Engagement in der Gesellschaft: Lieber bezahlter Wirt als barmherziger Samariter? Reihe EAK-Kongreßdokumentation Nr. 10. Bremen

Schulze, G.(1992): Die Erlebnisgesellschaft. Frankfurt a.M./New York

Spöhring, W. (1995): Qualitative Sozialforschung. Studienskripte zur Soziologie. Stuttgart

Stadler, P: (1994): Globales und interkulturelles Lernen in Verbindung mit Auslandsaufenthalten. Ein Bildungskonzept. Studien zur interkulturellen Kommunikation SIC Nr. 12. Saarbrücken (zugl.: Bern, Univ., Diss., 1994)

Strauss, A. (1994): Grundlagen qualitativer Sozialforschung. Datenanalyse und Theoriebildung in der empirischen soziologischen Forschung. München

Thiersch, H. (1995): Lebenswelt und Moral. Beiträge zur moralischen Orientierung Sozialer Arbeit. Weinheim/München

Witzel, A. (1982): Verfahren der qualitativen Sozialforschung. Überblick und Alternativen. Frankfurt a.M./New York

Beispiel einer Einzelanalyse eines Interviewausschnittes

Reduktion	Generalisierung	Paraphrase	wörtliche Textstelle
H 9 Selbstreflexion und Lernen: **H 9a Umgang mit eigenen Überzeugungen im Ausland** „*zum Beispiel hab' ich gerade gedacht, hier komm' nach Frankreich, und das sind alles Umweltsäue, und ich als Deutscher setz' da Akzente.*" Übertragen eigener Normvorstellungen auf Ausland = Konflikt (H, 18): • anfangs Vorurteile gegenüber Einheimischen, z.B. in bezug auf Umweltverhalten („*Umweltsäue*") • anfangs eigenen Einfluß hoch eingeschätzt: Absicht, eigene Überzeugungen und besseres Wissen an Einheimische zu vermitteln und in Deutschland übliches Umweltverhalten) = Absicht, Umweltverhalten der Einheimischen zu verändern („*ich als Deutscher setz' da Akzente*") aber (H, 20) • kein richtiger Versuch, Umweltverhalten der Einheimischen zu verändern (keine Beharrlichkeit) • nur „*leise Vorschläge*" zur Verhaltensänderung = bleibt ohne Konsequenz • kein Beharren = heute Einsicht, daß er „eingefahrenes" Verhalten der Einheimischen nicht kurzfristig verändern kann (fehlende Flexibilität)	Übertragen eigener Normvorstellungen auf Ausland = Konflikt: • würde im nachhinein mit anderer Grundeinstellung ins Ausland gehen • Absicht, eigene Überzeugungen und besseres Wissen an Einheimische zu vermitteln • Absicht, etwas zu verändern • eigenen Einfluß überschätzt	• würde mit ganz anderer Grundeinstellung reingehen • zu viel gesagt, daß ich mit der Einstellung reingegangen bin, ich weiß, wie es richtig ist • bin mit der Einstellung hingegangen, in Frankreich sind alles Umweltsäue, und ich als Deutscher setze Akzente • etwas übertrieben habe ich gedacht, wenn du wieder gehst, sortieren die ihren Müll, haben keine Plastikbecher mehr, und da ist schon aufgeräumt	ich denk' ich würd' auf jeden Fall zum Beispiel, ich würde mit 'ner ganz, ganz anderen Grundeinstellung da reingehen, und zwar - muß ich sagen, ich bin's erste Mal da reingegangen mit der Einstellung - em - du weißt viel - und, und du weißt, nich du weißt, wie's abgeht und du weißt, wie's richtig is, des wär' zu viel gesagt, aber zum Beispiel hab' ich gedacht, hier ich komm' nach Frankreich, und das sind alles Umweltsäue, und ich als Deutscher setz' da Akzente, und nach anderthalb Jahren ham die 'ne super - Müllverteilungsanlage, daß se 'n Müll schön sortiern und keine Plastikbecher mehr ham und so weiter, also bißjen übertrieben jetzt, aber ich hab' echt gedacht - Stefan du setzt da Akzente, gell. Und - wenn du da gehst, jetzt wieder übertrieben, ist da schön aufgeräumt, gell

© Mundorf

Wenn einer eine Reise tut, dann kann er was erzählen

Karin Kienle

VORWORT

In den vergangenen dreißig Jahren haben gesellschaftliche Veränderungen stattgefunden, die auch die traditionellen Auffassungen über ein Leben mit einer Behinderung grundlegend verändert haben. So ist es heute für viele Menschen mit einer Behinderung selbstverständlich, ihren Lebensalltag eigenständig und selbstbestimmt unter Zuhilfenahme professioneller Hilfen zu gestalten. Eng damit verbunden ist das Selbstverständnis, daß es auch Menschen mit einer Behinderung möglich sein muß, ihrem Alltag zu „entfliehen" und sich ihre Wünsche, eine ferne unbekannte Welt zu erleben und auf Reisen zu gehen, erfüllen. Ermöglicht werden kann letzteres nur durch neue Formen angepaßter Hilfeleistungen, wie beispielsweise den Einsatz einer sog. „persönlichen Assistentin". Mit dem Beistand einer derartigen „Reiseassistentin" können Menschen mit einer Behinderung an organisierten Gruppenreisen teilnehmen oder selbstgeplante Individualreisen durchführen, darüber erweitert sich ihr Lebensraum beträchtlich, wodurch sich ihnen ein Mehr an Lebensqualität eröffnet. Eine Reiseassistenz kann von Menschen aus dem persönlichen Umfeld des behinderten Menschen oder aber von im Behindertenbereich tätigen Professionellen durchgeführt werden. Sie basiert auf einem Reisealltag, der sich vornehmlich durch eine enge persönliche Beziehung zu dem behinderten Menschen auszeichnet. In diesem Beziehungsalltag sind wechselseitig Erwartungen angesiedelt, die oft nicht miteinander harmonieren und daher zu Schwierigkeiten und Konflikten führen können, die im Extremfall das Abenteuer Reise disharmonisch beenden. Auf dem Hintergrund persönlicher Erfahrungen als Reiseassistentin entwickelte ich die Idee zu einer Untersuchung über den Reisealltag, die dazu führen sollte, ein auf diesen abgestimmtes Schulungskonzept zu entwickeln, das beide Beziehungsseiten, also den behinderten Menschen und die persönliche Assistentin, einbezieht. Umsetzbar ist dieses Konzept als Angebote der Fort- und Weiterbildung im Bereich der Sozialen Arbeit und auch im Bereich der Pflege.
Als Kern der Untersuchung erschien eine qualitativ ausgerichtete Befragung von Menschen mit entsprechenden Reiseerfahrungen sinnvoll, da nur mittels derartiger Befragungen eine zeitgemäße Behindertenarbeit

im Interesse aller betroffenen Menschen konzeptualisiert werden kann. Diese Untersuchung führte ich als kleines Forschungsprojekt im Rahmen meiner Diplomarbeit mit dem Titel: „Wenn einer eine Reise tut... Überlegungen zu Reisen von Menschen mit Behinderung und Reiseassistenz" durch. Um die Menschen als „die Experten für ihre eigenen Bedeutungsgehalte" (Mayring 1993: 45) selbst zu Wort kommen zu lassen, wählte ich das „fokussierte Interview" als Untersuchungsmethode, das sich in dem sensiblen Bereich einer Befragung von behinderten Menschen als für Soziale Arbeit durchaus forschungsrelevant erwiesen hat. Um meinen vorliegenden Beitrag auf das Anliegen dieser Veröffentlichung abzustimmen, war eine grundlegende Überarbeitung und Kürzung meiner Untersuchungsauswertung erforderlich. Den ausgewerteten dargestellten Forschungsergebnissen liegen umfassende transkribierte Interviews zugrunde, die in ihrer Aussagetypik exemplarisch vorgestellt werden.

Mein Beitrag dokumentiert im ersten Teil den Untersuchungsweg, in einem zweiten Teil setze ich mich mit der Situation behinderter Menschen auseinander, in einem dritten Teil werte ich die Interviews problembezogen aus und diskutiere implizite Zusammenhänge, im letzten Teil stelle ich Überlegungen zu einem Schulungskonzept vor, die veranschaulichen, daß sich hier ein weiteres sozialarbeitsrelevantes Forschungs- und Handlungsfeld eröffnet.

1. DOKUMENTATION DER UNTERSUCHUNG

1.1. Intention der Untersuchung

Menschen mit Behinderung stoßen in zahlreichen Situationen ihres Alltags auf Barrieren und Schwierigkeiten, die sie meistern müssen. Die gewohnte Umgebung, die an ihre Bedürfnisse so angepaßt ist, daß sie einen Großteil ihres Lebens allein bewältigen können, finden Behinderte im Urlaub in der Regel nicht vor. Um den Reisealltag individuell bewältigen zu können, ist es oft sinnvoll, eine Assistenz in Anspruch zu nehmen.

Ein Ziel, das ich mit dieser Untersuchung verfolgte, bestand darin herauszufinden, welche Probleme in der Sondersituation Reisealltag auftreten und wie diese bewältigt werden können. Zugleich sollten Wünsche und Bedürfnisse sowohl der Menschen mit Behinderung als auch der AssistentInnen herausgefunden werden.

Anlaß zur Untersuchung waren beobachtete und erlebte Schwierigkeiten, die auf Reisen auftauchen. Eigene Assistenzerfahrungen im Praktikum und im Freundeskreis ließen mein Interesse am Thema „Reisen mit Behinderung" immer größer werden. Dadurch entwickelte ich eine zunehmende Sensibilität für diesen Problembereich. Offenkundig werden ReiseassistentInnen auf ihre Aufgaben in der Regel nicht oder nur ungenügend vorbereitet. Die Anforderungen, die der Pflegebereich an MitarbeiterInnen stellt, veranlaßt diese zum Besuch entsprechender Fortbildungen. Die psychosoziale Ebene gerät dabei aber wenig ins Blickfeld, obgleich auf dieser gewichtige Probleme der Alltagsbewältigung angesiedelt sind. Aus unterschiedlichen Gründen werden die Menschen mit Behinderung und die AssistentInnen gerade im zwischenmenschlichen Bereich in besonderer Weise gefordert. Das Ziel der Untersuchung richtete sich dementsprechend darauf, zunächst die Bedürfnisse zu erforschen, die die Menschen mit Behinderung und deren AssistentInnen haben, um auf diesem Hintergrund eine Konzeption für eine bedarfsorientierte ReiseassistentInnenschulung zu entwickeln. Eine derartige Schulung kann mehr Menschen motivieren, sich für eine Assistenz positiv zu entscheiden. Damit könnte künftig sichergestellt werden, daß Menschen mit einer Behinderung mit Hilfe geschulter ReiseassistentInnen ein selbstverantwortliches Leben auch auf organisierten Gruppenreisen oder im selbstgestalteten Individualurlaub verwirklichen können.

1.2. Methodische Überlegungen

1.2.1. Datenerhebung: Das „fokussierte Interview"

Das vorliegende Forschungsvorhaben stellte sich zur Aufgabe, herauszufinden, in welchen Situationen und Bereichen auf Reisen sowohl für Menschen mit einer Behinderung als auch für die sie begleitende Assistenz Schwierigkeiten und Konflikte auftreten, welche qualitativen Strukturen diesen zu eigen sind und wie sie sich in den unterschiedlichen Perspektiven der Beziehungsakteure darstellen. Um die Problembereiche genau und differenziert erfassen zu können, war es notwendig, die Menschen mit einer Behinderung und die AssistentInnen selbst zu Wort kommen zu lassen. Die subjektive Sicht der Betroffenen sollte eingefangen werden, denn die besondere Qualität der Probleme kann vor allem von diesen detailliert geschildert werden. Für die forschungsrelevante Erfassung der unterschiedlichen Betroffenenperspektiven erschien mir eine Datenerhebung, die auf die Methoden des qualitativen Interviews Bezug nahm, in besonderem Maße geeignet, da mittels nicht standardisierter Interviews Einstellungen und Einschätzungen zum Reisealltag der Befragten auf ihren vielfältigen Ebenen erfaßt werden können. Da es bei der vorliegenden Untersuchung darauf ankam, aussagekräftige Informationen hinsichtlich der mit Reisen verbundenen Problematiken von den unterschiedlich in den Reisealltag eingebundenen Menschen zu erhalten, bot sich die Methode des „fokussierten Interview" (Lamnek 1989: 78) zur Datenerhebung an. Die Befragten sollten sich zu bestimmten durch mich vorgegebene Themenkomplexen äußern, diese formulierte ich als Interviewfragen, die ich in einem Leitfaden vorab erarbeitet hatte. Die Fragen waren offen, um den Interviewten einen Erzählimpuls zu geben, der die Gestaltung der Erzählung möglichst wenig vorstrukturierte. Diese methodische Vorgabe war wichtig, da mein Untersuchungsinteresse darauf zielte, die subjektiven Empfindungen und geäußerten Problemdefinitionen der Interviewten während der Reise mit dem auf die Beziehung gelegten Schwerpunkt einzufangen. Darüber konnte ich den Reisealltag aus den jeweils biographisch unterschiedlich geprägten Blickwinkeln erfassen und durchschaubar machen.

1.2.2. Der Interviewleitfaden

Um die Zufälligkeit und Willkürlichkeit von Erzählungen einzugrenzen und die Interviews vergleichbar auswerten zu können, formulierte ich Leitfäden für die Interviews, welche die „relevanten und anzusprechenden Themen und die für die Situation wichtigen Aspekte und Elemente" (Lamnek 1989: 78) enthielten. Die Erstellung zielgruppenausgerichteter Leitfäden war mir wichtig, da die Untersuchungsgruppe der Menschen mit einer Behinderung von der Gruppe der AssistentInnen in der auf Reisen auftretenden Beziehungsspezifik sehr unterschiedlich betroffen ist. Die Leitfäden formulierte ich auf dem Hintergrund meines Erfahrungswissens im Reisealltag und unter Einbezug relevanter Fachliteratur, deren Erörterung den Rahmen dieses Beitrags allerdings sprengen würde. Die beiden Leitfäden (siehe Anhang) stellten den Rahmen vor, der mir als Interviewerin die notwendigen Freiräume zum Nachfragen bei unklaren Äußerungen gab und dadurch eine Präzisierung der Interviewaussagen erlaubte. Zugleich bot ich den Befragten die Gelegenheit, „sich über Dinge zu äußern, die für sie von zentraler Bedeutung sind" (Merton/Kendall 1984, zit. nach Lamnek 1989: 79). Die Prinzipien der Offenheit, der Kommunikativität und der Flexibilität (Lamnek 1989: 61 ff.) konnten so von mir im Prozeß der Datenerhebung im möglichen Rahmen meines zeitlich, personell und finanziell begrenzten Forschungsvorhabens berücksichtigt werden.
Bei der Erstellung der Interviewleitfäden orientierte ich mich an den Regeln zur Konstruktion eines Fragebogens bei Peter Wellhöfer (1984:

127ff.). Für jede Befragtengruppe – Menschen mit Behinderung und AssistentInnen – entwickelte ich einen zielgruppenspezifischen Leitfaden. Die Kategorien beider Leitfäden waren identisch: Ein erster Themenbereich erfaßte den klar umrissenen Aspekt der Pflege. Die Reisevorbereitungen und organisatorischen Gesichtspunkte bildeten einen zweiten Themenbereich, dieser mündete in den Fragekomplex zur zeitlichen Gestaltung des Reisealltags. Ein wesentlicher Schwerpunkt des Leitfadens bezog sich auf den psychosozialen Bereich. Die Interviews schloß ich mit Fragen zum Sinn einer möglichen Schulung der ReiseassistentInnen ab. Die bewußt gewählte trichterförmige Reihenfolge, in der im Gespräch die Themen angesprochen wurden, sollte flexibel gehandhabt werden und sich nach den Vorgaben der Befragten richten. Zusätzlich zu diesen Bereichen enthielt der Leitfaden Nachfragen, die auf die Menschen mit Behinderung bzw. AssistentInnen abgestimmt waren und dazu dienten, zu bestimmten Themenkomplexen genauere Informationen zu erhalten. Sie bezogen sich auf Aspekte, die für die zu untersuchende Fragestellung besonders relevant waren. Auf diese Nachfragen mußte ich, je nachdem, was die Befragten von sich aus ansprachen, mehr oder weniger stark zurückgreifen.

1.2.3. Datenaufzeichnung

Die Interviews wollte ich mit dem Einverständnis der Befragten auf Tonband aufzeichnen, um sie anschließend – nach datenschutzrechtlichen Vorgaben codiert – vollständig zu transkribieren. Die verschrifteten Gespräche bildeten die Grundlage für meine ausführliche Analyse und Interpretation.

1.3. Überlegungen zur Durchführung des Vorhabens

1.3.1. Kriterien zur Auswahl der Interviewten

Um ein möglichst umfassendes Bild von den Schwierigkeiten zu gewinnen, denen Menschen mit Behinderungen und deren BetreuerInnen auf Individualreisen begegnen, mußte ich InterviewpartnerInnen gewinnen, die auswertbare Erfahrungen in diesem Bereich vorzeigen konnten. Folglich sollten die zu interviewenden Menschen mit Behinderung als auch die ReiseassistentInnen über Langzeiterfahrungen auf Reisen verfügen. Den Schwerpunkt meiner Untersuchung legte ich, bezogen auf meine Fragestellung, auf die Gewinnung möglichst typischer „Fälle" für die Interviews (Lamnek 1988: 177 f.), und es gelang mir auch, aus jeder Bezugsgruppe fünf geeignete InterviewpartnerInnen zu gewinnen.

Die Auswahl dieser „typischen" Untersuchungspersonen gestaltete ich nach vorab festgelegten Kriterien:
(1) Bei beiden befragten Gruppen versuchte ich, die Merkmale Geschlecht, Alter und Bekanntheitsgrad möglichst breit zu streuen (siehe dazu Abschnitt 3.1.).
(2) Ein zentrales Auswahlkriterium war die Entscheidung, nur behinderte Menschen zu befragen, die körperlich beeinträchtigt waren. Menschen mit geistiger Behinderung habe ich nicht berücksichtigt, da sich für diese ein Reisealltag völlig unterschieden gestaltet. Untersuchungsrelevant waren im weiteren Menschen, die trotz ihrer Behinderung ihren Alltag autonom und selbständig gestalten. Die Befragten sollten folglich nicht in einem betreuten Wohnheim leben und mindestens schon zwei Mal eine Individualreise in Begleitung einer AssistentIn unternommen haben.
(3) Zentrales Kriterium zum Einbezug der AssistentInnen in die Untersuchung war die Forderung, daß sie keine professionellen HelferInnen waren und daß sie Menschen mit einer körperlichen Behinderung auf mindestens einer Reise assistiert hatten.

1.3.2. Zugang zur Untersuchungsgruppe

Der Zugang zu den ExpertInnen erfolgte durch meinen persönlichen Kontakt zum Freiburger Arbeitskreis Behinderter und Nichtbehinderter (im folgenden: AKBN) sowie zum Bundesverband Selbsthilfe Körperbehinderter (im folgenden: BSK). Mein Vorhaben stellte ich verschiedenen MitarbeiterInnen der beiden genannten Einrichtungen vor, die sich ihrerseits um geeignete InterviewpartnerInnen von Menschen mit einer Behinderung bemühten.
Ein solches Vorgehen schränkte die Zielgruppen natürlich ein: Ich befragte Menschen mit Behinderung, die in einem Arbeitskreis aktiv sind, sich also durch ein Interesse an der Verbesserung ihrer eigenen Lebenssituation auszeichnen und dementsprechend mobil sind. Mit den AssistenInnen befragte ich Menschen, die sich bewußt Zeit nehmen, um sich für die Belange der Menschen mit Behinderung einzusetzen. Ein sozialpolitisches Engagement kann bei diesem Personenkreis vorausgesetzt werden.
Die aufgezeigten einschränkenden Auswahlkriterien hinsichtlich der Zielgruppen habe ich bei der Auswertung der Interviews berücksichtigt, sie sind ein entscheidender Faktor dafür, daß die Untersuchungsergebnisse nur für die ausgewählte Gruppe behinderter Menschen repräsentativ und damit verallgemeinerbar sind. Schwierigkeiten und Probleme, die auf Reisen von Menschen mit einer Behinderung auftreten, finden

sich jedoch unabhängig von der behinderungstypischen Gestaltung des „normalen" Alltags unterschiedlich ausgeprägt auch in anderen Gruppen. Die Wahl meiner bestimmten Untersuchungsgruppe traf ich mit Blick auf mein Forschungsanliegen, das die Einschränkung auf die besondere Gruppe Menschen mit einer Behinderung rechtfertigte und zugleich ermöglichte, allgemeine Schlußfolgerungen auf andere Gruppen in den Untersuchungsergebnissen aufzudecken.

1.3.3. Terminabsprachen und Interviewort

Die Interviewtermine habe ich telefonisch mit den GesprächspartnerInnen abgesprochen, dabei stellte ich mein Forschungsanliegen kurz vor und bat um das Einverständnis, die Gespräche auf Tonband aufzeichnen zu dürfen, das ich von allen problemlos erhielt. Diese relativ distanzierte Kontaktaufnahme erwies sich als situationsangepaßt, da sie beiden Seiten eine vorsichtige gedankliche Annäherung an die bevorstehende Interviewsituation ermöglichte. Alle Interviews führte ich in den Wohnungen der Befragten durch, was sich als sehr günstig erwies, da das vertraute Wohnumfeld den zu Interviewenden eine äußere Sicherheit gibt, die einen angsthemmenden Faktor für die doch sehr ungewohnte Interviewsituation enthält. Die Wahl der vertrauten Umgebung als Interviewort erwies sich vor allem im Blick auf die behinderten Menschen als überaus günstig, da sich dadurch Schwierigkeiten der Selbstdarstellung im Interview reduzieren ließen. Die Interviews dauerten zwischen 35 und 55 Minuten.

1.3.4. Interviewverlauf

Zu Beginn des Gesprächs ist es wichtig, durch die Offenlegung zugrundeliegender Methoden und Ziele eine Atmosphäre zu schaffen, die es den Beteiligten ermöglicht, Vertrauen zu gewinnen. Diesem Prinzip der Offenheit folgte ich, indem ich den Interviewten mein Erkenntnisinteresse vortrug und ihnen die zentrale Bedeutung der Darstellung ihrer subjektiven Sichtweise im Interview deutlich machte. Im Anschluß daran erfaßte ich mit Hilfe eines Kurzfragebogens als „warming-up"-Phase die grundlegenden biographischen Daten. Diese Daten dienen als Hintergrundinformationen und erlauben unter Umständen vertiefende Rückschlüsse auf Haltungen und Einstellungen, die im Interview kenntlich werden.

Der Durchführung der Interviews lagen meine gruppenspezifischen Leitfäden zugrunde, die mir allerdings im Interviewverlauf nur mehr als Gedächtnisstütze dienten und die Interviewabfolge strukturierten. Dies hat seinen Grund sicherlich auch darin, daß ich mit jedem durchgeführten Interview mehr Sicherheit gewann und mich bei den letzten Interviews gänzlich von meinen Leitfäden lösen konnte. Rückblickend sei an dieser Stelle vermerkt, daß die Durchführung eines Probeinterviews für mich durchaus sinnvoll gewesen wäre, da ich dadurch schon im Vorfeld meine eigenen Fähigkeiten als Interviewerin hätte festigen können. Ich unterließ dies aus zeitökonomischen Gründen; als ein mein Forschungsdesign sonderlich beeinträchtigendes Versäumnis würde ich es zugleich nicht betrachten, da ich durch meine Erfahrungen mit behinderten Menschen und durch meine Beobachtung und Selbstreflektion während der Erhebungsphase diesen Mangel rasch kompensieren konnte.

Ein qualitatives Interview erfordert die Offenlegung persönlicher Einstellungen und auch von Besonder- und Eigenheiten, dies ist nur dann möglich, wenn eine offene und „lockere" Gesprächssituation vorliegt und die Interviewte/der Interviewte tatsächlich „bemerkt", daß die Interviewerin/der Interviewer an ihren Erzählungen interessiert ist und dies nicht nur vorgibt. Aufgrund meiner Erfahrungen trifft dies auf die Interviewsituation mit einem behinderten Menschen in besonderer Weise zu, es zeigte sich, daß gesprächshemmende Faktoren sichtlich nachrangig wurden, als ich mich von meinem Leitfaden löste und „frei" fragte. Dadurch vermittelte ich, daß ich mich ganz individuell auf ihre Gesprächssituation bezog, was für die behinderten GesprächspartnerInnen von großer Relevanz war. So konnte ich feststellen, daß es für die Gestaltung der Interviewsituation von grundlegender Bedeutung ist, Fragen und Nachfragen behutsam und sensibel zu stellen, da Menschen mit einer Behinderung wenig gewohnt sind, von sich – in einem „öffentlichen Raum", wie dies ein Tonbandgerät symbolisieren kann – zu erzählen. Fragen nach ihrer Behinderung und den damit verbundenen Einschränkungen bei der Alltagsbewältigung werden nicht selten als stigmatisierend und als Ausgrenzung von der Normalität des Lebens empfunden. In dieser Folge bemerkte ich dann eine rückläufige und bisweilen ängstliche Narration, die aufzulösen mir nur deshalb gelang, da ich den Interviewleitfaden so verinnerlicht hatte, daß ich mich auch von seiner Papierform lösen konnte. Dies beförderte ganz erheblich eine offene Gesprächsatmosphäre und erlaubte mir, das Gespräch flexibel und daher personenbezogen zu führen.

Eine weitere Schwierigkeit bei der Gesprächsgestaltung zeigte sich dadurch, daß die Menschen mit einer Behinderung oft ein starkes Redebedürfnis haben und sehr ausschweifend erzählen wollen, da sie überaus froh sind, daß sich endlich jemand für ihre Belange und ihre Lebenserfahrungen interessiert. Wenn ich diese biographischen Rückblicke forschungsbezogen begrenzen wollte – ich führte kein narratives, sondern ein fokussiertes Interview durch –, so äußerten sich einige frustriert. Es war in dieser Situation notwendig, mein untersuchungsbezogenes Interesse immer wieder sensibel einzubringen. Im weiteren traten bei einigen der Interviewten behinderungsbedingte Artikulationsprobleme auf, hier mußte ich Einfühlungsvermögen und auch Geduld zeigen, um durch Gesprächsstockungen ausgelöste Irritationen zu kompensieren. Insgesamt schätze ich das von mir gewählte „fokussierte Interview" als Erhebungsmethode für beide Untersuchungsgruppen als meinem Forschungsgegenstand adäquat ein, da es die erforderliche thematische Eingrenzung und die notwendigen gesprächsrelevanten Gestaltungsfreiräume ermöglicht.

1.3.5. Auswertung der Interviews

In der Analyse der erhobenen verbalen Daten folgte ich einer „an Thema und Erhebungsmethode orientierte(n) Auswertungsmethode" (Lamnek 1989: 111). Ich wertete die Interviewdaten gemäß den Fragen der Leitfäden aus, um sie abschließend vergleichend zu interpretieren. Im einzelnen ging ich folgendermaßen vor:
(1) Ich transkribierte alle Interviews. Dabei unterließ ich paralinguistische Kennzeichnungen, da dies einen beträchtlichen Zeitaufwand erfordert hätte, der mir nicht möglich war. Für mein Forschungsanliegen ergab sich daraus keine methodische Einschränkung, da ausschließlich die inhaltlichen Äußerungen der Befragten interessierten und die Form der Darstellung nachrangig war.
(2) Ich las jedes Interview sehr aufmerksam durch und markierte die einzelnen Antworten entsprechend der im Leitfaden formulierten Kategorien farbig.
(3) Dabei stellte ich fest, daß ich mich in der Datenauswertung von den Kategorien des Leitfadens lösen mußte, da eine erneute Durchsicht aller Transkriptionen offenlegte, daß Problembereiche hervortraten, die einer anderen Logik folgten und nahelegten, die diesbezüglichen Aussagen beider Untersuchungsgruppen zu bündeln und sie, dem jeweiligen Problembereich zugeordnet, gemeinsam auszuwerten.
(4) In einem weiteren Schritt arbeitete ich diese unterschiedlichen Problembereiche heraus und ordnete sie einander zu.
(5) Daraufhin sammelte und strukturierte ich die Interviewaussagen bezogen auf enthaltene typische Aussagen zu den Problembereichen und kennzeichnete diese als relevante Zitate für meine auswertende Untersuchungsdarstellung.
(6) Im weiteren interpretierte ich mein Datenmaterial und entwickelte aus ihm Kategorien, die ich als Problemtypik in den Überschriften meinen Auswertungskapiteln voranstellte.

(7) Meine Auswertung beendete ich mit einer zusammenfassenden Betrachtung.
(8) Meine Schlußfolgerungen aus den Untersuchungsergebnissen verweisen auf die Notwendigkeit einer Schulungskonzeptentwicklung, auf die ich in diesem Beitrag nur hinweisen kann. Meine Diplomarbeit schließt mit der Entwicklung eines Schulungskonzeptes für beide Untersuchungsgruppen ab, das ich auf Grundlage meiner Untersuchungsergebnisse entwickelte.

2. Zur Lebenslage behinderter Menschen

Teilzuhaben an einem „normalen" Alltag bedeutet für alle Menschen in unserer modernen Industriegesellschaft auch, seine Freizeit bewußt zu gestalten. Ein nicht unwesentlicher Teil dieser Freizeit wird heute mit Erholungs-, Ferien-, Urlaubs- und Erlebnisreisen verbracht. Solche Zeiten der Erholung sind für alle wichtig, um nach Phasen der Ermüdung oder gar Erschöpfung, nach Phasen der ständigen Überbelastung oder der Schwächung durch Krankheit, neue körperliche und seelische Kräfte aufbauen zu können. Da Menschen mit Behinderung zur Alltagsbewältigung häufig zusätzliche Energien aufzuwenden haben, ist die Möglichkeit der Inanspruchnahme eines Erholungsurlaubs für sie besonders wichtig. Diese Notwendigkeit reflektiert das Schwerbehindertengesetz, wenn es behinderten Menschen mit dem § 44 einen Rechtsanspruch auf zusätzlichen Urlaub von sechs Arbeitstagen gewährt (Zusatzurlaub nach § 44 SchwG).
Die Möglichkeit, auf Reisen zu gehen, wurde den Menschen mit Behinderung zunächst durch die Wohlfahrtsverbände und andere soziale Institutionen eröffnet. Diese erstellen Reiseprogramme, die speziell auf Menschen mit Behinderung zugeschnitten sind, sie besitzen z.B. Reisebusse mit Rolliaufzügen und stellen barrierefreie Unterkünfte, HelferInnen sowie Pflegepersonal zur Verfügung. Jedoch handelt es sich bei diesen Angeboten ausschließlich um organisierte Gruppenreisen. Diese wurden und werden von den Betroffenen nach wie vor in Anspruch genommen, da die vielen Barrieren, die außerhalb des gewohnten Lebensumfeldes auftreten, den Individualurlaub für einen Menschen mit Behinderung verunmöglichen können. Da Reiseanbieter oft Erfahrungen im alltäglichen Umgang mit Menschen mit Behinderung haben, wissen sie um möglicherweise auftretende Barrieren und können mit präventiven Maßnahmen diesen entgegenwirken.
Um ein eigenständiges und selbstbestimmtes Leben realisieren zu können, sollte Menschen mit Behinderung für ihren Urlaub neben diesem Angebot an organisierten Gruppenreisen auch die Alternative zur

selbstgeplanten Individualreise offen stehen. Die Verbesserung der gesellschaftlichen Integration der Menschen mit Behinderung darf im Bereich des Tourismus nicht halt machen. Gerade im Urlaub und auf Reisen sollte ein gewisser Grad an Individualität für jeden gewährleistet werden. Für Menschen mit einer Behinderung bedeutet dies, daß ihnen auch auf ihren Individualreisen eine persönliche Assistentin oder ein persönlicher Assistent zur Verfügung stehen sollte. Damit kann sichergestellt werden, daß die durch die Behinderung bedingten Einschränkungen in der fremden Umgebung die notwendige Kompensation erfahren. Wenn Menschen mit Behinderung ihre gewohnte und auf sie eingestellte Umgebung verlassen, treffen sie stets auf Barrieren verschiedenster Art. Ob es sich dabei um Treppen, zu enge Türen und mangelhafte behinderungsgerechte Ausstattungen in öffentlichen Gebäuden oder um die vielschichtigen sozialen Barrieren handelt, in nahezu allen Lebensbereichen müssen Menschen mit Behinderung die Erfahrung machen, daß sie ausgegrenzt werden. Um so begrüßenswerter ist es deshalb, daß sich zunehmend mehr Menschen mit Behinderung dazu entschließen, die vertrauten vier Wände zu verlassen, um wie jeder Nichtbehinderte in den Urlaub zu fahren, während einer Reise Fremdes kennenzulernen und die eigenen Grenzen neu zu erfahren.

Erfahrungen als Reiseassistentin für Menschen mit Behinderung waren in Fachdebatten der Anlaß, sich intensiv mit der Situation der Betroffenen auseinanderzusetzen. In der mir nicht unvertrauten Rolle als Reiseassistentin stieß ich auf verschiedene schwierige Situationen, die es zu meistern galt. Die eigentlichen Probleme, die im Reisealltag auftraten, waren nicht, wie man dies erwarten könnte, „äußerliche" Sachbarrieren, die es zu überwinden galt. Vielmehr – und so haben es andere ReiseassistentInnen und auch Menschen mit Behinderung bestätigt – traten infolge der alltäglichen engen Gemeinsamkeit und des aufeinander Angewiesenseins zwischen dem Menschen mit Behinderung und der Reisebegleitung immer wieder Konflikte und schwierige Situationen vor allem im zwischenmenschlich interaktiven und kommunikativen Bereich auf.

Mein Erkenntnisinteresse, das meiner Diplomarbeit zugrundelag, richtete sich darauf, herauszufinden, welche Erfahrungen Menschen mit Behinderung auf selbstgeplanten Individualreisen, die von einer Reiseassistentin begleitet werden, machen. Dabei habe ich in erster Linie die Frage untersucht, in welchen Bereichen Schwierigkeiten auftraten, ob ein solches Modell der Unterstützung ausbaufähig ist und wie es gefördert werden kann. Vor allem sollte die besondere Beziehungskonstellation zwischen dem Menschen mit Behinderung und seiner Reiseassistentin erforscht werden.

Dazu habe ich Menschen mit Behinderung, die mit einer Assistentin auf Reisen gingen, und ReiseassistentInnen nach ihren Erfahrungen befragt. Die ausführliche Auswertung und Analyse dieser qualitativen Interviews bilden das Zentrum der Diplomarbeit und werden in einer überarbeiteten Kurzform vorgestellt. Die Vorstellung der InterviewpartnerInnen sind dem vorangestellt.

3. DIE INTERVIEWS

3.1. Biographische Bezüge der Interviewten

Im folgenden stelle ich die einzelnen interviewten Menschen mit Behinderung[1] und die ReiseassistentInnen[2] kurz vor. Dieses Hintergrundwissen kann es erleichtern, die Aussagen der InterviewteilnehmerInnen besser einschätzen zu können. Daran anschließend gebe ich anhand einer Tabelle eine Übersicht über wesentliche Daten der Interviewten.

Frau B1 ist 34 Jahre alt und seit dem Säuglingsalter an Polio (Kinderlähmung) erkrankt. Sie ist auf den Rollstuhl angewiesen. Um mobiler und unabhängiger zu sein, benutzt sie hauptsächlich einen E-Rollstuhl. Sie lebt mit ihrem Mann, der ihr im Alltag assistiert, und ihrem zweieinhalbjährigen Sohn in einer barrierefreien Wohnung. Frau B1 hat nach Erlangen des Abiturs Lehramt studiert und einige Jahre als Lehrerin unterrichtet. Derzeit studiert sie im zweiten Semester Sozialpädagogik. Frau B1 verreist mehr als zweimal im Jahr mit ihrer Familie oder Freunden. Früher ist sie mit organisierten Gruppen in Urlaub gefahren. Für ihre Reisen benötigt sie eine Reiseassistenz. Früher wurde sie auf ihren Reisen von Bekannten, aber auch von fremden Personen begleitet. Heute wird ihr von ihrem Mann im Urlaub assistiert.

Frau B2 ist 35 Jahre alt und seit ihrem 23. Lebensjahr an MS (Multiple Sklerose)[3] erkrankt. Sie ist auf den Rollstuhl angewiesen. Sie lebt allein. Helferinnen des AKBN und ZDLs[4] von der Arbeiterwohlfahrt (im folgenden: AWO) assistieren ihr fünf Stunden und mehr am Tag. Frau B2

---

[1] Die interviewten Menschen mit Behinderung wurden alle mit dem Buchstaben B codiert und erhielten fortlaufende Nummern.
[2] Die interviewten ReiseassistentInnen wurden alle mit dem Buchstaben A codiert und wurden fortlaufend numeriert.
[3] Multiple Sklerose = Krankheit des Zentralnervensystems mit vielen sich allmählich verhärtenden Entzündungsherden und fortschreitenden Lähmungen
[4] ZDL = Zivildienstleistender

hat nach der mittleren Reife die Ausbildung zur Steuerfachgehilfin abgeschlossen und einige Jahre in ihrem Beruf gearbeitet. Heute kann sie keiner beruflichen Tätigkeit mehr nachgehen, sie ist Frührentnerin. Frau B2 verreist einmal im Jahr alleine, mit der Familie oder mit Freunden. Früher hat sie auch an organisierten Gruppenreisen teilgenommen. Frau B2 benötigt auf ihren Reisen eine Reiseassistenz, die aus dem Freundes- oder Bekanntenkreis stammt.

Herr B3 ist 21 Jahre alt und seit seiner Geburt an AMC (Gelenkstarre) erkrankt. Er ist auf den Rollstuhl angewiesen und benutzt in der Regel den E.-Rollstuhl, da er selbständig den Schieberollstuhl nicht bewegen kann. Er lebt bei seiner Familie, die ihm auch im Alltag Assistenz leistet. Herr B3 besuchte ein I-Gymnasium.[5] Vor zwei Jahren verließ er das Gymnasium mit dem Abitur. Zur Zeit arbeitet er als Auszubildender zum Speditionskaufmann. Herr B3 verreist zwei bis drei Mal im Jahr mit Freunden. Früher nahm er an organisierten Freizeiten teil und wurde meist von fremden Helfern betreut. Herr B3 benötigt auf seinen Reisen eine Assistenz. Diese Aufgabe übernehmen heute seine Freunde.

Herr B4 ist 42 Jahre alt und seit seinem 28. Lebensjahr an Syrigumylin (Wirbelsäulenversteifung) erkrankt. Er ist auf den Rollstuhl angewiesen, verwendet aber nur noch einen Schieberollstuhl, um seine Muskeln zu trainieren. Er lebt alleine. Er wird acht Stunden am Tag von einem ZDL der AWO betreut. Herr B4 hat nach seinem Hauptschulabschluß eine Ausbildung zum Präzisionsfeinmechaniker gemacht und bis zu seiner Erkrankung in diesem Beruf gearbeitet. Heute kann er keiner beruflichen Tätigkeit mehr nachgehen, er ist Rentner und bezeichnet sich als freischaffender Künstler. Er malt Aquarellbilder. Herr B4 verreist zwei bis fünf Mal im Jahr und erhält von seinem ZDL Assistenz auf seinen Reisen. Früher hat er auch an organisierten Reisen teilgenommen.

Frau B5 ist 36 Jahre und seit ihrem 15. Lebensjahr an progressiver Muskeldystrophie[6] erkrankt. Sie ist auf den Rollstuhl angewiesen. Sie lebt alleine. Helferinnen des AKBN assistieren ihr drei Mal in der Woche mehrere Stunden. Frau B5 hat nach ihrem Abitur ein Jurastudium begonnen. Nach einigen Semestern brach sie das Studium ab und erlernte den Beruf der Logopädin. Heute arbeitet sie halbtags in ihrem erlernten Beruf. Frau B5 verreist ein Mal im Jahr alleine, mit der Familie oder mit Freunden. Früher hat Frau B5 auch an organisierten Gruppenreisen teilgenommen. Frau B5 benötigt auf ihren Reisen eine Reiseassistenz, diese stammt aus ihrem Freundes- oder Bekanntenkreis.

---

[5] Integration von Kindern und Jugendlichen mit Behinderung im Schulbereich
[6] progressive Muskeldystrophie=fortschreitende Ernährungsstörung der Muskeln, Organe usw.

Frau A1 ist 26 Jahre alt. Nach Erlangen der mittleren Reife machte sie eine Ausbildung zur Hotelfachfrau und im Anschluß daran eine Ausbildung zur Reisekauffrau. Die Fachhochschulreife erwarb sie vor drei Jahren. Frau A1 begleitete drei Mal Menschen mit Behinderung auf ihren Reisen. Vermittelt wurde sie über den BSK. Eine zu assistierende Person war ihr vor der Reise unbekannt. Frau A1 erhielt für ihre Aufgabe eine geringe Aufwandsentschädigung, die von den Personen mit Behinderung privat übernommen wurde. Zur Zeit begleitet Frau A1 keine Menschen mit Behinderung auf ihren Reisen.

Frau A2 ist 30 Jahre alt. Nach Erhalt des Abiturs studierte Frau A2 Sozialpädagogik und arbeitet heute im sozialpädagogischen Sektor. Frau A2 begleitete ein Mal eine Frau mit Behinderung auf einer Reise und war als Helferin auf mehreren Freizeiten, bei denen sie Menschen mit Behinderung assistierte. Die Frau, die sie begleitete, ist eine Freundin. Sie erhielt für ihre Assistenztätigkeit kein Geld. Frau A2 hat in ihrem Freundeskreis viele Menschen mit Behinderung. Sie unternehmen einiges zusammen.

Herr A3 ist 38 Jahre alt. Nach dem Abitur studierte er BWL und arbeitete eine Zeitlang in seinem Beruf. Seit der Geburt seines Sohnes (2½ Jahre) ist er Hausmann und assistiert seiner Frau B1 im Alltag. A3 begleitet seine Frau auf jeder Reise. Er hat außer seiner Frau noch keine Personen mit Behinderung auf Reisen begleitet.

Frau A4 ist 31 Jahre alt. Seit dem Erlangen des Abiturs studiert sie Medizin. Frau A4 hat fünf Mal eine Frau mit Behinderung auf Reisen begleitet. Die zu assistierende Frau wurde ihr über den AKBN vermittelt.

Herr A5 ist 22 Jahre alt. Nach dem Abitur hat er begonnen, Maschinenbau zu studieren, brach dies nach dem 2. Semester ab und begann ein Freiwilliges Soziales Jahr (FSJ). Zur Zeit arbeitet Herr A5 im Zuge seines FSJ beim AKBN und betreut Menschen mit Behinderung. Er hat fünf bis sechs Mal seinen Freund mit Behinderung, B5, auf Reisen begleitet. Ab und zu erhält er für seine Tätigkeit eine Aufwandsentschädigung.

Zur besseren Übersicht habe ich von den beiden Untersuchungsgruppen tabellarische Übersichten angefertigt. Diese enthalten biographische Daten, Angaben zu reisebezogenen Erfahrungen, Angaben zur Situationsspezifik und Informationen zum beruflichen Hintergrund.

(1) Tabellarische Übersicht zu Menschen mit Behinderung

Code	Alter	F/M	Bildung	Wohnsituation	Familienstand	körperliche Einschränkung	♿	Alltag	wie oft im Jahr	Wie?	Verkehrsmittel
B 1	34	F	Abitur Lehrerin Studentin (SP)	Familie	verheiratet 1 Kind	Polio seit dem Säuglingsalter	ja	wird vom Ehemann 5 Stunden und mehr am Tag betreut	2mal und mehr	mit Familie mit Freunden mit org. Gruppen	Auto Zug Bus Flugzeug
B 2	35	F	mittl. Reife Steuerfachgehilfin Rentnerin	allein	ledig	MS seit 1984	ja	wird von AKBN-Helferinnen, ZDL und Schwestern 5 Stunden und mehr am Tag betreut	1mal	mit Freunden	Auto Zug Bus Flugzeug Schiff
B 3	21	M	Abitur Azubi zum speditionskaufmann	Familie	ledig	AMC von Geburt an	ja	Familie, Kollegen 4 Stunden und mehr am Tag betreut	2 bis 3mal	mit Freunden	Auto Flugzeug
B 4	42	M	Hauptschulabschluß Präzisionsfeinmechaniker Rentner freischaff. Künstler	alleine	ledig	Syrigumylin seit 1982	ja	ZDL 8 Stunden und mehr am Tag betreut	2 bis 5mal	alleine mit Freunden mit org. Gruppen	Auto Zug Bus Flugzeug
B 5	36	M	Abitur abgebr. Jurastudium Logopädin	alleine	ledig	progr. Muskeldystrophie seit dem 15. Lj.	ja	AKBN-Helferinnen 3mal pro Woche	1mal	mit Familie mit Freunden mit org. Gruppen	Auto

(1.1) Tabellarische Übersicht zu Menschen mit Behinderung

	Vermittlung der persönlichen AssistentIn		zur persönlichen AssistentIn			Kosten	
Code	Wie?	Schwierigkeiten p.a. zu bekommen?	Vor der Reise bekannt?	Immer die gleiche?	Begleitet die p.A. noch andere Menschen mit Behinderung?	Wieviel Geld bekommt die p.A.?	Wer übernimmt die Kosten?
B 1	privat, Anbieter der org. Reise	nein	unterschiedlich	meistens	unterschiedlich	keins	-
B 2	selbst ausgesucht	nein	ja	nein	unterschiedlich	keins	-
B 3	Freundeskreis	nein	unterschiedlich	ja, seit 2 Jahren	nein	unterschiedlich	Sozialamt, Pflegekasse
B 3	privat, eigener ZDL	nein	ja	ja alle 15 Monate Wechsel	nein	ZDL-Gehalt	Pflegekasse
B 5	AKBN	nein	ja	meistens	nein	keins	-

(2) Tabellarische Übersicht zu den ReiseassistentInnen

Code	Alter	F/M	Bildung	Familienstand	Alltag	Assistenz geleistet auf Reisen							
						Wie oft?	Vermittlung?	bekannte Person?	gleiche Person?	einzige Assistenz	Bezahlung	Kostenübernahme
A 1	26	F	FHS-Reife Reisekauffrau Hotelfachfrau	ledig	zur Zeit keine Betreuung	3mal	BSK	nein und ja	verschiedene	nein	teilweise	privat
A 2	30	F	Abitur Studentin (SP)	ledig	ab und zu Unternehmungen mit einem Menschen mit Behinderung	1mal plus Freizeiten	Bekanntschaften	ja	ja	ja	nein	keine
A 3	38	M	Abitur BWL Hausmann	verheiratet 1 Kind	Betreuung der Ehefrau (Vollzeit)	sehr häufig	Ehefrau	ja	ja	ja	nein	keine
A 4	31	M	Abitur Medizinstudium	ledig	zur Zeit keine Betreuung	5mal	AKBN	ja	ja	ja	nein	keine
A 5	22	M	Abitur FSJ	ledig	ca. 5 Stunden am Tag Betreuung von Menschen mit Behinderung	5-6mal	AKBN und privat	ja	ja	ja	normal nicht, manchmal Pflegegeldanteil	Pflegekasse

3.2. Auswertung und Würdigung der Interviews

Dieser Abschnitt enthält die Auswertung und Analyse der Interviews. Die Aussagen der InterviewpartnerInnen werden dabei nicht in der Abfolge eines Nacheinanders dargestellt und diskutiert, zuerst die Menschen mit Behinderung, dann die AssistentInnen. Vielmehr legte die Auswertung der Interviews nahe, die Aussagen aller InterviewpartnerInnen in verschiedene thematische Bereiche einzuteilen. Diese Darstellungsweise der Forschungsergebnisse ermöglichte zum einen, eine ganzheitliche Sicht gewinnen zu können und zum anderen, in sich abgeschlossene problembezogene Themenbereiche orientiert an den Interviewleitfragen darzustellen. Da sich die angesprochenen Problemkreise vor allem auf das zwischenmenschliche Miteinander beziehen und interaktive und kommunikative Bezüge häufig unterschiedliche Themenbereiche enthalten, ist es zum Teil schwierig, klare thematische Abgrenzungen vorzunehmen. Die von mir vorgenommene Einteilung ist allerdings nicht ganz willkürlich, sie folgt vielmehr der thematischen Gewichtung der Interviews und versucht der Komplexität der Aussagen gerecht zu werden. Die verschiedenen ineinander verwobenen Aspekte der Interviewaussagen werden durch eine derartige Datenauswertungsweise scheinbar getrennt voneinander besprochen, dies führt u.a. sicherlich dazu, daß der inhaltliche Zusammenhang der vorgestellten Problembereiche nur ansatzweise deutlich werden kann.

Die Kategorien rekonstruierte ich aus den von den InterviewpartnerInnen angesprochenen Problembereichen. Eine wiederholte Durchsicht und ein sehr genauer Nachvollzug der inhaltlichen Aussagen zu unterschiedlichen Problemen ließ mich typische „Kernaussagen" zu diesen in dem Datenmaterial erkennen. Eine wiederholte Materialdurchsicht führte dazu, daß ich diese „Kernaussagen" als „typische Problemaussagen" verdichtet entdecken konnte und diese „Äußerungstypiken" den Auswertungsabschnitten als Überschriften zuordnete. Nach dem von allen Interviewten nur kurz erwähnten Themenbereich der „Pflege", folgt ein Abschnitt über die Rolle der Assistenz bzw. über die Konflikte, die sich daraus ergeben. Im Mittelpunkt der Ausführungen stehen die spannungsgeladenen kommunikativen Verlaufsformen zwischen dem behinderten Menschen und seiner Reiseassistenz. Die Frage der Abhängigkeit, die Menschen mit Behinderung mal mehr oder weniger empfinden, wird daran anschließend diskutiert. Dies korrespondiert mit dem folgenden Bereich von Nähe und Distanz, der auf Reisen einen nicht unerheblichen Problemfaktor darstellt. Eine Entschärfung dieses Problems kann durch eine gemietete Assistenz erfolgen, was im folgenden dargestellt wird. Verschiedene Wünsche und Vorstellungen, wie sich

eine an den Bedürfnissen der behinderten Menschen orientierte Schulung für eine Reiseassistenz gestalten sollte, stelle ich im die Interviewauswertung abschließenden Teil vor.
Alle Probleme, die in den angesprochenen Bereichen thematisiert werden, sind natürlich auch im Alltag der Menschen mit Behinderung anzutreffen. In der Reisesituation verschärfen sich diese jedoch aus den unterschiedlichsten Gründen, so daß ihnen im Hinblick auf einen möglichst entspannten und genußvollen Urlaub besondere Aufmerksamkeit geschenkt werden muß.

3.2.1. „Das eignet man sich halt so an."

Menschen mit Behinderung benötigen im Bereich der „Pflege" in der Regel immer eine Assistenz, auch auf Reisen und im Urlaub. Die dafür erforderlichen pflegerischen Voraussetzungen haben die befragten AssistentInnen nicht durch eine spezielle Ausbildung erworben, sondern durch Teilnahme an Fort- und Weiterbildungskursen, wie einem „Pflegeseminar" (A5, 29) oder einem Kurs „Häusliche Krankenpflege" (A2, 77); A4 ist beruflich „pflegerisch tätig" (A4, 123) und A1 hat auf einer Reiseassistentenschulung gelernt: „Wie gehe ich mit einem Rollstuhl um? Wie packe ich den ins Auto?" (A1, 270-271), allerdings ist: „Das ist schon 'zig Jahre her" (A1, 225). Lediglich A3 hat im pflegerischen oder medizinischen Bereich keinerlei Vorerfahrungen: „Ich habe E. kennengelernt und dann ging's los" (A3, 45).
Dennoch stellte die Bewältigung des pflegerischen Bereiches keine Schwierigkeit dar. Dies läßt sich sicherlich darauf zurückführen, daß die besonderen Pflegetechniken von der behinderten Person individuell vermittelt wurden: „Ich wurde eingelernt von der Person, die die Assistenz bekommt" (A2, 65) oder „Die Leute zeigen das eben einem. Und dann geht das schon" (A5, 31-32). Alle befragten AssistentInnen erhielten von dem behinderten Menschen genaue Anweisungen und wurden personenbezogen in die Pflege eingewiesen.
Die Zweckmäßigkeit dieses Vorgehens bestätigten die Menschen mit Behinderung, für die es selbstverständlich ist, ihre Assistenz individuell in ihre pflegerischen Bedürfnisse einzuweisen. „Ja, wie sie mir helfen kann, das muß ich ihr sagen. Das sage ich ihr, und dann geht das manchmal gut und manchmal halt nicht so gut, aber (...) das kann man nicht schulen in dem Sinn" (B2, 29-31). Sicherstellen läßt sich darüber, daß die pflegerischen Hilfen auf die Besonderheit der Behinderung und die damit verbundenen subjektiven Wünsche und Bedürfnisse eingehen können. Dissonanzen stellten sich ein, wenn ein Assistent neu erworbene Kenntnisse zum Pflegemaßstab erhob:

„Manchmal, wenn sie gerade auf dem Lehrgang waren. Da meinen sie, sie müßten dann bestimmte Sachen an den Mann kriegen, aber das geht ja nicht." Warum nicht? „Weil: Lehrgang ist Lehrgang – privat ist privat" (B4, 26-29). Individualität kennzeichnet diesen Bereich der „Pflege" in besonderer Weise, mögliche Konfliktsituationen können weitgehend vermieden werden, wenn der Mensch mit Behinderung seine Assistenz selbst einlernt und diese sich als flexibel und anpassungsfähig erweist.

3.2.2. „Bin ich hier deine Assistentin oder deine Freundin?"

Zur Vorbereitung und bei der Durchführung der Individualreisen ist es für Menschen mit einer Behinderung wichtig, ihre Kompetenzbereiche abzuklären. Ressourcen, die sie kennen und über die sie verfügen, nutzten sie zur Reiseplanung: „Also, Hotels und solche Dinge kann ich selber bestellen. Das ist ja kein Problem, denn das geht ja telefonisch" (B5, 93-94) und zur Einflußnahme auf den Reisealltag: „Also ich glaub', ich bin tendenziell recht kreativ und überlege mir schon auch Sachen, wie jetzt irgendwas gehen könnte oder vereinfacht werden könnte, oder so. Also ich denke, es ist dann eher so 'ne gemeinschaftliche Sache, oder vielleicht, daß ich halt dann die theoretische Arbeit mach', sag' ich mal, und er halt dann das Praktische" (B1, 158-161).
In der Regel wissen die behinderten Menschen, welche Aufgaben sie eigenständig bewältigen können und wobei sie sinnvollerweise die Hilfe ihrer Assistenz in Anspruch nehmen müssen, darüber erfolgt eine Arbeitsteilung. In dieser kommt der Assistentin oder dem Assistenten die praktische Umsetzung der anfallenden Aufgaben zu. „Ja, ich würde sagen, ich versuch' halt meistens so diese Kommunikationsarbeit dann vor Ort zu leisten. So die Leute anzupalavern. Das und das ist noch zu machen, und ja, er übernimmt dann die Arbeit, die man halt so machen muß: vom Rollstuhl umsetzen und so Zeug" (B3, 121-124). Der Mensch mit Behinderung und seine Assistentin oder sein Assistent teilen sich auf der Reise die im Alltag anfallenden Notwendigkeiten auf. Dadurch werden Rollen definiert, die bewußt oder unbewußt erlebt werden.
Die Aufgaben des behinderten Menschen erstrecken sich vor allem auf „Kommunikationsarbeit" (B3, 122) und auf Überlegungen „bei der Planung" (B3, 119-110), der sog. „theoretischen Arbeit" (B1, 160). Die Assistenz ist selbstverständlich dann gefragt, wenn der Mensch mit Behinderung an seine Grenzen gelangt: „So was, na, das kann ich so ja nicht selber machen" (B5, 105-106). Die erforderliche Arbeitsteilung umfaßte somit einen theoretischen und einen praktischen Bereich, letzterem war die Assistentin zugeordnet. Als forschungsrelevant erwies

sich eine detaillierte Bestimmung des damit einhergehenden Rollenselbstverständnisses.

Im Kontext vorliegender Studie war die Assistenz meist eine Freundin oder ein Freund, eine Bekannte oder ein Bekannter, der Partner oder die Partnerin. Die Assistenz zeichnet sich folglich durch eine Doppelfunktion aus: sie war persönliche Bezugsperson und zugleich die notwendige Hilfeinstanz. Mit dieser Doppelfunktion waren vielfältige Konfliktmöglichkeiten verbunden:

„Also, ich kann ein Beispiel nennen, wir waren zusammen in einem Buchladen. Ja, ich habe ihr die Bücher gereicht, die sie haben wollte, und sie blätterte dann so die verschiedenen Bücher durch, hatte so drei bis vier Seiten auf dem Schoß und da stand ich so daneben, irgendwann hol' ich mir dann eben auch ein Buch, was mich interessiert hat, guck' mir das an und dann sollte ich ihr noch das und das geben, hab' ich dann gemacht und guck' dann auch ein Buch an, und dann meint sie: so jetzt los, weiter. Das ging so zweimal und dann habe ich mitten im Buchladen abgecheckt, halt, hier müssen wir mal was klären: (...) in welcher Funktion bin ich denn hier, bin ich als deine Assistentin da, dann ist es für mich hundertprozentig okay, wenn du die drei Bücher durchguckst und sagst, interessiert mich nicht, ab, weg, nach Hause und so; oder sind wir als Freundinnen hier, weil, wenn ich als deine Freundin hier bin, dann möchte ich auch, daß du auf mich wartest, bis ich jetzt das Buch hier fertig habe, und wir darüber sprechen können. Und das habe ich in diesem Buchladen gerade mal abklären müssen, weil ich gemerkt habe, irgend etwas explodiert gleich in mir" (A4, 276-289).

Den immanenten Rollenkonflikt beschreibt A4 und bringt ihn mit dem Gefühl, „irgend etwas explodiert gleich in mir", in seiner Vielschichtigkeit zum Ausdruck. Zum Tragen kommt dieser Rollenkonflikt auch bei den behinderten Menschen:

„Ja, ich verzichte dann meistens. Ich war neulich mit zwei Freundinnen in Basel, und da kamen wir am Architekturmuseum vorbei, und ich dachte: warum eigentlich nicht? Eigentlich wollten wir nur Einkaufen und Bummeln gehen, und dann dachte ich, Architektur finde ich interessant, das würde mir gefallen. Na gut, dann habe ich das angemeldet, habe dann gesagt: na, wie wäre es, wenn wir da rein gehen? Und die anderen beiden – ach so ein langes Gesicht – nö, haben wir keine Lust. Na gut, dann habe ich schließlich gesagt: na gut, dann eben nicht. Die hatten dann zwar gesagt: kannst ja alleine gehen, wir schieben dich da eben hoch und dann, dann hatte ich aber auch keine Lust. Dann dachte ich, dann sitzen die da unten oder stehen da irgendwo und langweilen sich und das bringt's ja dann vielleicht auch nicht. Ja, und vielleicht ist das Architekturmuseum so gestaltet, daß ich da gar nicht weiter komme

ohne die beiden, weil da vielleicht Treppen zwischendurch sind. Und dann habe ich mir gedacht, na gut, dann eben nicht. Ja, dann habe ich darauf verzichtet" (B5, 64-78).
Die Enttäuschung von B5 wird eindrucksvoll geschildert. Sie rührte daher, daß sie sich den Wünschen ihrer Begleiterinnen in deren Funktion als Freundinnen anpaßte und diese Anpassung im Widerstreit mit ihren Bedürfnissen lag, zu deren Erfüllung die Begleiterinnen in ihrer Funktion als Assistentinnen gefragt gewesen wären. Offen zutage tritt an beiden Beispielen die Problematik, die sich zwangsläufig mit der doppelten Rollenzuschreibung ergibt: auf den Bereich der Dienstleistung ist der behinderte Mensch angewiesen, muß er die Hilfen von einer ihm nahestehenden Person einfordern, so können sich konfliktreiche Situationen ergeben, da sich unvereinbare Wünsche gegenüberstehen. Und gerade auf Reisen ist die Trennung der Freundschafts- und Dienstleistungsebene sehr schwierig und kaum vorstellbar.
„Man muß halt einfach auch auf der gleichen Wellenlänge sein. Das ist halt – man muß die gleichen Interessen haben, im Prinzip die gleichen Sachen machen wollen und so, dann macht das, glaube ich, der Helfer auch viel lieber, irgendwie" (B3, 172-174).
Nimmt die Assistenz einseitig die „Dienstleistungsrolle" ein, so erschien dies vor allem im Urlaub als unbefriedigend: „Da fehlt ja dann das, was Urlaub eigentlich ausmacht (...), der persönliche Kontakt. Daß man gerne etwas zusammen macht oder so" (B2, 281-283). Eine Reise macht nur dann Spaß, wenn die Interessen der Assistenz den Interessen der Menschen mit Behinderung ähnlich sind, da nur unter diesen Voraussetzungen Gemeinsamkeiten entstehen können. „z.B. im Museum, wenn der eine sagt, das gefällt mir überhaupt nicht, oder ich mag das gar nicht oder das interessiert mich überhaupt nicht und sagt das dauernd, ich glaube, das macht dann derjenigen oder demjenigen, der dann diese Assistenz in Anspruch nehmen muß, weil er oder sie nicht alleine durchs Museum radeln kann, schon was aus, daß man dann keinen Spaß mehr daran hat, sich das dann anzugucken" (B5, 286-291).
Es ist nicht zu bestreiten, daß die Möglichkeit auftretender Konflikte eingegrenzt werden kann, wenn die betroffenen Menschen sich ihrer miteinander konkurrierenden Rollendefinitionen bewußt werden und über die wechselseitigen Rollenerwartungen offen sprechen können. Ein Abklärungsprozeß vor Beginn der Reise erscheint daher sinnvoll, wie er von A4 vorgeschlagen wurde. Sie sprach sich bewußt gegen „diese sehr ungünstige Mischung (...) von Assistenz und Freundschaft aus, wenn es nicht vorher abgeklärt ist" (A4, 180-182). Da Erwartungshaltungen situationsbezogen sehr unterschiedlich sein können und damit einem kontinuierlichem Veränderungsprozeß unterliegen, sollte die an-

gesprochene Abklärung in ihrer Prozeßhaftigkeit den Betroffenen deutlich gemacht werden. Daraus folgt, daß die Rollenerwartungen beständig von beiden Seiten offen zu legen und so gut wie möglich abzustimmen sind.

3.2.3. „Dann frag' ich halt (...) ich würd's ansprechen."

Die Auswertung der Interviews machte deutlich, daß der kommunikative und interaktive Bereich äußerst konfliktanfällig ist. Im Unterschied zu dem konfliktarmen Bereich der „Pflege" tauchten in zahlreichen Situationen des Reisealltags offene und auch verdeckte Konfliktfelder auf.
Die relative Unbelastetheit von Konflikten im „Pflegebereich" läßt sich darauf zurückführen, daß die Menschen mit Behinderung von diesem klare Vorstellungen haben und diese ihrer Assistenz auch mitteilen (siehe Abschnitt: 3.2.1). Die Assistentin oder der Assistent erhalten eine Information, die für sie eine Arbeitsanweisung bedeutet.
Für B4 ist es wichtig, seiner Assistenz genau mitzuteilen, welche pflegerischen Tätigkeiten in welcher Art und Weise bei ihm ausgeführt werden müssen, denn „er muß ja gucken, daß er am besten mit mir zurecht kommt" (B4, 23). Da dieses „Gucken" im beiderseitigen Interesse erfolgt, regelt sich der pflegerische Umgang nach kurzer Zeit für alle Beteiligten zufriedenstellend.
Wünsche und Bedürfnisse jedoch, die über die Pflege hinausgehen, stellen ein potentielles Konfliktfeld dar. Denn der Wunsch, auch ohne Worte verstanden zu werden, ist insbesondere auf Seiten der Menschen mit Behinderung vorhanden. So spricht B5 von einem „gewissen Gespür" (B5, 296), das sie von ihrer Assistentin erwartet.
Hier kam der Wunsch zum Ausdruck, nicht immer alles ansprechen zu müssen. Eine gewisse Sensibilität und Fähigkeit, die Wünsche und Bedürfnisse des Menschen mit Behinderung zu spüren, zu erkennen, um darauf einzugehen, wurde erwartet. Diese unausgesprochenen Wünsche und Bedürfnisse seitens des Menschen mit Behinderung sind oftmals mit konkreten Erwartungen verbunden, die an die AssistentInnen wortlos herangetragen werden. B5 wünschte sich, daß die Assistentin ein gewisses Fingergefühl besitzen sollte, um die unmittelbare Artikulation von Wünschen und Bedürfnissen überflüssig werden zu lassen. „Es sind viele Dinge, die auch wirklich so im Menschen drin sein müßten. Man sagt so, entweder man hat es, oder man hat es nicht, das ist so ein gewisses Wissen um Strömungen, um Lebensstrukturen" (B5, 305-307).
Unausgesprochene Erwartungen gehen immer mit Konflikten im Beziehungsbereich einher, da Erwartungen, die nicht offen gelegt werden,

auch nur zufällig und willkürlich erfüllt werden können. Somit ist die Frustration im Alltag darüber, daß die nicht mitgeteilte Erwartung unerfüllt bleibt, vorprogrammiert. In einem engen Zusammenhang damit steht die Steigerung des sog. Verständigungsrisiko, d.h. das Risiko wächst, nicht verstanden zu werden, wenn man sich nicht äußert. Da Erwartungen immer enttäuscht werden können (Rittner 1984: 254-266), kann als Folge eine die Beziehung beeinträchtigende Enttäuschung eintreten. B2 beispielsweise spricht davon, daß sie „dann auch Abstriche" (B2, 43) macht, wenn sie das Gefühl hat, es könnte der Assistenz zu umständlich sein, auf ihre Wünsche einzugehen.

Gerade auf Reisen und im Urlaub kann dieses Verhalten weitreichende Folgen haben:

„Und vielleicht ist es so, daß auf einer Reise, daß man da mehr Bedürfnisse entwickelt und irgendwie dann merkt – zunehmend merkt – ja, das geht nicht und das geht nicht und das geht nicht und das geht nicht, dann summiert sich das zu einer enormen Frustration" (B1, 222-225).

Um die Wünsche und Bedürfnisse des Menschen mit Behinderung erfüllen zu können, müssen diese der Assistentin bekannt sein. Die unausgesprochenen Mitteilungen können für die Assistentin zu einem „Ratespiel" mit vielen Kombinationsmöglichkeiten unterschiedener Themenkomplexe werden, die sich auf den Reisealltag ausdehnen können. Probleme entstehen vor allem dann, wenn die Assistenz Signale nicht erkennt, sie nicht richtig deutet und daher nicht erwartungsgemäß umsetzt, es also zu Mißverständnissen kommt. Der Mensch mit Behinderung wird daraufhin enttäuscht und unzufrieden. Erfahrungen mit ähnlichem Folgecharakter kann die Assistenz machen, indem sie sich über das vermeintliche Unvermögen, ihre Aufgaben zu erfüllen, enttäuscht zeigt und mit sich und der Reisesituation unzufrieden wird. Auf beiden Seiten kann der gemeinsam zu gestaltende Alltag so unerträglich werden. Eine Konfliktlösung bietet sich hier ausschließlich über ein Mehr an gegenseitiger Offenheit oder der „Offenbarung" eigener Vorstellungen und Erwartungen an. „Ich würd's ansprechen. Auf jeden Fall, weil ich denk', es sind immer noch zwei Personen, die miteinander umgehen. Ich würd's schon ansprechen. Also ich würde jetzt nicht fünf Tage lang ertragen und genauso umgekehrt nicht wollen, daß die Person, die ich begleite, halt fünf Tage was erträgt, was ihr an mir nicht gefällt und umgekehrt" (A2, 167-170). Diesem Wunsch, Konflikte anzusprechen und zu klären, entspricht das Bedürfnis nach Harmonie auf der Beziehungsebene, das nur dann befriedigt werden kann, wenn mögliche Umgangsweisen präventiv abgeklärt wurden: „Also damit diese Reise eher harmonisch abläuft, sollte das bereits auch im Vorfeld irgendwo geklärt werden, daß wenn irgendwie ein Problem aufkreuzt, daß man wirklich drüber spricht" (A1, 172-174).

3.2.4. „Themenwechsel oder nächtelange Diskussionen?"

Das Lösen eines Problems hat selbstverständlich nicht zur Folge, daß keine Probleme mehr auftauchen oder die angestrebte Harmonie eintritt. Das Miteinander im Reisealltag enthält eine Vielzahl an problematischen Situationen, die beständig nach Auseinandersetzung und Klärung verlangen, danach, „wo Probleme sind und wo es gut geht"(A3, 195-196). Es gibt vielfältige Möglichkeiten, mit auftretenden Schwierigkeiten oder Problemen umzugehen.

Die Assistenz schilderte Situationen, die sie an ihre Grenzen brachte und in der sie „die Schnauze voll" hatte. Der Behinderte stellte an sich den Anspruch, „irgendwie das Gefühl [zu] entwickeln, daß man halt weiß (...) wann's ihn jetzt nervt" (B3, 75-77). Die personenbezogene und situationsbezogene „richtige" Deutung von Verhaltensäußerungen des Gegenübers ist eine Möglichkeit, Auseinandersetzungen aktiv so zu gestalten, daß sie erst gar nicht zum Problem werden: „Ich glaube, wir merken das beide gar nicht so richtig oder irgendwie, daß wir jetzt sagen, o.k., jetzt lassen wir uns in Ruhe, sondern wir machen dann einfach Themawechsel irgendwie, also wir machen dann einfach irgendwas anderes" (B3, 82-85). Die von B3 vorgestellte Problemlösungsstrategie ist klar und „einfach Themawechsel irgendwie" (B3, 83). Das Problem wird somit nicht angesprochen, sondern vertagt und taucht möglicher Weise erneut als Belastung der Beziehung auf.

Die Art und Weise der Problembewältigung kann unterschiedlich motiviert sein: B3, ein junger, unkomplizierter und aktiver Mensch mit Behinderung reiste schon seit Jahren mit der gleichen Assistenz, einem ebenfalls jungen und unkomplizierten Mann. Sie hatten sich während ihrer vielen Reisen aufeinander eingestellt. Ihr Umgang mit Problemen folgte der Logik des Nicht-Problematisierens. Diese enthielt dann, wenn die Strategie des „Themenwechsels" unangemessen erschien, alternative Verhaltensmöglichkeiten: „Ich fahre jetzt mal ein paar Stunden hier in der Gegend rum und so und guck mir die Landschaft an und so und komm dann irgendwann mal wieder. Haja, ich glaub' das fand er dann auch ganz gut" (B3, 96-98). Er zog sich zurück, schaffte somit Raum und Zeit für sich und seine Assistenz, sie „gingen sich aus dem Wege", damit auch dem bestehenden Problem, das sich entweder „selbst erledigte" oder aber unbearbeitet weiterhin existierte.

Im Unterschied dazu berichtete B5 von völlig anderen Verhaltens- und Umgangsweisen mit Problemen durch ihre Assistentin: „Sie mußte immer alles ausdiskutieren, und wenn ich dann schon müde und matschig war, mußte ich dann trotzdem mit ihr dann noch irgendwie Themen ausdiskutieren mitten in der Nacht und am Ende von zwei Stunden oder so, kam's dann: Ja aber eigentlich habe ich's immer noch nicht so verstanden. Na, und dann wurde ich ein bißchen ungeduldig und kribbelig" (B5, 162-166). Die Problembearbeitung hatte hier offensichtlich einseitig ohne einen sensiblen Rückbezug auf das Gegenüber stattgefunden, so daß zwar eine subjektive Ventilierung des Problems erfolgte, die gemeinsam notwendige Problembewältigung jedoch nicht stattfand.

In beiden Beispielen blieb die problemlösende Klärung aus, die unterschiedlichen Strategien zum Umgang mit einem aktuellen Konflikt führten zu keiner zufriedenstellenden Lösung. Deutlich wurde hingegen, daß die Art und Weise des Umgangs mit Problemen von den Konfliktbeteiligten reflektiert werden und aufeinander abgestimmt werden muß. Eine konstruktive Konfliktlösung, die den Alltag entlastet, findet nur dann statt, wenn sie von allen Beteiligten akzeptiert wird. Lösungsprozesse sind somit abhängig von der beiderseitigen Bereitschaft zur offenen Klärung des Konfliktes, und dazu gehört die Bereitschaft, die Sicht des Gegenübers, die sich möglicherweise von der eigenen Sichtweise unterscheidet, auf dem Hintergrund des Alltagskonzeptes begreifen zu wollen.

Die Bewältigung von Streitereien, „wir haben uns zum Teil auch ganz heftig gestritten" (B1, 179), die den Reisealltag belasten, ist ohne dieses Eingehen-Wollen auf die Alltagskonstruktionen des anderen nicht möglich: „Wir haben ziemlich heftig nachher drüber gestritten, aber nach diesem Streit konnten wir dann schon auch drüber reden. Aber wir hatten einfach total verschiedene Meinungen und sind dann zu keiner Einigung gekommen. Das ist – das kam nicht raus. Also wir haben uns zwar unsere verschiedenen Meinungen mitgeteilt, aber es kam nicht so positiv – also wir kamen nicht zu einer gemeinsamen Lösung, sondern – also es war schon mal gut, daß wir wenigstens jeder unsere Situation dargestellt haben" (A2, 277-282).

Der Streit brachte hier zwar den Austausch der unterschiedlichen Meinungen hervor, führte aber zu keiner Lösung und veränderte somit die Problemlage als solche nur unwesentlich. Bleiben derartige Streitsituationen ungeklärt, kann dies zu einer Alltagsbelastung führen, die in der Trennung mündet: „Also bei einer Freundin war's dann wirklich so, daß die Freundschaft einen ganz großen Bruch erlitten hat. (...) Durch diese einwöchige Parisreise. Da war dann auch irgendwie nichts mehr zu kitten" (B1, 194-197). Eine derart endgültige Reaktion – die Auflösung einer Assistenz-Nehmer-Geber-Konstellation – ist kein Einzelfall. Gerade in Lebenslagen, in denen Menschen mit Behinderung auf eine Assistenz angewiesen sind, sind Trennungen aus Gründen angehäufter, unverarbeiteter Probleme bekannt, in deren Folge Streitereien eskalieren.

Diese Möglichkeit der Trennung ist in einer Reise- oder Urlaubssituation kaum gegeben. Die AssistenznehmerInnen und -geberInnen haben auf Reisen so gut wie keine Fluchtmöglichkeit: Der Mensch mit Behinderung kann zur Alltagsbewältigung auf die Anwesenheit und die Hilfe der Assistenz nicht verzichten; die Assistenz wird sich infolge ihres Pflichtgefühles nicht ohne weiteres aus der Reisebeziehung lösen können. Es besteht somit eine wechselseitige Abhängigkeit, die die Seite des behinderten Reisenden dann verstärkt belastet, wenn dieser unwillig die Hilfe seiner Assistenz in Anspruch nehmen muß, da er an die durch die Behinderung gesetzten Grenzen der Alltagsbewältigung stößt.

3.2.5. „Ich hab' halt nur ein Leben zur Verfügung"

Diese Abhängigkeit, die insbesondere in Streitsituationen negativ zur Geltung kommt, zeigte sich als ein „neuralgischer Punkt" in den Aussagen der Behinderten.
Der Mensch mit Behinderung ist in seiner körperlichen Freiheit eingeschränkt und bedarf Hilfen, die seine Körperfunktionen ersetzen, ergänzen oder ausgleichen, ohne die ihm ein selbstbestimmtes Leben nicht möglich ist. Diese Abhängigkeiten sind objektiv vorhanden, sie werden jedoch subjektiv sehr unterschiedlich erlebt, verarbeitet und bewertet. In der Folge können sich Gefühle des Ausgeliefertseins einstellen oder aber auch das Gefühl, mit der Abhängigkeit souverän umgehen zu können; die gewählte Umgangsweise damit scheint u.a. mit eine abhängige Variable des biographischen Hintergrundes zu sein. Diese Hypothese wird durch B1 und B3 verstärkt, die beide von Geburt an mit ihrer Behinderung leben, also immer auf Hilfe angewiesen waren. Sie gingen mit ihrer Behinderung selbstbewußt um und formulierten nicht das Gefühl eines Ausgeliefertseins an die Assistenz. „[Ich habe] halt auch nur ein Leben zur Verfügung und muß irgendwie gucken, daß ich mit dem soviel wie möglich auch nach meinen Wünschen leben kann" (B1, 102-103). Auch für B3 ist es eine Selbstverständlichkeit, daß er für gewisse Hilfestellungen eine Assistenz benötigt: „Da gewöhnst du dich ruck-zuck dran. (...) Ausgeliefert? Nö, nö. Dann müßte ich mich ja die ganze Zeit ausgeliefert fühlen" (B3, 141-142).
Im Unterschied dazu fanden sich bei Behinderungen, die erst im Erwachsenenalter auftraten, folgende Einstellungen: „Schon Urlaub und nicht nur irgendwie – es ist schon schlimm genug eigentlich, daß ich da jemanden brauch" (B2, 261-262). Noch extremer wird die Abhängigkeit von B4 erlebt, der aussagt, sich „jedem Menschen ausgeliefert" (B4, 164) zu fühlen.
Daraus folgt, daß der Mensch mit Behinderung vor Inanspruchnahme einer Reiseassistenz seine Hilfsbedürftigkeit reflektieren sollte, umgekehrt ist an die Reiseassistenz die gleiche Forderung zu stellen. Denn

nur auf einer derart reflektierten Basis, kann bei gegebener Unterschiedenheit hinsichtlich der Hilfebedürftigkeit ein dennoch gleichberechtigtes Beziehungsverhältnis aufgebaut werden.

3.2.6. „'Ne Stunde am Tag für sich."

Die Reiseassistenz umfaßt bei der Aufgabe, einen Menschen mit Behinderung auf einer Reise zu begleiten, vielfältige Bereiche. Je nach Art der Behinderung der zu assistierenden Person ist das Maß der Betreuung höher oder geringer. Die Menschen mit Behinderung, die ich befragte, sind alle auf den Rollstuhl und auf Hilfe beim Toilettengang angewiesen. Auch alle befragten AssistentInnen assistierten RollstuhlfahrerInnen, die für den Toilettengang Hilfe benötigten. Dieses Aufgabenfeld erforderte eine Einsatzbereitschaft von „vierundzwanzig Stunden" (A2, 83). Die Assistenz bekam durch diese Aufgabe eine besondere Bedeutung. Sie mußte für den Menschen mit Behinderung immer erreichbar sein. Der zeitliche Aufwand, Hilfestellung beim Toilettengang zu geben, war relativ gering. Der Zeitpunkt der benötigten Hilfeleistung war aber nicht vorhersagbar und forderte somit eine ständige Bereitschaft. „Nicht, daß ich mich für längere Zeit entferne und mal richtig Pause mache oder was ganz anderes mach'" (A2, 95-96).
Seitens der Menschen mit Behinderung wurde deutlich formuliert, daß die Assistenz „erreichbar" (B2, 77) sein soll: „Das sind ja meistens Grundbedürfnisse, die man hat, auf Toilette zu gehen... da kann ich jetzt nicht sagen: ich tu das jetzt einfach mal nicht und warte halt jetzt noch zwei drei Stunden, das geht halt einfach nicht" (B2, 72-75).
Die erforderliche Einsatzbereitschaft bei Tag und Nacht, läßt „keine Ausweichmöglichkeit" (A2, 102) zu und kann zu pysischen und psychischen Belastungen führen: „Du brauchst einfach 'ne Stunde pro Tag für dich selber. Wenn du das nicht hast, dann gehst du wirklich irgendwann mal auf dem Zahnfleisch" (A1, 89-90).
Der Mensch mit Behinderung ist 24 Stunden, Tag und Nacht, von seiner Assistenz umgeben. Diese gemeinsame Zeit erfordert von beiden Seiten, ein großes Maß an Nähe zuzulassen. Zwangsläufig erfahren beide viel voneinander. Gewohnheiten, Eigenarten, und angewöhnte Zeitrhythmen bestimmen das Miteinander. Die räumliche Enge läßt wenig Möglichkeiten, persönlichen Eigenarten zu entkommen. Das Zusammenleben in dieser engen Form fordert beiderseits einen hohen Anteil an Rücksichtnahme, Anpassung und Abstimmung hinsichtlich der Gestaltung des Tagesablaufes und vor allem der engen Beziehungsebene. Die räumliche Enge erfordert Toleranz, die Fähigkeit, sich ein „Stück zurücknehmen" zu können, dies kann gerade auf längeren Reisen für

beide Seiten psychisch belastend werden. Vor allem Menschen mit Behinderung, die teilweise von Geburt an auf Hilfe angewiesen sind, müssen sich auf die Beziehung einlassen. Je größer die Assistenzbedürftigkeit, desto größer ist auch die bestehende Nähe zwischen Assistenz und dem behinderten Menschen. Letzterer muß die Nähe zulassen und „ertragen". Zugleich läuft er Gefahr, auch seine Schwachstellen offenzulegen, sobald er etwas von sich „preisgeben, offenbaren" (B4, 156-157) muß. Mit Nähe verbindet sich somit die Gefahr einer größeren Verletzbarkeit, was zu Ängsten führen kann. Um damit umgehen zu können, ist es erforderlich, daß der behinderte Mensch, gerade weil er mit der Assistenz „die ganze Zeit zusammen" (B3, 163) ist, die Möglichkeit hat, sich eine Distanz in der Beziehung zu schaffen: „Wenn man Hilfe braucht, ist das so eine zweischneidige Sache. Daß man dann schon versucht, dann gewisse Distanzen dann wieder aufzubauen" (B5, 154-157). Ein Beispiel, wie diese Nähe empfunden werden kann, gibt B5: „Also, ich meine, bei der einen Helferin, (...) wurde es ein bißchen eng, aber ich denke, das lag nicht so sehr an mir, sondern es lag auch vielmehr an der Helferin" (B5, 140-142).

Die Assistenz übernimmt auf der Reise Aufgaben der Unterstützung und Kompensation für den behinderten Menschen, die damit verbundene Rolle ist exponiert und erfordert ein großes Maß an selbständigen Entscheidungen. Allerdings sind die Entscheidungskompetenzen dann überschritten, wenn die Assistenz für den behinderten Menschen „denkt" und für diesen entscheidet, wie dies von B5 formuliert wurde.

Vor allem Entscheidungen darüber, was für den behinderten Menschen im Alltäglichen gut und angenehm ist, müssen im sensiblen Rückbezug mit diesem abgeklärt werden. „[Dazu] hat sie halt sich überlegt, was für mich das Optimale sein könnte. Und das war dann gar nicht so optimal für mich, weil ich dann eben doch anderer Ansicht war" (B5, 186-187). Die Nähe der Alltagsbeziehung macht die Abklärung der Vorstellung der Assistenz über das „Optimale" mit der Vorstellung des behinderten Menschen erforderlich, auch die Überprüfung dessen, was Hilfe in den Augen des Behinderten ist: „[Sie] wollte alles für mich tun, alles. Ich hätte pip noch pap oder was, weiß ich – ich hätte alles von ihr haben können, sagte sie immer wieder. Und wenn ich dann gar nichts wollte, sonder dann auch zufrieden war (...) Und dann, ja dann, waren immer so Dinge, ich habe daran gar nicht gedacht oder wollte das auch gar nicht so und dann, haja, hat sie halt sich überlegt, was für mich das Optimale sein könnte" (B5, 177-186). In dieser Gestalt einer „aufopfernden" Hilfe sind Übergänge zur Bevormundung bis hin zur Entmündigung enthalten, dem sicherlich keine böswilligen Absichten der Assistenz zugrunde liegen, die aber dennoch Opfer schaffen können: „Ja, ich glaub'

Tendenzen, gerade wenn ich an so Freizeiten von Nichtbehinderten und Behinderten denke, dann passiert's schon oft, daß Menschen mit Behinderung zum Opfer von irgendwelchen am Helfersyndrom erkrankten Nichtbehinderten werden" (B1, 49-52). Die Motivation der Assistenz zum Helfen bedarf einer Reflexion, um die möglicherweise mit der Hilfe verbundene eigene Bedürfnisbefriedigung nicht auf Kosten des Hilfebedürftigen auszutragen.

Wichtig ist es außerdem, daß sich beide Seiten vor Reiseantritt bewußt machen, daß die unmittelbare Nähe auf der Reise Beziehungsprobleme hervorrufen kann. Um diesen entgegenzuwirken, erscheint es sinnvoll, vor Reisebeginn diese Problematik offen zu legen und gemeinsam zu überlegen, wie man sich gegenseitig die notwendigen Freiräume auf der Reise einräumen kann.

3.2.7. „Ist doch eigentlich ein schöner Job."

Der Begriff der „persönlichen Assistenz" setzte sich in den letzten Jahren zunehmend im pflegerischen Bereich durch. Zur Unterstützung und Ergänzung der erforderlichen Alltagsbewältigung gilt heute die vergütete Inanspruchnahme einer Assistenz für behinderte Menschen als selbstverständlich. Hilfen von Personen, die dem behinderten Menschen nicht durch das persönliche Umfeld bekannt sind, werden auf Reisen mit dem Schlagwort „gemietete Assistenz" erfaßt. Mit einer „gemieteten Assistenz" verbinden sich unterschiedliche Vorstellungen und Bezugsformen.

A2 charakterisierte den Unterschied zwischen einer Assistenz, die zugleich Freundin ist, und einer „gemieteten Assistenz": „Ich glaube, das ist einfacher, wenn das Verhältnis klarer ist. Also getrennter auch" (A2, 228-229). A2 hatte als Assistentin ihre Freundin im Urlaub begleitet und erlebte, wie schwierig es war, beiden Rollen gerecht zu werden. Diese Erfahrung führte sie zu der Einsicht, daß ein geregeltes Dienstleistungsverhältnis dem behinderten Menschen mehr Möglichkeiten zur „Selbstverwirklichung oder Verwirklichung von eigenen Vorstellungen" (A2, 231) eröffnen könnte, da darüber Forderungen des Behinderten gerechtfertigt seien und „das Machtgefälle (...) kleiner wird, wenn [die Assistenz] dafür bezahlt wird" (A2, 236-237). Auch A5 konnte sich vorstellen, als gemietete Assistenz zu arbeiten: „Ist doch eigentlich ein schöner Job, in Urlaub zu fahren und dafür noch Geld zu kriegen" (A5, 189-190). Inwieweit diese Vorstellungen der Realität entsprechen, wäre allerdings noch zu überprüfen.

Die Menschen mit Behinderung verbinden mit einer gemieteten Assistenz nicht ein so positives Image wie die befragten AssistentInnen. B2

erschien eine gemietete Assistenz höchst problematisch, da für sie der „persönliche Kontakt" (B2, 282) wichtig ist. Bei einer gemieteten Assistenz ist es naheliegend, daß sie die Reisebegleitung „halt auch nur als Arbeit" (B2, 277) versteht, daher „fehlt ja dann das, was Urlaub eigentlich ausmacht" (B2, 281). Den Urlaub nicht nur zusammen verbringen, sondern auch gemeinsam zu erleben, erschien als ein wichtiges Beurteilungskriterium. Auch B3 äußerte Vorbehalte. Er hatte in seiner Kindheit und Jugend im Urlaub und auf Freizeiten Helfer erlebt, die als Assistenz fungierten. Dies waren „jobmäßig Zivis (...). Sie müssen halt ihren Zivildienst machen" (B3, 190-192). Die Motivation der Freizeitbegleitung war daher marginal, was B3 als geringes Engagement empfand.
Ganz anders stellte sich die Einstellung zu einer gemieteten Assistenz bei behinderten Menschen dar, die auf eine „Rundumbetreuung" immer angewiesen sind. Im Alltag und auf Reisen wurde B4 von einem Zivildienstleistenden betreut. Daß er für diese Dienstleistung Geld erhielt, fand B4 völlig in Ordnung. „Und wenn einer dann mit 19 Jahren aus der Schule kommt, kriegt dann plötzlich so 1300 DM im Monat, ich mein', ist auch nicht schlecht im Prinzip" (B4, 230-232). Er hatte volles Verständnis dafür, daß Hilfen in der Form der Dienstleistung Geld kosten. „Ich persönlich würde es auch nicht freiwillig machen" (B4, 230). Allerdings sollte man vor Reiseantritt abklären, „ob man zueinander paßt" (B1, 89-90).

3.2.8. „Halt auf alle Fälle Nervenstärke."

Die bisherige Analyse und Interpretation der Interviews hat gezeigt, daß Fort- und Weiterbildungen von ReiseassistentInnen in Form einer gezielten Schulung denkbar, sinnvoll und in gewisser Weise notwendig sind. Befragt zu möglichen Vermittlungsinhalten derartiger Schulungen, formulierten AssistentInnen und die Menschen mit Behinderung ähnliche Schwerpunkte.
Für die Menschen mit einer Behinderung stand die Frage nach der Motivation einer Assistenz im Vordergrund: „Zunächst mal würde mich die Motivation der Leute interessieren, warum sie das machen? Möchten sie das einfach als Job machen? Oder, ja, steht da eine gewisse Ideologie dahinter, zum Beispiel haben sie ein Helfersyndrom und ja, das würde mich zunächst einmal interessieren, daß man da ein Gespräch drüber führt" (B1, 306-309). B4 war es wichtig, daß die persönliche Assistenz ihn nicht nur des billigen Urlaubs und des Geldes wegen auf seinen Reisen begleitete: „Menschlich müssen sie sein und nicht nur aufs Geld gucken" (B4, 241).
Die Frage nach dem Helfersyndrom wurde bei den AssistentInnen indirekt thematisiert. A2 fand eine Klärung darüber erforderlich, ob „je-

mand aus der Nächstenliebe-Richtung kommt" (A2, 317), denn da „sind die Ansprüche andere" (A2, 317-318). Die Motivation, aus Nächstenliebe einen Menschen mit Behinderung auf der Reise zu begleiten, würde ihren Anspruch, „gleichberechtigt oder partnerschaftlich (...) das persönliche Miteinander [zu gestalten]" (A2, 319-321), widersprechen. Auch A5 fand die Abklärung der Motivationsfrage sinnvoll, denn „es ist nicht nur so eine Barmherzigkeit, sondern du kriegst Geld dafür" (A5, 318-319).

Die Frage nach der grundlegenden Motivation einer Assistenz ist eng verbunden mit der Frage nach dem zugehörigen Menschenbild. Die Assistentin oder der Assistent sollte den behinderten Menschen als gleichwertigen, ebenbürtigen Partner betrachten und dementsprechend mit ihm umgehen: „Sehr wichtig wäre mir eigentlich, daß diejenige mich nicht einfach nur als, daß ich auch was zu sagen habe, und nicht nur der, wo läuft, (betrachten). Daß ich genauso viel zu sagen habe, das wäre mir sehr, sehr wichtig. Daß man auch hört, daß er auch zuhört und nicht einfach nur das tut, was er selber möchte" (B2, 295-298). Diese hier geforderte „Kunst" des Zuhörens ist nicht selbstverständlich, sie muß vielmehr erlernt werden, da sie zum einen das bewußte Abstand nehmen von den eigenen Alltagsinterpretationen erfordert und zum anderen eine sensible und zugleich ungefilterte Wahrnehmung des „Erzählten" unterstellt, also herausfordert. Die Beherrschung dieser „Kunst" wird zu einer Konfliktentlastung des alltäglichen Miteinanders führen, wenn die Assistenz gelernt hat, die Wünsche des behinderten Menschen in dem wahrzunehmen, wie sie von diesem gemeint sind, sie also nicht fremdbestimmt interpretiert. Dies sollte zur Folge haben, „daß [die Assistenz] einfach offen ist, und daß er mich nicht als irgendein Subjekt sieht, sondern daß er mich als Mensch sieht" (B2, 309-310).

Auch die AssistentInnen fordern die Reflexion ihres Menschenbildes: „In so ein Gespräch [sollten] wirklich so Einstellungen 'rein [gebracht werden]. Was hab' ich für ein Bild von Behinderung? Wie sehe ich Menschen mit Behinderung? Wie stehe ich selber zu Behinderung und Krankheit?" (A2, 308-311).

Weitere Wünsche zur Schulung von AssistentInnen wurden von den Menschen mit Behinderungen geäußert, so von B3, daß diese hinsichtlich „Nervenstärke" und „Toleranz auf alle Fälle" (B3, 223-225) geschult werden sollten. Situationen treten ein, in denen die Assistenz „sich irgendwie nicht geschockt fühlen" (B3, 227) und ihm „einfach tolerant gegenüber stehen" (B3, 212) sollte. Für B3 war wesentlich, daß seine Assistenz in „Streßsituationen" nicht „kapituliert" (B3, 236-237) und, daß in der Schulung gelernt wird, „wie man mit Leuten umgeht" (B3, 229). Den Umgang mit Menschen hielt auch B5 für bedeutsam,

nämlich, daß die AssistentInnen lernen, „ein gewisses Gespür" zu entwickeln, so daß sie z.B. sensibler werden für das, was der behinderte Mensch möchte: „Ein gewisses Gespür für's Miteinander oder für Distanz- und Näheverhältnis" (B5, 310). Damit forderten B3 und B5 die Schulung von Inhalten, die nicht „rezepthaft" zu lernen sind, für die jedoch eine sensible Wahrnehmung förderlich ist.
Interessanterweise stellten auch die AssistentInnen ähnliche Forderungen auf. So formulierte A2 Themen als mögliche Schulungsinhalte, die ihres Erachtens unbedingt aufgenommen werden sollten, wie „Umgangsformen" (A2, 312), „partnerschaftliches Miteinander" (A2, 249), „Einstellungen 'rüber bringen" (A2, 249), „Konflikte miteinander austragen können" (A2, 253-254) und den Umgang mit „meinen Grenzen" (A2, 255). Einstellungen, Haltungen und Verhaltensweisen im zwischenmenschlichen Bereich werden also nicht als einfach vorhanden akzeptiert, sondern als reflexionsfähig und damit auch als veränderungswürdig benannt.
Die Forderung, die AssistentInnen im pflegerischen Bereich zu schulen, bestand in eher geringem Maße, wie schon ausgeführt. Wichtig war den befragten Menschen mit Behinderung dennoch, daß „eine pflegerische Schulung" (B1, 309-310) stattfindet:
„Gewisse Grundtechniken, daß z.B. die Assistentin oder der Assistent nicht Probleme beispielsweise mit dem Rücken hat. Also, daß man da so vielleicht eine Rückenschule [macht]" (B5, 269-270). Auch B2 hielt es für erforderlich, die AssistenInnen darauf hinzuweisen: „Auf den Rücken auf[zu]passen und auf so Kleinigkeiten halt, daß der Helfer nicht praktisch behindert wird dadurch. Und auch später keine Folgen hat dadurch" (B2, 31-32).
Im auch eigenen Interesse forderten die Menschen mit Behinderung als Schulungsinhalt eine pflegerische Grundbildung und somit die Vermittlung von Techniken, die mögliche Schädigungen der AssistentInnen durch die körperliche Arbeit unterbinden können. Die AssistentInnen sprachen die Pflege als schulungsrelevanten Bereich nicht an, offensichtlich verfügen sie in ihrem Selbstverständnis über die einzubringenden Pflegekompetenzen.
Die Auswertung aller Interviews hat gezeigt, daß sehr ähnliche Wünsche und Bedürfnisse nach Schulungsinhalten von beiden befragten Gruppen formuliert wurden. Demnach sollten Motivation, das Menschenbild, der zwischenmenschliche Umgang und pflegerische Grundtechniken thematisch unterschiedlich gewichtete Schulungsinhalte sein. Hervorgehoben wurde durch die Untersuchung die Notwendigkeit einer professionellen Schulung all der Menschen, die eine Assistenz eines behinderten Menschen ausfüllen möchten.

3.3. Zusammenfassende Betrachtung

Die Analyse der Interviews hat gezeigt, daß auf Reisen von Menschen mit Behinderung vielschichtige Probleme entstehen, die für sozialarbeiterische und sozialpädagogische Praxis von Bedeutung sind.
Wie aus der Untersuchung hervorgeht, sind die Probleme nicht primär im Bereich der Pflege anzusiedeln. Dieser wird von AssistentInnen und Menschen mit Behinderung als relativ unproblematisch charakterisiert. Pflegerische Grundfertigkeiten werden als selbstverständlich vorausgesetzt, bedeutsamer für Menschen mit Behinderung ist jedoch, daß die AssistentInnen fähig sind, sich auf ihre individuellen Bedürfnisse einzustellen. Im Hinblick auf ein zu entwerfendes Schulungskonzept wird somit der Pflege ein nur kleiner Baustein zuzuordnen sein.
Der psychosoziale Bereich ist für Menschen mit Behinderung, die objektiv auf fremde Hilfe angewiesen sind, ein zentraler Lebensbereich. Das alltägliche Zusammenleben erzeugt eine Nähe, die für beide Seiten vielfältige Elemente zur Entstehung von Konflikten enthalten und in einem beständigen Prozeß gemeinsam überprüft werden sollten. Eine Reise- oder Urlaubssituation enthält weitere zu berücksichtigende Faktoren: Eine unbekannte Umgebung konfrontiert mit Barrieren, die nicht unmittelbar eingeschätzt werden können, also erkannt und bewältigt werden müssen, dazu sind oft neue diesbezügliche Bewältigungsstrategien zu entwickeln. Auf Reisen werden behinderte Menschen stärker als in ihrem ganz normalen Alltag mit ihren behinderungsabhängigen Grenzen konfrontiert. Dies kann zu Verunsicherung oder auch Angst führen, die durch ein situationsbezogenes Verhalten der Assistenz gemildert werden kann. Im weiteren können unausgesprochene Erwartungshaltungen Mißverständnisse, in deren Folge Frustration und Enttäuschungen bewirken, die den Reisealltag belasten können.
Die räumliche Enge und die Dichte der Zeit, die das zwischenmenschliche Miteinander bestimmen, enthalten zahlreiche Anlässe, die Probleme entstehen lassen können. Die damit einhergehenden unterschiedlichen Rollen führen zu einer großen Nähe und erfordern zugleich ein Gespür für eine zuzulassende Distanz. In der Konstellation AssistentIn: Mensch mit Behinderung nehmen beide Seiten immer verschiedene Rollen ein, je nachdem können sich Nähe und Distanz verändern. Es ist schwierig, diese Rollen voneinander zu trennen, zu unterschiedliche Erwartungen sind mit ihnen verbunden. Werden diese vor dem Urlaub nicht abgeklärt, können Konflikte entstehen, die unter Umständen auf der Reise nicht mehr gelöst werden können. Dies erfordert einen weiteren Schulungsbaustein, dieser muß sich auf Erwartungshaltungen im Miteinander beziehen und aufzeigen, wie mit diesen offen und kon-

struktiv umgegangen werden kann. Dieser Erwartungshaltungsbaustein beinhaltet notwendig eine Reflexion der eigenen Rolle. Diese darf nicht nur seitens der AssistentIn stattfinden, sondern muß auch die Rolle des „armen hilflosen und bemitleidenswerten Behinderten" thematisieren. Ein weiterer Baustein erscheint schulungsrelevant, der die Bewußtmachung der objektiv vorhandenen Abhängigkeit der Menschen mit Behinderung thematisiert. In diesem Kontext sollte eine Diskussion über Menschenbilder erfolgen, in der sich die SchulungsteilnehmerInnen mit ihren unterschiedlichen Menschenbildern auseinandersetzen müssen.

Wie die Analyse der Interviews gezeigt hat, zieht sich der Aspekt einer gelingenden oder mißlingenden Kommunikation und Interaktion durch alle angesprochenen Bereiche. Wünsche und Bedürfnisse müssen von beiden Seiten geäußert werden, so kann Mißverständnissen und Enttäuschungen vorgebeugt werden. Dies gilt insbesondere für Konflikt- oder Streitsituationen, die gemeistert werden müssen, da es auf der Reise keine Ausweichmöglichkeiten gibt. Ruth Cohns zweites Postulat „Störungen und Betroffenheiten haben Vorrang" (Langmaack 1991) sollte auf einer Schulung thematisiert, diskutiert und eingeübt werden. Kommunikationsmuster und Verhaltensweisen müssen sich bewußt gemacht und reflektiert werden, um einen möglichst konfliktfreien Umgang zu ermöglichen.

Ein diesbezügliches Schulungskonzept hat die Zielgruppen der Assistenz und die des Menschen mit einer Behinderung zum Adressaten, aufgrund der durchgeführten Untersuchung lassen sich zielgruppenspezifische Schulungsschwerpunkte in einem weiteren Schritt, der hier nicht mehr durchgeführt werden kann, detailliert bestimmen und mit Inhalt füllen.

4. SCHLUSSFOLGERUNGEN

Der vorliegende Beitrag hat sich eingehend mit Menschen mit Behinderung befaßt, die mit einer Assistentin oder einem Assistenten auf Reisen gehen, und versucht, dieses „Beziehungsgeflecht" (Grammer 1994: 5) forschend zu erhellen. Deutlich wurde aufgezeigt, daß auf Reisen an die Assistenz und den Menschen mit Behinderung ganz spezifische Anforderungen gestellt werden. Nicht nur zahlreiche Barrieren sind zu überwinden; die Ausnahmesituation einer Reise führt darüber hinaus zu einer extremen persönlichen Nähe, die Konfliktpotentiale enthält. Eine Schulung für ReiseassistentInnen und Menschen mit Behinderung kann diesen Tendenzen entgegenwirken, die schwerpunktmäßig das Ziel verfolgt, die TeilnehmerInnen für die unterschiedlichen Alltagssituationen auf einer Reise zu sensibilisieren und sie zu veranlassen, sich mit ihren gewohnheitsmäßigen Verhaltensweisen und Einstellungen kritisch reflektiert auseinanderzusetzen, um darüber Perspektiven und Muster einer konstruktiven Konfliktbewältigung aufzuzeigen und zu entwickeln. Aber auch der Aspekt der Motivation der ReiseassistentInnen und Menschen mit Behinderung ist bei einer Schulung zu berücksichtigen. Da es immer noch viel zu wenige ReiseassistentInnen gibt, haben noch viel zu wenige Menschen mit Behinderung die Möglichkeit, auf Reisen zu gehen, also, ihr „Grundrecht auf Urlaub" zu verwirklichen. Erschwerend auf Reisen wirken sich aus dem Alltag unbekannte Barrieren aus, die viele Menschen mit Behinderung davor zurückschrecken lassen, ihre selbstgeplante Individualreise in fremde Gegenden oder Umgebungen zu projektieren.

Diesen Teufelskreis zu durchbrechen, sollte eines der erklärten Ziele sein, wenn man die viel besprochene Integration von Menschen mit Behinderung ernst nehmen möchte. Dafür sind mehrere Ansatzpunkte denkbar: Zunächst müssen bauliche Barrieren beseitigt und verschiedene technische Hilfsmittel (z.B. in Bussen und Bahnen) bereitgestellt werden. Im weiteren müssen mehr ReiseassistentInnen gewonnen werden, um es mehr Menschen mit Behinderung zu ermöglichen, auf Reisen zu gehen. Je mehr Menschen mit Behinderung den Mut haben, auf Reisen zu gehen und der Öffentlichkeit auf diese Weise zu zeigen, daß sie alleine alle Barrieren nicht überwinden können, desto eindringlicher werden die auftretenden Schwierigkeiten im öffentlichen Bewußtsein wahrgenommen. Politik und Gesellschaft sind dann eher gefordert, die notwendigen Veränderungen vorzunehmen.

Um den Menschen mit Behinderung ein selbstbestimmtes und „normales" Leben zu ermöglichen, ist es aber nicht ausreichend, die Türen breiter und die Bürgersteige flacher zu machen (Lettl-Schröder 1989). Viele Barrieren befinden sich – dies ist ein weiterer Aspekt – nach wie vor in unseren Köpfen: Behörden und Gerichte machen dies anschaulich, wenn sie dem verfassungsmäßigen Verbot von Benachteiligungen schlicht zuwider handeln, indem sie „einfach" vergessen, in Neubauten Rollstuhlrampen und Behindertentoiletten einzubauen (Dahesch 1996), oder aber wenn Menschen mit Behinderung „aus Restaurants hinausgeworfen" (ebd. 1996) werden, weil ihr bloßer Anblick als störend und geschäftsschädigend empfunden wird. Zu oft bekommen Menschen mit Behinderung hierzulande zu spüren, daß sie noch immer in vielen Bereichen gesellschaftlich ausgegrenzt werden.

Dabei zeigen Erfahrungen aus Holland, Skandinavien und den USA, daß sehr viel mehr machbar ist (Österwitz 1993). Angefangen bei barrierefreiem öffentlichen und privaten Raum, über den selbstverständlichen Einsatz von Zügen mit automatischer Ein- und Ausstiegshilfe bis hin zum Ausbau des kompletten Dienstleistungssektors für Menschen mit Behinderung ist in diesen Ländern die Integration von Menschen mit Behinderung sichtbar weiter vorangeschritten als hierzulande.

Aber nicht nur begrenzt zur Verfügung gestellte finanzielle Mittel hemmen einen ähnlichen Fortschritt in Deutschland. Auch die Tatsache, daß die verschiedenen Verbände und Interessengemeinschaften für Menschen mit Behinderung – trotz derzeitiger intensiver Diskussionen – sich bislang nicht zur Gründung einer gemeinsamen, sich Gehör verschaffenden Interessenvertretung wie z.B. einem Nationalen Behindertenrat durchringen konnten, trägt dazu bei, daß sozialpolitisch noch ein großer Nachholbedarf besteht.

Vernachlässigt man die finanzielle Seite, die für die Förderung eines selbstbestimmten Lebens für Menschen mit Behinderung von Grund auf neu durchdacht werden müßte – hierzu ist eine eigenständige Forschungsarbeit sinnvoll und erforderlich, die Möglichkeiten eines Social Sponsering, von Stiftungen und dem Einbezug der Pflegeversicherung detailliert untersucht –, so stellt sich zugleich die Frage nach den Adressaten und Nutznießern einer derartigen Förderung. Daß eine Individualreise keineswegs automatisch den Abbau von Vorurteilen gegenüber Menschen mit einer Behinderung oder gar deren Integration in den gesellschaftlichen Alltag bedeutet, ist nicht zu bestreiten. Jedoch könnte ein verstärktes Reisen von Menschen mit Behinderung gesellschaftsbezogen einiges bewegen. In dem Augenblick, wo die Reiseanbieter sich räumlich, technisch und menschlich auch auf reisende Menschen mit Behinderung einstellen, in dem Augenblick, wo es für andere UrlauberInnen normal wird, Menschen mit Behinderung zu begegnen, ist die Chance gegeben, daß wirkliche Begegnungen stattfinden, die die angestrebte Integration initiieren. Es versteht sich von selbst, daß Begegnungen zwischen Menschen mit und ohne Behinderung nicht auf den Urlaub zu beschränken sind – im Gegenteil: Für ein gleichberechtigtes Miteinander bedarf es zahlreicher Lernprozesse auf beiden Seiten, welche die eingefahrenen Wahrnehmungsmuster so verändern, daß ein wirkliches Kennenlernen und gegenseitiges Verstehen möglich wird. Gerade hierin liegt eine Chance des Reisens für Menschen mit und ohne Behinderung. Dem Alltag entfernt, eröffnen sich Reisenden neue Möglichkeiten der Begegnung und des Erlebens, wie dies Max Frisch in seinem Tagebuch (1978: 29) treffend zum Ausdruck bringt: „Warum reisen wir? Auch dies, damit wir Menschen begegnen, die nicht meinen, daß sie uns kennen ein für allemal; damit wir noch einmal erfahren, was uns in diesem Leben möglich sei – es ist ohnehin schon wenig genug."

LITERATUR

Dahesch, K. (1996): So geht es nicht. Eine Reise für Behinderte immer noch ein Hindernisrennen, in: Die Zeit , 51. Jg., 3. Mai

Frisch, M. (1978): Die Tagebücher. Stuttgart

Grammer, I. (1994): Gutachterliche Stellungnahme zur Reisehelferschulung im BSK. Krautheim/ Jagst

Lamnek, S. (1988): Qualitative Sozialforschung, Band 1, Methodologie. München/ Weinheim

Lamnek, S. (1989): Qualitative Sozialforschung, Band 2, Methoden und Techniken. München/ Weinheim

Langmaack, B. (1991): Themenzentriert Interaktion. Einführende Texte rund ums Dreieck. Weinheim

Lettl-Schröder, M. (1989): Nicht nur Türen breiter und Bordsteine flacher machen, in: Fremdenverkehrswirtschaft (FVW) International Nr. 27.

Mayring, Ph. (1993 a): Einführung in die qualitative Sozialforschung. Eine Anleitung zu qualitativem Denken. München

Mayring, Ph. (1993 (b)): Qualitative Inhaltsanalyse. Grundlagen und Techniken, 4. erweiterte Aufl. Weinheim

Österwitz, I. (1993): The concept of Independent Living – a New Paradigm in Rehabilitation. Unveröffentlichtes Vortragsmanuskript.

Wellhöfer, P., R. (1984): Grundstudium Sozialwissenschaftliche Methoden und Arbeitsweisen. Eine Einführung für Sozialwissenschaftler und Sozialarbeiter/-pädagogen. Stuttgart

ANHANG

Leitfaden 1

FRAGEN AN DIE MENSCHEN MIT BEHINDERUNG

A. Hinsichtlich der Pflege

Welche Bedeutung hat es für Sie, daß Ihre persönliche Assistenz Reiseerfahrungen mitbringt?
Welche Hilfen in der Pflege benötigen Sie?
Wieviel Zeit nehmen diese Hilfen in Anspruch?
Geht die Assistenz auf Ihre Wünsche und Bedürfnisse ein?
In welchen Punkten werden ihre Wünsche und Bedürfnisse nicht erfüllt?
Welche Vorerfahrungen hat Ihre Assistenz im pflegerischen, medizinischen oder sozialen Bereich?
Welche Defizite gibt es in der Pflege?

Fühlen Sie sich von Ihrer persönlichen Assistenz abhängig bzw. ihr ausgeliefert?

B. Hinsichtlich der Reisevorbereitung und der Organisation

Für welche Aufgaben benötigen Sie die Assistenz auf Ihren Reisen?
Welche organisatorischen Aufgaben übernimmt die Assistenz auf Ihren Reisen?
Wieviel Zeit nehmen diese organisatorischen Aufgaben in Anspruch?
Wie bewältigt sie diesen Aufgabenbereich?
Beziehen Sie bei der Planung Ihrer Reise Ihre Assistenz mit ein?
Gibt es irgendwelche Defizite im organisatorischen Bereich?
Fühlen Sie sich von Ihrer persönlichen Assistenz abhängig bzw. ausgeliefert?

C. Unter dem Gesichtspunkt der Zeit

Wieviel Zeit am Tag verbringen Sie mit Ihrer persönlichen Assistenz?
Welcher Bereich der Assistenz nimmt am meisten Zeit in Anspruch?
In welchem Bereich würden Sie sich gern mehr Zeit wünschen?
Haben Sie das Gefühl, daß Sie Ihre Assistenz am Tag zuviel beanspruchen?
Wieviel Zeit hat Ihre Assistenz während der Reise für sich?
Planen Sie gemeinsam den Tagesablauf?
Wie wird der Tagesablauf geplant?
Wann wird der Tagesablauf geplant?
Gehen Sie dann auch auf die Wünsche Ihrer Assistenz ein?
Inwiefern können Sie die Wünsche und Bedürfnisse Ihrer Assistenz berücksichtigen?

E. Unter dem Gesichtspunkt der Kommunikation

Ist die persönliche Assistenz mit Ihnen verwandt, bekannt oder eine fremde Person?
Wie wichtig ist Ihnen der Bekanntheitsgrad Ihrer persönlichen Assistenz?
Was für ein Verhältnis haben Sie zu Ihrer Begleitperson?
Wie wichtig ist Ihnen das Verhältnis?

Haben Sie schon einmal mit Ihrer persönlichen Assistenz darüber geredet?
Wann äußern Sie Ihre Erwartungen, Wünsche und Bedürfnisse der Assistenz gegenüber?
Auf welche Art und Weise äußern Sie Ihre Erwartungen, Wünsche und Bedürfnisse der Assistenz gegenüber?
Inwiefern geht die Assistenz darauf ein?
Welche Auseinandersetzungen haben Sie mit ihrer Assistenz?
Wie gehen Sie damit um?
Wie geht Ihre Assistenz damit um?
Können Sie sich mit Ihrer Assistenz auch geistig austauschen?
Welchen Stellenwert nimmt das persönliche Gespräch in Ihrem Tagesablauf ein?
Welche Erwartungen und Wünsche haben Sie bezüglich des Umgangs miteinander?
Aus welchen Beweggründen begleitet Sie Ihrer Meinung nach Ihre persönliche AssistentIn?

F. Hinsichtlich einer späteren Schulung

Was denken Sie über das Schlagwort: 'Gemietete Assistenz'?
Haben Sie schon von ReiseassistentInnenschulungen gehört?
Was müßte Ihrer Meinung nach dort geschult werden?
Könnten Sie sich vorstellen, an einer solchen Schulung teilzunehmen, um Ihre Erfahrungen weiter zu geben?

Leitfaden 2

FRAGEN AN DIE REISEASSISTENTINNEN

A. Hinsichtlich der Pflege

Für welche Aufgaben benötigt Sie der Mensch mit Behinderung auf der Reise?
Welche pflegerischen Hilfen geben Sie?
Wieviel Zeit nimmt diese Hilfe in Anspruch?
Wurden Sie von der zu assistierenden Person in die wichtigsten pflegerischen Bereiche eingeführt?

Können Sie auf die Wünsche und Bedürfnisse der zu assistierenden Person eingehen?
In welchen Punkten können Sie die Wünsche und Bedürfnisse nicht erfüllen?
Welche Vorerfahrungen haben Sie im pflegerischen, medizinischen oder sozialen Bereich?
Haben Sie einen Lehrgang oder Kurs besucht, der Ihnen Hilfestellungen zur Assistenz gibt?
Welche pflegerischen Tätigkeiten fallen Ihnen leicht?
Welche Bereiche in der Pflege bereiten Ihnen Schwierigkeiten?
Gibt es in der Pflege Bereiche, bei denen Sie an Ihre Grenzen kommen? Wie gehen Sie damit um?
Benötigen Sie bei der Assistenz noch zusätzliche Hilfe?
Haben Sie das Gefühl, daß sich die zu assistierende Person Ihnen ausgeliefert fühlt?

B. Hinsichtlich der Reisevorbereitung und der Organisation

Werden Sie bei der Planung der Reise miteinbezogen?
Welche planerischen/organisatorischen Aufgaben übernehmen Sie auf der Reise?
Wieviel Zeit nehmen diese organisatorischen Aufgaben in Anspruch?
Welche Schwierigkeiten treten im organisatorischen Bereich auf?
Wie bewältigen Sie diesen Aufgabenbereich?
Wie begegnen Ihnen Menschen auf der Reise, wenn Sie in der Rolle der Assistenz sind?

C. Unter dem Gesichtspunkt der Zeit

Wieviel Zeit am Tag verbringen Sie mit der zu assistierenden Person?
Welcher Bereich der Assistenz nimmt am meisten Zeit in Anspruch?
In welchem Bereich würden Sie sich gern mehr Zeit wünschen?
Haben Sie das Gefühl, daß Sie als AssistentIn am Tag zuviel beansprucht werden?
Wieviel Zeit haben Sie während der Reise für sich?
Planen Sie gemeinsam den Tagesablauf?
Wie wird der Tagesablauf geplant?
Wann wird der Tagesablauf geplant?

D. Unter dem Gesichtspunkt der Kommunikation

Ist die zu assistierende Person mit Ihnen verwandt, bekannt oder eine fremde Person?
Wie wichtig ist Ihnen der Bekanntheitsgrad der zu assistierenden Person?
Was für ein Verhältnis haben Sie zu der zu betreuenden Person?
Wie wichtig ist Ihnen das Verhältnis?
Können Sie bei schwierigen Situationen mit Ihrer zu assistierenden Person darüber reden?
Wie gehen Sie mit schwierigen Situationen um?
Welche Erwartungen und Wünsche im Bereich der Kommunikation haben Sie an die zu assistierende Person?
Wann äußern Sie Ihre Erwartungen, Wünsche und Bedürfnisse der zu assistierenden Person?
Auf welche Art und Weise äußern Sie Ihre Erwartungen, Wünsche und Bedürfnisse?
Inwiefern geht die zu assistierende Person darauf ein?
Welche Auseinandersetzungen haben Sie mit der zu assistierenden Person?
Wie gehen Sie damit um?
Wie geht die zu assistierende Person damit um?
Können Sie sich mit der zu assistierenden Person auch geistig austauschen?
Welchen Stellenwert nimmt das persönliche Gespräch in Ihrem Tagesablauf ein?
Welche Erwartungen und Wünsche haben Sie bezüglich des Umganges miteinander?
Haben Sie Kontakt zu anderen AssistentInnen?
Tauschen Sie sich aus?
Erhalten Sie von irgend einer Seite geistige Stütze?
Welche für Beweggründe haben Sie, einen Menschen mit Behinderung auf seinen Reisen zu assistieren?

E. Hinsichtlich einer späteren Schulung

Woran könnte es Ihrer Meinung nach liegen, daß so wenige Menschen sich bereit erklären, Menschen mit Behinderung zu assistieren?
Was denken Sie über das Schlagwort: 'Gemietete Assistenz'?
Haben Sie schon von ReiseassistentInnenschulungen gehört?
Was müßte Ihrer Meinung nach dort geschult werden?

Könnten Sie sich vorstellen, an einer solchen Schulung teilzunehmen (um Ihre Erfahrungen weiter zu geben)?
Welche Seminarinhalte würden Sie sich wünschen?

Alleinerziehende Mütter in Mexiko-Stadt: qualitative Interviews zum Alltagsbewußtsein.

Eine empirische Studie.

Gabi Haspel

VORWORT

Die Idee zu dieser Studie entstand während meiner Besuche im September 1994 und im Februar 1995 in Mexiko-Stadt. Zahlreiche Gespräche mit Dozentinnen der Schule für Sozialarbeit an der Universität in Mexiko-Stadt machten mir deutlich, daß die Lebenssituation alleinerziehender Mütter in Mexiko in sozialarbeiterischen Überlegungen wenig Raum einnahmen. Zugleich schien ein großes Interesse an diesem Thema vorhanden zu sein, gerade, weil es weitgehend unbeachtet war. Daher entschloß ich mich, eine lebensweltbezogene Studie über die Situation alleinerziehender Mütter in Mexiko-Stadt mit meiner Diplomarbeit zu erstellen, d.h. mit betroffenen Frauen „offene Interviews" zu führen und diese auszuwerten. Meine Diplomarbeit habe ich, der Intension des vorliegendes Bandes gemäß überarbeitet und den Auswertungsteil stark gekürzt. Dies hat zur Folge, daß die interviewten Frauen zu den vorgestellten thematischen Bereichen nicht in der mir vorliegenden Materialfülle zu Wort kommen, sondern die dokumentierten Interviewaussagen erneut reduziert wurden; dies mindert die enthaltene exemplarische Aussagekraft allerdings nicht.
Im ersten Teil des vorliegenden Beitrags stelle ich mein Forschungsanliegen vor, dokumentiere die Überlegungen und Schritte der empirischen Untersuchung, also die begründete Wahl des qualitativen Interviews als Forschungsmethode, lege die Modalitäten der Datenerhebung und damit verbundener methodisch reflektierter Schwierigkeiten offen und stelle abschließend mein Auswertungsdesign vor. Ein zweiter Teil führt in die gesellschaftlichen Lebensbedingungen mexikanischer Frauen ein, in die Bedeutung der Mutterrolle in der Geschichte und Gegenwart Mexikos und setzt sich abschließend mit der demographischen Signifikanz des Alleinerziehendseins auseinander. Der dritte Teil enthält den Kern meiner empirischen Untersuchung, die Auswertung der Interviews mit Bezug auf wissenschaftliche Literatur. In der Auswertung folge ich den thematischen Bereichen, die in den Interviews angesprochen wurden und ordne diesen Kategorien zu, die ich aus der Einzelanalyse

und einer sich anschließenden, vergleichenden Analyse aller Interviews gewonnen habe. Die zentralen thematischen Bereiche beziehen sich (a) auf Gründe des Alleinerziehendseins, (b) auf das Selbsterleben und -empfinden alleinerziehender Mütter, (c) auf Bewältigungsformen zugehöriger Alltagsprobleme und -konflikte und (d) auf Zukunftsvisionen, die die Interviewten vorgestellt haben. In einem, meinen Beitrag abschließenden, fünften Teil setze ich mich mit der Bedeutung qualitativer Studien für die Soziale Arbeit am Beispiel meiner Studie auseinander.

1. ZUM ANLIEGEN DER EMPIRISCHEN UNTERSUCHUNG

Die Existenz fremder Kulturen, Lebens- und Denkweisen ist aus unserem Alltag nicht mehr auszublenden, wir sprechen heute von einer kulturellen Vielfalt oder auch von einer mulitkulturellen Gesellschaft, in der wir leben. Auch der Alltag von SozialarbeiterInnen und SozialpädagogInnen ist vielfältig interkulturell geprägt. Zum einen treffen wir in vielen Bereichen der Sozialen Arbeit auf ausländische MitbürgerInnen, zum anderen lernen wir fernöstliche Entspannungstechniken und in Amerika entwickelte Konfliktlösungsstrategien, um nur wenige Beispiele für die Begegnung mit dem Fremden zu nennen. Diese Beispiele enthalten die Notwendigkeit von Lernprozessen und machen deutlich, daß die gewohnte bundesrepublikanische Lebensart nicht das Maß aller Dinge ist, und wir aus einer bewußt reflektierten Begegnung mit dem Fremden oder mit einer uns unbekannten Welt Wissenswertes über uns selbst erfahren können. Dies erfordert allerdings einen sensibel wahrnehmenden Bezug auf die „fremden Kulturen", durch den wir es uns ermöglichen können, gesellschaftliche Besonderheiten in ihrer historischen Entstehung, gegenwärtigen Vielfalt und Bedeutung für betroffene Menschen verstehen zu lernen.

Im Unterschied dazu sehen wir gesellschaftliche Wirklichkeit oft mit gewohnheitsmäßig „vorurteilenden" Augen und nehmen fremde Lebenswelten, seien sie entfernt wie Mexiko-Stadt oder aber in unmittelbaren Nachbarschaften, aus diesen subjektiv und vor allem auch biographisch geprägten Perspektiven wahr. Dem daraus resultierenden Ethnozentrismus entgegenzuwirken, ist eines der Anliegen einer kulturvergleichenden Sozialforschung. Diese ermöglicht, „die spezifischen Merkmale der eigenen Kultur und ihrer Sozialisationsarrangements sowie die Kulturbedingtheit des eigenen Denkens und Handelns mit fremden Augen zu betrachten und zu beurteilen." (Liegle 1991: 215) Die Betrachtung und reflektierte Auseinandersetzung sozialer Strukturen, Interaktionsmuster und individueller Lebenszusammenhänge außerhalb des gewohnten Kulturkreises kann mit einer Erweiterung des eigenen Blickwinkels einhergehen. Die Möglichkeit, die eigene, gewohnte Perspektive zu sensibilisieren, bot sich mir über einen sechsmonatigen Studienaufenthalt in Mexiko-Stadt. Diesen nutzte ich dazu, um die Lebenslage alleinerziehender Mütter mittels vorliegender empirischen Untersuchung zu erforschen. Alleinerziehende Mütter sind Bezugsgruppen von Sozialer Arbeit hierzulande und ansatzweise auch in Mexiko. Auf dem Hintergrund vielfältiger Praxiserfahrungen mit alleinerziehenden Müttern im Studium hatte ich meine Forschungsfragestellung entwickelt, der Transfer derselben in ein fremdes Land erwies sich als möglich, da ich gute Kenntnisse über das Leben in Mexiko hatte. Meine Fragestellung lautete, wodurch zeichnet sich die Lebenssituation alleinerziehender Mütter in Mexiko-Stadt aus, wie sehen und beurteilen die betroffenen Mütter diese selbst und welche Umgangsweisen damit prägen den Alltag? Dabei ging ich von der Hypothese aus, daß biographisches Handeln und der soziale Kontext, in dem dieses stattfindet, die Lebensgestaltung und die Lebensplanung von Frauen in entscheidender Weise beeinflußt.

2. DOKUMENTATION DER EMPIRISCHEN UNTERSUCHUNG

2.1. Überlegungen zur Wahl der Forschungsmethode

Das dieser Studie zugrundeliegende Erkenntnisinteresse richtet sich auf die Erfassung der Lebenssituation alleinerziehender Mütter in Mexiko-Stadt. Ausgehend von o.g. Hypothese, daß biographische Lebensverläufe sich stets abhängig vom sozialen Kontext gestalten, wollte ich vor allem die unterschiedlichen Perspektiven einfangen, mit denen die alleinerziehenden Mütter ihre Lebenslage betrachten und auch interpretieren. Im Mittelpunkt meines Forschungsinteresses stand somit die Erfassung des Erlebens von Alltag aus den subjektiven Blickwinkeln der betroffenen Mütter und dieses erforderte eine Forschungsmethode, die die Qualität des erlebten Lebens zugänglich macht. Mit einem Bezug auf die Methoden qualitativer Sozialforschung war dies gegeben. „Das Forschungsinterview ist eine besondere Art menschlicher Kommunikation" (Kohli 1978: 1), da es sich „beim Interview um eine soziale Interaktion handelt" (ebd.). Aus der Vielfältigkeit qualitativer Interviews wählte ich in Anlehnung an Michael Kohli das „offene Interview" als geeignete Untersuchungsmethode aus, das viel Gemeinsamkeiten mit dem „problemzentrierten Interview" aufzeigt, wie es im ersten Teil dieses Bandes vorgestellt wird.

Eine fremde Kultur kennenzulernen und die Perspektive der Menschen darzustellen ist nur möglich, wenn das angewandte Verfahren nicht auf *vorgefaßten* Hypothesen beruht, kein Denkschema vorgibt, sondern offen und flexibel ist. „Nicht ein (fiktives) 'reines' Denken und Handeln des Befragten interessiert, sondern sein Denken und Handeln im Kontext der sozialen Bedingungen seines Alltags" (ebd.: 3). Es muß den Betroffenen die Möglichkeit bieten, ihr Erleben in eigene Worte zu fassen, das Erzählte nach der ihnen eigenen Logik zu strukturieren und Erzählinhalte einzubringen, die der Interviewerin auf Grund einer eingeschränkten Kenntnis der fremden Kultur unbekannt sind, die also die vorstrukturierte Interviewthematik bereichern. Diese Offenheit kann einer möglichen „Nostrifizierung", d.h. einer „ Leugnung des Andersheitscharakters der untersuchten Erscheinungen, ihre Vereinnahmung in das eigene Bezugssystem und die kulturelle Vergewaltigung durch dieses" (Schütze 1994: 234) entgegenwirken.

Das „offene Interview" erschien mir die geeignete Erhebungsmethode, da es die Interviewsituation durch einen vorab erstellten Interviewleitfaden mit einem weitgehend offenen thematischen Katalog strukturiert, der Raum für das ergänzende Einbringen von als relevant erachteten Themen durch die Interviewte enthält (Hopf 1987). Das Interview wird durch eine weit gefaßte Frage mit quasi offenem Ende eingeleitet. Dieser Erzählimpuls soll die Interviewte zum Erzählen motivieren, es aber ihr überlassen, die Reihenfolge der angesprochenen Teilthemen sowie deren Ausführlichkeit zu bestimmen. Mögliche Nachfragen der Interviewerin dienen nicht der Strukturierung, sondern dem Verstehen und Vertiefen des Erzählten und sie „kommt erst am Schluß des Interviews auf die noch nicht behandelten Bereiche des Leitfadens zu sprechen" (Kohli 1978: 11).

Ein Nachteil dieses Verfahrens kann jedoch darin liegen, daß die selbständige Strukturierung eines Gesprächs nicht für jeden Menschen selbstverständlich ist. Gerade Interviewpartnerinnen mit niedriger Schulbildung – und davon sind in erster Linie Frauen aus niedrigen sozialen Schichten betroffen – sind oftmals nicht gewohnt, über längere Zeit frei zu reden, am allerwenigsten über sich selbst und über kritische Punkte ihrer Lebensgeschichte. Unter Umständen stellt die Interviewsituation eine Erstsituation dar, in der die Interviewte nach ihrem Erleben befragt wird. Dies kann mit einer Dankbarkeit für das Zuhören und Anteilnehmen verbunden sein, aber auch mit Gefühlen der Angst einhergehen, unfähig zu sein, sich „richtig" ausdrücken und zusammenhängend erzählen zu können. „Die Verwendung offener Verfahren kann also zu Schwierigkeiten führen; aber sie haben im Vergleich mit geschlossenen wiederum den Vorteil, daß diese Schwierigkeiten sichtbar werden und als Datum in die Interpretation einbezogen werden können" (Kohli 1978: 13).

2.2. Auswahl der Interviewpartnerinnen und Ort der Interviews

Die Auswahl möglicher Interviewpartnerinnen war abhängig von den Kontakten zu alleinerziehenden Müttern, die ich während meines Auslandspraktikums machte und von durch Kolleginnen vermittelten Kontakten. Zielten meine Überlegungen zur Untersuchungsgruppe anfangs darauf, ein möglichst breites Spektrum alleinerziehender Mütter aus allen gesellschaftlichen Schichten zu erfassen, so mußte ich diese während meines Praktikums revidieren, da sich praktisch zeigte, daß es einfach war, Kontakte zu Frauen aus der Unter- und Mittelschicht herzustellen, hingegen Kontakte zu Frauen aus der Oberschicht, die zu einem Interview bereit waren, praktisch nicht vorhanden waren. Daher erstreckte sich die Auswahl meiner Untersuchungsgruppe auf Mütter aus der Unter- und Mittelschicht. Meiner Auswahl der zu interviewenden Mütter legte ich folgende Kriterien zugrunde: (a) Sie sollten schwanger sein oder (b) in Kürze entbinden oder (c) minderjährige Kinder haben; außerdem sollten sie (d) unterschiedlich alt sein und (e) breit gestreut aus der Unter- und der Mittelschicht kommen.

Einen Teil meiner Interviewpartnerinnen gewann ich im staatlichen Homöopathischen Krankenhaus von Mexiko-Stadt. Mit Unterstützung der dort arbeitenden Sozialarbeiterin sprach ich Frauen an, die entweder zu einer Untersuchung gekommen waren oder nach der Geburt des in der Regel zweiten Kindes auf ihre Entlassung warteten. Die Bereitschaft zur Teilnahme an einem Interview war bei diesen angesprochenen Frauen grundsätzlich vorhanden. Allerdings wollten nur wenige Frauen, daß ich zur Interviewerhebung zu ihnen nach Hause kommen würde. Vielmehr wollten sie es an Ort und Stelle durchführen. Dies läßt sich möglicherweise darauf zurückführen, daß die Patientinnen dieses Krankenhauses alle aus Familien mit sehr geringem Einkommen stammen, da die Kosten insbesondere für Geburten weit unter dem üblichen Niveau liegen. Diese Frauen wohnen in sehr beengten Wohnungen, in denen es keinen ungestörten Raum für die Durchführung eines Interviews gab. Ich vermute, daß es den Frauen zudem unangenehm gewesen wäre, mich in ihre ärmlichen Lebensverhältnisse Einblick nehmen zu lassen. Andererseits erlebte ich auch, daß mir stolz das Heim auf dem eigenen Grund und Boden gezeigt wurde, auch wenn es nur aus einem einzigen Raum für die gesamte Familie bestand. Die Tatsache, daß sich die im Krankenhaus interviewten Mütter entweder in einer späten Phase der Schwangerschaft befanden oder gerade entbunden hatten, kann unterschiedlich Einfluß auf die emotionale Wahrnehmung der derzeitigen Situation, der Vergangenheit und der Zukunft haben. Dies ist ein Faktor, der bei der Interviewauswertung zu berücksichtigen ist.

Für die Durchführung der Interviews mit diesen Frauen aus der sog. sozialen Unterschicht konnte ich im Krankenhaus einen kleinen Raum nutzen, der gewöhnlich Ärzten zum Ausruhen diente; die hier geführten Interviews erstreckten sich über 30 bis 90 Minuten, sie unterschieden sich in Intensität und Länge deutlich von den Folgeinterviews. Die räumlichen Gegebenheiten, der körperliche Zustand der Frauen und das Bildungsniveau können dafür verantwortlich sein.

Weitere Interviewpartnerinnen gewann ich im Kollegium der Universität, Dozentinnen und Sekretärinnen, die mich dann ihrerseits an Freundinnen, Nachbarinnen oder Hausangestellte weiter vermittelten. Diese Frauen sind in der Regel der mexikanischen Mittelschicht zuzurechnen, alle Angesprochenen waren zu einem Interview bereit und daran sehr interessiert. Diese Interviews führte ich vorwiegend bei den Frauen zuhause durch, in Einzelfällen konnte ich dafür Büroräume der Universität nutzen; sie erstreckten sich über einen Zeitraum von mindestens 90 Minuten bis zu vier Stunden.

Diese auf Grundlage meiner Recherchen erstellte Untersuchungsgruppe erfüllt nicht die Kriterien, die an eine repräsentative Befragung alleinerziehender Mütter in Mexiko-Stadt anzulegen sind, was von mir auch nicht beabsichtigt und auch nicht leistbar war. Durch die qualitative Befragung konnte ich jedoch aussagekräftige verbale Daten der Frauen gewinnen, die bei gebotener Reflexion durchaus Verallgemeinerungen nahelegen und viele Übereinstimmungen mit der in der Literatur beschriebenen Lebenssituation dieser Frauen aufweisen.

2.3. Sample der Untersuchungsgruppe

Die Untersuchungsgruppe bestand aus 29 alleinerziehenden Müttern aus der Mittel- und Unterschicht von Mexiko-Stadt. Das Alter der Frauen umfaßte das 16. bis das 49. Lebensjahr. Die Mütter hatten ein bis drei Kinder, lediglich zwei Mütter hatten fünf und neun Kinder. Die Frauen wohnten verteilt über das gesamte Stadtgebiet unter Ausschluß der reichen Villenviertel.

Aus welcher Lebenslage der Status „alleinerziehende Mutter" resultiert, ist ein für die Untersuchung relevanter Gesichtspunkt. Denn entgegen dem gängigen Bild vom tief katholischen Mexiko ist die nicht-eheliche Lebensgemeinschaft („unión libre") insbesondere in der Unterschicht und unter jungen Menschen weit verbreitet. Um unterscheiden zu können, ob eine alleinerziehende Mutter als ledige Frau in „unión libre" gelebt hat oder keinen festen Partner hatte, ist folgende Definition sinnvoll:

(a) getrennt: wer noch verheiratet ist, aber getrennt lebt;

(b) getrennt aus „unión libre": wer vom Freund oder Partner getrennt ist, mit dem sie vorher unverheiratet zusammengelebt hat;
(c) ledig: wer nie verheiratet war und auch nie mit dem Freund oder dem Vater des Kindes zusammengelebt hat. Die unterschiedlichen Merkmale der Interviewten sind im Anhang dargestellt.

2.4. Interviewleitfaden

Der Interviewerhebung liegt ein von mir erstellter Leitfaden zugrunde (siehe Anhang), an dem ich mich ausrichtete. Ich habe diesen auf dem Hintergrund meines theoretischen Vorwissens über die mexikanischen Lebensverhältnisse und Traditionen formuliert sowie meiner Einschätzungen über mögliche Problemsituationen, die mit der Lebenslage alleinerziehende Mutter in Mexiko eng verknüpft sind. Der Leitfaden „enthält einen höheren Anteil an offenen Fragen, nötigt also den Befragten zu eigenen Antwortformulierungen und fordert ihn zu längeren Antworten auf, und überbindet ihm vermehrt die Verantwortung für die Wahl der Reihenfolge der Gesprächsthemen" (Kohli 1978: 7). Die Offenheit der Fragen trug somit auch dem unterschiedlichen Bildungsniveau der Untersuchungsgruppe Rechnung, da die Fragen eine subjektiv frei gewählte Erzählintensität erlaubten.

2.5. Erhebungssituation

Die Untersuchung stützt sich auf 29 offene Interviews, die ich mit alleinerziehenden Müttern aus der Mittel- und Unterschicht von Mexiko-Stadt im Zeitraum von Oktober 1995 bis Januar 1996 durchgeführt habe. Die Erhebungssituation war für mich sehr zeitintensiv und anstrengend, da die Verkehrsbedingungen in Mexiko-Stadt oft dazu führten, daß ich viele Stunden unterwegs war, um nur ein einziges Interview durchzuführen. An den Anfang der Interviews stellte ich einen „Kurzfragebogen" zur Erfassung statistisch ausgerichteter Fragen, den ich allerdings aufgrund der kulturellen Besonderheiten – viele der interviewten Frauen konnten schlecht oder gar nicht schreiben – mündlich abfragte und notierte. Die Interviews habe ich in der Landessprache Spanisch geführt und mit dem Einverständnis der Frauen auf Kassetten aufgenommen, die Namen der interviewten Mütter habe ich codiert. Anschließend übersetzte ich für die Auswertung relevante Passagen ins Deutsche und faßte sie insgesamt schriftlich in deutscher Sprache zusammen. Da mein Forschungsvorhaben zeitlich eng begrenzt war, war es mir nicht möglich, die Interviews, die wie angeführt bis zu vier Stunden aufgezeichnet wurden, vollständig zu übersetzen. Dies führt sicherlich dazu, daß die forschungsbezogene Reliabilität und Validität nur in bedingtem Maße gewährleistet werden konnte. Aber auch unter der Bedingung der gesamten Übersetzung der Interviews in die deutsche Sprache, bleiben methodologische Probleme bestehen, die daher rühren, daß „Kommunikation (...) immer (wenn auch in unterschiedlichem Ausmaß) Fremdverstehen" heißt (Kohli 1978: 9). „Das macht eine wechselseitige 'Übersetzung' erforderlich" (ebd.), die, sofern sie aus kulturellen Unterschieden resultiert, in besonderer Weise den Hintergrund jedes einzelnen Befragten beachten muß. „Es ist also stets damit zu rechnen, daß das Verständnis von Fragen und der Bezugsrahmen der Antworten unter den einzelnen Befragten und Befragtengruppen variiert...Eine Möglichkeit zur Bewältigung dieses Problems liegt darin, die 'Übersetzung' dem Interviewer zu überlassen, weil dieser in der Interaktion mit dem Befragten dessen Symbolsystem und -gebrauch am ehesten berücksichtigen könne" (ebd.). Das angesprochene Dilemma, die Sinngehalte der Befragten unmittelbar aus dem Erzählten erschließen zu müssen, und damit mögliche Verzerrungen mit zu transportieren, verdichtet sich natürlich bei einer kulturfremden Untersuchung. Ich denke jedoch, daß ich dieser Problematik dadurch entgegenwirken konnte, da ich auf Grund vieler Besuche in Mexiko mit der mexikanischen Tradition und Lebenswelt bestens vertraut bin und zugleich die spanische Sprache sehr gut beherrsche. Daß mir in der Übersetzung dennoch formulierte „Feinheiten" und auch manche „Besonderheit" entgehen, ist nicht zu bestreiten. Mit Hilfe eines mexikanischen Freundes, also eines sog. „Muttersprachlers", klärte ich beim ersten Abhören der Interviews die Aussagen „Satz für Satz". Dies erwies sich vor allem bei den Interviews der Frauen aus der Unterschicht als notwendig, da sie teilweise in einem sehr umgangssprachlichen Spanisch gehalten waren. Durch die muttersprachliche „Übersetzung" gelang es mir, mein fremdsprachlich eingegrenztes Verstehen in weiten Bereichen zu kompensieren.

Um die kulturspezifischen Eigenheiten dieser Erhebungssituation umfassend einzufangen, fertige ich am Ende eines jeden Interviews für mich ein Postskriptum an, in dem ich Auffälligkeiten, Schwierigkeiten im Umgang mit den Fragen oder dem Erzählten und mir aufgefallene Besonderheiten festhielt. Diese Aufzeichnungen waren Bestandteil der folgenden Auswertung.

2.6. Auswertungsdesign

Mein Auswertungsdesign entwarf ich in Anlehnung an Michael Kohli (1978). Wie schon ausgeführt, lagen der Auswertung die auf Tonband aufgezeichneten Interviews zugrunde, die ich allerdings nur partiell ins

Deutsche übersetzt und auch transkribiert habe. Diese Einschränkung der Datendokumentation versuchte ich durch eine kleinschrittige Auswertung zu kompensieren, die jedoch weiterhin methodologische Probleme enthält. „Durch solche Verfahren geht ein großer Teil der Informationen, die mit offenen Interviews gewonnen werden können, wieder verloren" (Kohli 1978: 17). Diesem Informationsverlust stellte ich folgende Auswertungsschritte entgegen:
(1) Ich hörte mir mehrmals alle auf Spanisch aufgezeichneten Interviews an und ließ mir von „Muttersprachler" die für mich schwer zu übersetzenden und verstehenden „umgangssprachlichen" Interviewpassagen erklären.
(2) In einem nächsten Schritt faßte ich Aussage für Aussage in deutscher Sprache zusammen.
(3) Daraufhin untersuchte ich diese auf enthaltene persönliche Relevanzen, Deutungsmuster und mögliche Lebenseinstellungen. „ Die Definition der Protokolleinheiten ist weniger problematisch, da sie sich an die gängigen Kunstregeln der Inhaltsanalysen anschließen kann; einer syntaktischen Definition (z.B. Satz) ist dabei eine semantische vorzuziehen (geschlossene Äußerung zu einem Thema), was natürlich größere Abgrenzungsprobleme aufwirft, aber sich näher an die eigenen Sinnstrukturen der Befragten anlehnt" (Kohli 1978: 17). Demgemäß markierte ich Äußerungen zu einem Thema in den einzelnen Interviews.
(4) In einem weiteren Schritt hörte ich erneut alle Interviews ab, überprüfte meine inhaltlichen Zusammenfassungen und markierte prägnante Zitate, die ich ins Deutsche übersetzte.
(5) In einer vergleichenden Analyse aller Interviews ordnete ich ähnliche thematische Aussagen einander zu.
(6) Diese signifikanten Aussagen in den Interviews teilte ich den thematischen Bereichen des Interviewleitfadens zu, der für mich der „rote Faden" war, dem ich in der Datenauswertung folgen konnte.
(7) Zu den so gewonnenen, verallgemeinerbaren Aussagetypiken suchte ich Zitate aus der mir bekannten wissenschaftlichen Literatur.
(8) In einem letzten Schritt versuchte ich die Schnittpunkte biographischer Besonderheiten jeder Interviewten und soziale Kontextbezüge herauszuarbeiten, um die kulturelle Besonderheit der mexikanischen Lebenslage alleinerziehender Mütter in meine Auswertungsdarstellung mit einbeziehen zu können.
Ich habe mit dieser Untersuchung versucht, Forschungsmethoden anzuwenden, die „mit den Grundsätzen des 'interpretativen Paradigmas' in Einklang stehen und dennoch intersubjektiv kontrollierbar sind" (Kohli 1978: 22). Die festgelegten Standards qualitativer Sozialforschung, wie sie zu Beginn dieses Buches vorgestellt werden, habe ich dabei berück-

sichtigt, soweit mir dies als „Einzelforscherin" in einem fremden Land möglich war .

3. Kurze Einführung in die Thematik

Alleinerziehende Mütter sind in Mexiko-Stadt kein Randphänomen. Die Reaktion vieler Mütter, deren Tochter unverheiratet schwanger wird, ist: „Du bist nicht die erste, und du wirst nicht die letzte sein". Zusätzlich steigen die Scheidungszahlen rapide an und lassen eine große Anzahl von Kindern mit nur einem Elternteil, in der Regel der Mutter, zurück.
Es wäre jedoch falsch, aus der Häufigkeit des Phänomens zu schließen, daß dies gesellschaftlich akzeptiert und die Betroffenen integriert seien oder daß zumindest die Solidarität unter den Betroffenen die fehlende gesellschaftliche Integration ersetzen könnte. Die Problematik ist sehr viel komplexer. So bestimmen der sozioökonomische Status der Alleinerziehenden sowie die Ursache des Alleinerziehendseins und die Liberalität der Herkunftsfamilie in großem Maße darüber, wieviel Akzeptanz oder Ablehnung die einzelne erfährt. Ob eine Frau dann über ihre Situation zufrieden oder unglücklich ist, hängt wiederum von einer Reihe anderer Faktoren ab.
In jedem Falle fehlt es aber an öffentlicher Diskussion. Von den Sozialbehörden wird die Problematik weitgehend ignoriert, von der Bevölkerung totgeschwiegen. Dadurch wird sie nicht als gesellschaftliches, sondern als individuelles Problem wahrgenommen. „Man könnte sagen, daß diese Frauen auf unsichtbare Art und Weise und in unumschränktester Ignoranz der Gesellschaft eine Gesamtheit an Rollen erfüllen. Tatsächlich erleben sie selbst ihren Fall als alleinerziehende Frau oder Versorgerin als eine Seltenheit, eher persönlich als kollektiv, obwohl festgestellt wurde, daß es sich um ein massives Phänomen handelt"(Sierra Otero 1994: 49). Die Autorin führt dies darauf zurück, daß Alleinerziehende und Frauen in mißlichen Lagen immer noch darauf bedacht sind, den Alltag eigenständig zu bewältigen, womit sie die Individualisierung ihrer Lebenslage verfestigen. „Denn in dieser Alltäglichkeit betätigt sich die Ideologie, auf die sich die Abwertung des weiblichen Geschlechts stützt. Als Folge dieser Ideologie geschieht das Alltägliche unbemerkt und wird als natürlich erlebt und betrachtet"(Sierra Otero 1994: 112).
Die Subjektivierung der Problematik fordert die Wirtschafts- und Sozialpolitik bislang nicht dazu heraus, die Situation von Millionen Frauen zu verbessern, zugleich führt sie dazu, daß die betroffenen Frauen sich selbst nicht organisieren, um die verantwortlichen Stellen unter Druck zu setzen.

3.1. Demographischer Überblick

Aussage über die Anzahl oder den Anteil Alleinerziehender in Mexiko-Stadt zu machen, ist aus verschiedenen Gründen schwierig. Zum einen wird die Glaubwürdigkeit einzelner Quellen stark angezweifelt, insbesondere die des staatlichen Statistik-Instituts INEGI (Instituto Nacional de Estadística Geográfica y Informática). In einer Stadt wie Mexiko-Stadt eine staatlich angeordnete Volkszählung durchzuführen, ist mit riesigen Problemen verbunden. Diese zeigen sich z.B. darin, daß in jeder Statistik unter der Kategorie „nicht spezifiziert" sehr hohe Anteile zu finden sind. Dennoch werde ich im folgenden einige Zahlen des INEGI übernehmen, da sie nahezu die einzigen Quellen umfangreicher Informationen sind. Zum anderen ist es problematisch, daß sowohl die Größe von „Mexiko-Stadt" als auch die Variable „Alleinerziehende" in den Statistiken nur indirekt auftauchen:

Mexiko-Stadt (Area Metropolitana de la Ciudad da México) ist keine politische oder Verwaltungseinheit, sondern setzt sich aus dem Distrito Federal (D.F.), der Hauptstadt also, und 27 Municipios zusammen, die im angrenzenden Bundesstaat „Estado de México" liegen, aber mit der städtischen Agglomeration direkt verbunden sind. Als statistische Größe gelten entweder die verschiedenen Estados (Bundesstaaten) oder die einzelnen Municipios. Mexiko-Stadt als solche taucht in den Statistiken als Bezugsgröße jedoch fast nie auf, sondern muß aus den Einzeldaten errechnet werden. Die Alleinerziehenden werden in den Statistiken des INEGI aufgeschlüsselt als „Witwen", „Geschiedene", „Getrennte" und „Ledige" aufgeführt:

Abbildung 1: Weibliche Bevölkerung des D.F. über 12 Jahren nach Familienstand

Familienstand	Frauen 12 Jahre	davon Mütter	Durchschnitt Kinderzahl
gesamt	3.299.211	-	2,1
verwitwet	233.833	218.528	4,6
geschieden	66.254	60.870	2,6
getrennt	79.517	75.466	3,3
ledig[1]	1.327.954		

Quelle: INEGI 1994, Estados Unidos Mexicanos, Resumen General, XI Censo general de población y vivienda 1990.

[1] Wer in nichtehelicher Lebensgemeinschaft zusammenlebt, gilt im Sinne dieser Statistik nicht als ledig.

Aus diesen Angaben läßt sich errechnen, daß 14,3% aller Frauen über zwölf Jahre alleinerziehend sind, wobei keinerlei Aussage über das Alter ihrer Kinder gemacht wird. Nimmt man die verwitweten Frauen aus der Berechnung heraus, da es sich dabei überwiegend um ältere Frauen mit erwachsenen Kindern handelt, sinkt der Anteil der alleinerziehenden Frauen auf 7,6%.

Ganz andere Zahlen finden sich in folgenden Quellen: Claudia Ramos entnimmt dem Bericht der letzten Volkszählung des INEGI, daß ein Fünftel der Gesamtbevölkerung Mexikos alleinerziehende Mütter sind (Ramos 1993). Aguayo Quezada, Präsident der „Academia Mexicana de Derechos Humanos" (AMDH) schreibt in einem Zeitungsbericht vom 13. September 1995, daß schätzungsweise 20 bis 25% aller mexikanischen Mütter alleinerziehend sind (Aguayo Quezada 1995: 18). Elizabeth del Rio nennt die Zahl von 11,8 % und merkt an, daß von diesen nur 13% älter als 30 Jahre sind. 3,6 Millionen Kinder unter 18 Jahren leben demzufolge in Mutter-Kind-Familien (Rio1994:66). Sierra Otero errechnete, daß 17,33% aller Frauen mit Kindern alleinerziehend sind. Darüber hinaus kommt sie zu dem Ergebnis, daß von allen erwerbstätigen Frauen 70,8% alleinerziehende Mütter sind (Sierra Otero 1994: 29 f.). Das Frauenforschungszentrum der UNAM (CEM, heute: Programa Universitaria de Estudios de Género, PUEG) informierte 1989, daß von allen alleinstehenden Frauen, die Vollzeit arbeiten, 41,4% Alleinerziehende mit einem Kind sind (Dirección General de Información 1989). Die Menschenrechtskommission erklärte in einer Fernsehsendung, die am 10. November 1995 über Kanal 40 in Mexiko ausgestrahlt wurde, daß 35% aller Haushalte im Land einen weiblichen Familienvorstand hätten.

Wie hoch die Zahl der alleinerziehenden Mütter tatsächlich ist, bleibt also ungewiß. Doch ohne Zweifel ist der Anteil der vaterlosen Haushalte sehr viel höher als vergleichsweise in der Bundesrepublik Deutschland (Niepel 1994 a). Unter den Alleinerziehenden in Mexiko ist die größte Gruppe die der ledigen Mütter, während es hierzulande die Geschiedenen sind.

Allerdings sind die Scheidungszahlen auch in Mexiko deutlich steigend: Während die Zahl der Eheschließungen im „Distrito Federal" von 1989 bis 1992 nur um 1,1 % zugenommen hat, stieg die Zahl der Scheidungen um 15,8 % und liegt damit noch über dem Landesdurchschnitt von 12,8 % (INEGI Anuario Estadístico del Distrito Federal 1994).

3.2. Gründe für die Häufigkeit des Phänomens

Daß Frauen ihre Kinder allein großziehen, ist in Mexiko keine Neuheit. Die Göttin Coatlicue, Mutter aller Menschen, brachte ihren Sohn ohne das Zutun eines männlichen Wesens zur Welt, was für Margrit Klingler-

Clavijo der Anfang einer lange Zeit andauernden Tradition ist: „In der Gestalt der Göttin Coatlicue zeigt sich in den Grundzügen das Frauenbild, das die mexikanische Realität und Literatur entscheidend geprägt hat: Erst als Mutter gelangt die Frau in den Genuß des ihr sonst verweigerten Prestiges. Ihre reale gesellschaftliche Ohnmacht kompensiert sie, indem sie ihre Töchter, vor allem aber ihre Söhne, in lebenslänglicher Abhängigkeit von sich zu halten sucht. Der Vater spielt in dieser engen Beziehung zwischen Mutter und Sohn keine Rolle, er glänzt sozusagen durch Abwesenheit" (Klingler-Clavijo 1984: 12).
Gisela Sierra Otero weist darauf hin, daß die Überbewertung der Mutterschaft und die Häufigkeit des Phänomens „alleinerziehende Mutter" ihre historischen Wurzeln in der spanischen Eroberung haben (Sierra Otero 1994: 27 f.). In der Kolonialzeit wurde der bis heute gebräuchliche Begriff „casa chica" eingeführt. Während das großzügig ausgestattete „casa grande" vom Kolonialherren und dessen spanischer offizieller und legaler Gattin und den Kindern bewohnt wurde, bezeichnete man mit „casa chica" das eher unscheinbare, kleinere Haus (oder auch mehrere) in der direkten Nachbarschaft, in der die indianische oder mestizische Geliebte (oder auch mehrere) mit ihren zahlreichen Kindern wohnten. Heute ist die räumliche Trennung meist sehr viel größer. Doch noch immer ist die „casa chica" in aller Regel der Ort, an dem der Mann weder partnerschaftliche noch väterliche Verpflichtungen eingeht. Bestenfalls leistet er finanzielle Unterstützung.
Dies alleine ist jedoch nicht ausreichend, um zu erklären, warum so viele Mütter heute – freiwillig oder unfreiwillig – alleine mit ihren Kindern leben. In der Literatur werden dafür ganz unterschiedliche Begründungen genannt, drei Punkte werden vor allem betont:
(a) Fehlende Kommunikation und Vertrauen zwischen Eltern und Kindern und damit das Fehlen einer Sexualerziehung: Diese Argumentation versucht eine Antwort auf die erschreckend hohe Zahl lediger Mütter unter 20 Jahren zu geben. Nach der Encuesta Nacional de Fecundidad y Salud waren 1989 30% aller Mädchen zwischen 15 und 19 Jahren schwanger gewesen, 57% davon ungewollt (Agüero 1991:26).
Während auf der einen Seite die fehlende Aufklärung für die ungewollten Schwangerschaften verantwortlich gemacht wird, steht dem die Ansicht gegenüber, daß heute Jugendliche mit Informationen überflutet werden, allerdings ohne ihnen die nötigen Voraussetzungen für den verantwortlichen Umgang mit ihrer Sexualität mitzugeben: Verhütungsmittel sind bekannt, werden aber aus Angst vor den Eltern und/oder aus Schuldgefühlen nicht oder nicht effektiv angewandt. Mädchen glauben dem Kino- und Fernsehvorbild folgend, Anerkennung und einen Partner vor allem „durch das Bett" zu finden.

Zu diesen ungewollten kommen die gewollten Schwangerschaften hinzu, die den Frauen als Vorwand zur Flucht aus dem unerträglich erscheinenden Elternhaus oder als Möglichkeit dienen, dem eigenen Leben in dieser Zeit der Identitätsfindung einen Sinn zu geben.

(b) „Machismo" und „Frauenemanzipation"

Der im Zusammenhang mit Lateinamerika immer wieder auftauchende Begriff „machismo" wird von Margrit Klingler-Clavijo mit folgenden Worten beschrieben: „Immer wird bei der Charakterisierung machistischen Verhaltens die sexuelle Grundbedeutung hervorgehoben. Ein echter 'macho' muß demzufolge seine Männlichkeit, sein Potenz vor sich und anderen unter Beweis stellen. Sichtbare Zeichen dieser ostentierten Männlichkeit sind eine häufig wechselnde Zahl von Geliebten sowie eine zahlreiche Kinderschar. ... Verknüpft mit diesem unreifen Verhalten ist eine bestimmte, männliche Vorstellung der Frau: Die Frau ist keine gleichwertige Partnerin des Mannes, sondern ein minderwertiges, zweitrangiges Wesen, das sich den Wünschen des Mannes in passiver Ergebenheit zu beugen hat" (Klingler-Clavijo 1984: 25 f.). Auch Alkohol und die Bereitschaft zur Gewaltanwendung gehören zum Bild des „macho". Paradoxerweise sind es vor allem Frauen, die durch die Erziehung ihrer eigenen Kinder dieses Stereotyp am Leben erhalten und es immer wieder bestätigen.

Man sollte annehmen, daß der „machismo" und die Emanzipation der Frau zwei miteinander unverträgliche Haltungen sind, daß letztere zur Veränderung des „machismo" führt. Doch das Gegenteil ist die Realität. In Mexiko wird die Frauenbewegung in ihrem Anliegen nach Gleichberechtigung nicht von den Männern unterstützt. Diese stehen den Emanzipationsbestrebungen der Frauen vielmehr mißtrauisch und ablehnend gegenüber und das männliche „machismo" Verhalten wird durch emanzipierte Frauen herausgefordert. Ohne eine Hinterfragung und Veränderung des existenten Rollenverständnisses von Frauen und Männern hat die Gleichberechtigung in Mexiko wenig Chancen.

4. AUSWERTUNG DER INTERVIEWS NACH VERSCHIEDENEN ASPEKTEN DES ALLEINERZIEHENDSEINS

4.1. Bedingungen für die Entstehung von Mutter-Kind-Familien

4.1.1. Familiale Rückbezüge

Das familiale Sozialisationsfeld eines Menschen ist entscheidend für seine spätere Fähigkeit, partnerschaftliche Bindungen einzugehen und zu erhalten, also sein Leben nach eigenen Vorstellungen zu gestalten. Die Gruppe der interviewten Frauen bestätigt dies: Neun von ihnen wuchsen bei einer alleinerziehenden Mutter auf, zum Teil kannten sie ihren Vater nicht oder sie sahen ihn nur sporadisch. Einige hatten die Trennung der Eltern miterlebt und äußern, daß dies ein prägendes Erlebnis für sie gewesen war. Adriana war zwölf Jahre alt, als sich ihre Eltern trennten. Sie und ihre jüngere Schwester lebten daraufhin alleine bei der Mutter. Sie berichtet:

„Ich glaube, es war unheimlich interessant, die Veränderung meiner Mutter zu sehen. Als Familienoberhaupt war meine Mutter total wichtig für mich. Weil, solange meine Mutter finanziell von meinem Vater abhängig war, naja, da war sie eine unterwürfige Frau, voller Komplexe, total schüchtern, die typische Hausfrau, die den Mund hält, weil der Mann es ist, der bestimmt und das alles. Deshalb, als meine Mutter anfing zu arbeiten, wurde alles anders, das war wichtig, ich glaube, ziemlich gut, richtig energisch. (...) Also, wie soll ich sagen, das hat uns in einer Hinsicht sehr geholfen. Zu sehen, daß eine Frau zu vielen Dingen fähig ist" (Adriana, 41 Jahre, eine Tochter).

Alleine bei der Mutter aufzuwachsen, kann selbstverständlich auch eine schöne Kindheit bedeuten. Doch in vielen Fällen erinnern sich die Töchter an eine einsame Zeit zurück. Die Mutter ging zur Arbeit außer Haus, oftmals arbeitete sie an mehreren Arbeitsstellen gleichzeitig, um die Familie unterhalten zu können, und die Kinder blieben, solange sie klein waren, meist bei den Großeltern, später alleine zuhause. Cristina beispielsweise erinnert sich an ihre Kindheit und beurteilt auch, wie diese Erfahrungen ihren Charakter geprägt haben:

„Mein Vater ist nie wieder aufgetaucht. Ganz sporadisch ist er zwei oder drei oder fünfmal aufgetaucht. Aber ich erinnere mich wirklich kaum an ihn. Aber ich habe mich irgendwie sehr alleine gefühlt. Ich brauchte eine Mutter, die ich nicht hatte, weil meine Mutter den ganzen Tag gearbeitet hat. (...) Diese, dieses familiäre Klima hat mir viel ausgemacht. Ich hatte eine destrukturierte Familie. Das hat mir sehr geschadet..., für mein Selbstwertgefühl. Da habe ich dann, glaube ich, später sehr, sehr viel daran gearbeitet. (...) Ich meine, ich habe mir sowas wie eine..., wie, wie einen Panzer angeschafft, wie eine Rüstung sozusagen – ne? – um stark zu sein, um überhaupt vorwärts zu kommen" (Cristina, 33 Jahre, ein Sohn).

Von den übrigen Frauen, die alle bei beiden Elternteilen aufwuchsen, beschreiben nur fünf die Ehe ihrer Eltern als harmonisch, abgesehen von den üblichen Meinungsverschiedenheiten. Die weitaus größte Zahl der

Frauen verbrachte ihre Kindheit in schwierigen Familien. Vielfach halten Mütter trotz Streit und manchmal trotz gewalttätiger Auseinandersetzungen, trotz Trinkerei und Fremdgehen des Mannes an der Ehe fest, sei es aus Gründen der finanziellen Abhängigkeit oder sei es aus dem Grund, daß die Kinder eine „komplette" Familie haben. Erst wenn die Kinder groß und von ihr finanziell unabhängig sind, wagt die Mutter in manchen Fällen die Trennung vom Vater der Kinder bzw. von ihrem Mann.

Tatsächlich bedeutet die Tatsache, daß die Eltern zusammenleben, nicht immer auch, daß der Vater anwesend ist. Der abwesende Vater wird nicht selten als ein „Charakteristikum der mexikanischen Familie" genannt, ganz gleich welcher sozialen Schicht sie angehört (Hernández Tellez /Gaitán Cruz 1987:15). Die vorliegende Untersuchung scheint dies zu bestätigen. Lucila z.B. erzählt, wie ihr Vater seinen materiellen Verpflichtungen der Familie gegenüber zwar nachkam, jedoch immer außer Haus war und damit für die Kinder kaum existierte:

„Damals hatten wir eigentlich kaum eine Vaterfigur, wir haben den Vater fast nicht gesehen, manchmal am Wochenende. Er hatte praktisch zwei Arbeitsstellen, und dann am Wochenende ging er zu den 'charrerías'.[7] Deshalb, daß ich mich erinnern könnte, daß er sich einmal mit uns an den Tisch gesetzt hätte, niemals, ja, niemals. (…) Er, seine einzige Verpflichtung war es, zu arbeiten und uns mit Mühe zu ernähren und das war's, und alles andere war die Aufgabe meiner Mutter" (Lucila, 35 Jahre, zwei Töchter).

Immer wiederkehrende Themen in den Interviews sind Alkohol und Gewalt. Neun der Mütter berichten von der Trinksucht und/oder von Gewalttätigkeiten des Mannes bzw. Vaters, sei es gegenüber der Frau oder den Kindern:

„Ich kam von der Schule heim, und mein Vater immer betrunken, im Bett, die Vorhänge runtergerissen, alles verschüttet, Zigaretten, Flaschen, ich meine, ein praktisch... unabhängiges Leben, gell? Er hat sich nicht um die Kinder gekümmert, weil er immer Alkoholiker war. Er war so jemand, der... manchmal bis zu einem Monat lang Tag und Nacht betrunken war" (Marta, 22 Jahre, schwanger).

Gewalterfahrungen im familialen Umfeld legen oftmals den Grundstein für spätere ebenso leidvolle Erfahrungen: „Verschiedene Studien zeigen, daß die Sozialisation in frühem Alter in einem Umfeld der Gewalt

---

[7] 'charrerías' sind Reiterspiele, in die zum Teil auch Stiere mit einbezogen werden und in denen man reiterliche Geschicklichkeit und Mut beweisen muß.

dazu beiträgt, bei Frauen eine größere Toleranz gegenüber aggressiver Handlungen zu entwickeln" (García /de Oliveira 1994:164).
Da die Entwicklung eines Menschen jedoch nicht nur von der Situation in der Herkunftsfamilie abhängig ist, gibt es unterschiedliche Möglichkeiten auf die Kindheitserfahrungen zu reagieren. Zwei „klassische" Möglichkeiten in Mexiko sind: (1.) die bewußte Entscheidung, den eigenen Lebensweg in Abgrenzung von der Mutter zu bestimmen und (2.) die eher unreflektierte Entscheidung, das mütterliche Lebensmusters zu wiederholen, was auch als „soziale Vererbung" bezeichnet wird. Ein Beispiel für den zweiten Fall ist Patricia (29 Jahre, eine Tochter). Ihre Mutter war „la casa chica", d.h. die zweite Frau des Vaters. Susanas Tochter ist ebenfalls aus der Beziehung zu einem verheirateten Mann hervorgegangen, der sich, ebenso wie Susanas Vater, so gut wie nicht um diese zweite Familie gekümmert hat. So wiederholt Susana die Situation der Mutter.

4.1.2. Partnerschaftsbezüge

Einen sehr großen Raum in den Erzählungen der alleinerziehenden Mütter nimmt die Beziehung zum Vater des Kindes oder der Kinder ein. Während sie über die Kindheit wenig nachdenken oder sie nach eigenen Worten ganz verdrängen, wird die Zeit zwischen dem Kennenlernen des künftigen Vaters und dem Ende der Beziehung bewußt erlebt. Auch nach langer Zeit sind Gefühle und Überlegungen, die dem vorausgingen, Verletzungen, Wut und Ressentiments in der Erinnerung noch deutlich vorhanden. Jede Erzählung ist für sich eine eigenständige, individuelle Erfahrung, in der Leid und Verletzung, Hoffnung und Erfolg in ganz unterschiedlichem Maße zum Ausdruck kommen.
Die Erfahrungen mit Trennung und Partnerschaft habe ich entsprechend der in den Interviews aufgefundenen Unterschiede und Gemeinsamkeiten in drei Abteilungen erfaßt:

(1) Entscheidung gegen das Zusammenleben mit dem Kindesvater
So lassen sich die Erzählungen von acht der 29 Mütter charakterisieren. Außer Paula, die ihre Tochter adoptierte, gehören die anderen sieben Mütter der Unterschicht an. Dies kann damit erklärt werden, daß Frauen aus der Unterschicht eher bereit sind, eine Beziehung mit einem schon verheirateten Mann einzugehen und außerdem ihre Einstellung zur Ehe oder zum Zusammenleben häufig negativ geprägt ist.
Die klassische Verbindung mit einem schon verheirateten Mannes, die bislang auch unter der Bezeichnung „casa chica" erläutert wurde, wird von drei der Frauen eingegangen, darunter Patricia und Norma. Beide

Frauen wußten, daß der Freund eine Familie hatte. Norma wollte trotz der bestehenden Situation ein Kind und hatte die Unterstützung des Kindesvaters:

„Jetzt, mit meinem zweiten Baby – das ist das letzte – habe ich auch jemanden kennengelernt, der ist verheiratet. Der hat mich völlig unterstützt, von ihm, da habe ich Unterstützung. (...) Also wir haben da fast, fast kein Problem damit. Ich wußte schon vorher, daß er verheiratet ist, daß ich von ihm nichts kriegen kann. Ich werde nicht darauf warten, daß er seine Frau verläßt" (Norma, 25 Jahre, zwei Töchter).

Patricias Kind hingegen war nicht geplant, und die Beziehung zum Vater wurde mit beginnender Schwangerschaft abgebrochen:

„Meine Tochter stammt aus einer Beziehung, die ich freiwillig mit einem verheirateten Mann hatte. Dieser Mann hat mir das von Anfang der Beziehung an gesagt. Ich war einverstanden. Er hat mir nie gesagt, daß er mich heiraten wird (...) Wie kann ich eine Familie mit Kindern zerstören? Er hat zwei Kinder. Also..., na ja, irgendwie kam mir das so schäbig vor, diese Familie zu zerstören" (Patricia, 29 Jahre, eine Tochter).

Für die anderen vier Mütter war ein Zusammenleben mit dem Kindesvater nicht oder nur schwer denkbar. Rocío (33 Jahre, schwanger) wollte ein Kind haben, ohne eine feste Partnerschaft oder Ehe in Erwägung zu ziehen, weder mit dem Vater ihres Kindes noch mit irgendeinem anderen Mann. Eine Vergewaltigung mit 18 Jahren machte sie Männern gegenüber mißtrauisch und außerdem hatte ihr das elterliche Beispiel gezeigt, daß eine Ehe nicht glücklich macht. Irma (24 Jahre, schwanger), Beatriz (19 Jahre, zwei Töchter) und Liliana (17 Jahre, zwei Töchter) waren mehrere Jahre mit dem Kindesvater befreundet gewesen, doch vor die Entscheidung gestellt, mit diesem zusammenzuleben, entschieden sie sich dafür, auch weiterhin bei ihren Eltern zu leben.
Diese vier Frauen äußern im Laufe der Interviews eine ablehnende Haltung zur Ehe. Mit Heirat verbinden sie kein eheliches Glück, sondern die Notwendigkeit ihrer Unterwerfung unter den Willen eines Mannes und damit den Beginn endloser Streitigkeiten. Letztendlich waren sie sicher, die Verantwortung für sich und ihre Kinder alleine tragen zu müssen. Diese Einstellung teilen sie mit sehr vielen anderen Frauen, insbesondere aus der Unter-, aber auch aus der Mittelschicht.

(2) Schwangerschaft als Bruch in der Beziehung
Allgemein läßt sich sagen, daß insbesondere die erste und vor allem eine ungeplante Schwangerschaft eine Partnerschaft beeinflußt, da das Part-

nersystem verändert wird (Nave-Herz 1993:168). Dies scheint ein allgemeines Phänomen zu sein, das nicht nur durch die Studie in Mexiko-Stadt bestätigt wird, sondern auch von Psychologen in den USA und in Deutschland. Demnach ist die Scheidungsrate in den drei ersten Jahren nach der Geburt eines ersten Kindes überdurchschnittlich hoch. Als Ursache dafür werden mehrere Faktoren benannt: (a) Eine Veränderung der Rollenverteilung findet statt, viele Männer ziehen sich trotz vorheriger Versprechen aus der Verantwortung für das Kind, so wird die Mutter in die Hausfrau-Mutter-Rolle gedrängt. (b) Das Selbstverständnis des werdenden Vaters, das der Mutter die alleinige Erziehungsverantwortung zuschreibt und (c) der finanzielle Engpaß, der mit der Fürsorge um ein Kind eintritt.

Für mehr als die Hälfte aller befragten Mütter (16 von 29) war die beginnende Schwangerschaft der Auslöser für die Beendigung der meist informellen Beziehung. Die Beziehung wurde beendet, indem der Kindesvater die werdende oder junge Mutter verließ, oder diese sich allein oder zusammen mit dem Partner für eine Trennung entschied. Es fällt hierbei auf, daß sich für die Trennung vorwiegend Frauen mit Berufsausbildung und -tätigkeit entschieden, während Frauen, die einer unqualifizierten Arbeit nachgingen, vom Partner verlassen wurden:

Abbildung 2

vom Kindesvater verlassen		Entscheidung zur Trennung
Olivia Norma Olinka Mónica Marta	Eugenia Manuela Ma.Luisa	Susana Rosa Cristina Virginia Estela Consuelo Alma Adriana
unqualifizierte Berufe		qualifizierte Berufe

Die getroffene Entscheidung verweist auf eine schichtspezifische Abhängigkeit. Die Interviewaussagen legen die Vermutung nahe, daß Frauen aus der Unterschicht häufig das Gefühl haben, ihr Leben würde von außen ohne Möglichkeit eigener Einflußnahme bestimmt, während Frauen mit einer gehobeneren Bildung eher von dem Selbstverständnis ausgehen, ihren Lebensverlauf eigenständig bestimmen und gestalten zu wollen und auch zu können.

(a) Alleinerziehend, weil der Kindesvater während oder kurz nach der Schwangerschaft verschwand

Daß ein Mann verschwindet, nachdem er seine Freundin, Bekannte oder Geliebte geschwängert hat, ist gesellschaftlich weitgehend toleriert. Nur selten wird die Familie des Mädchens versuchen, den Mann zu finden und die beiden zur Heirat zu bewegen. Meist wird der junge Mann aus der Verantwortung entlassen:

„Also hat mein Vater ihn vor die Wahl gestellt. Bevor ich entbinde, soll er sich das gut überlegen. Wenn er die Verantwortung übernimmt, okay, und wenn nicht, daß er dann jeder Verantwortung entbunden ist. Das bezog sich da darauf, daß er nicht sehen wollte, daß er eines Tages kommt und irgendwelche Ansprüche stellt. (…) Er sagt 'Nein' und damit war er frei von jeder Verantwortung" (Norma, 25 Jahre, zwei Töchter).

(b) Alleinerziehend aus freiem Entschluß
Anders stellt sich die Situation für Mütter dar, die von sich aus die Beziehung zum Kindesvater beenden. Grund der Trennung ist häufig, daß der Mann die von der Partnerin an ihn gestellten Erwartungen nicht erfüllt. Doch weisen diese Erwartungen über den Aspekt des bloßen Nicht-verlassen-werden-wollens hinaus. Nach Ansicht der Mütter ist der Vater verpflichtet, sich finanziell, zeitlich und emotional der Familie zu widmen. Nimmt der Partner seine Vaterrolle nicht oder nur geringfügig wahr, fühlen sich die Frauen in eine Position gedrängt, die sie auf Dauer nicht übernehmen wollen. Virginia stellt nach der Geburt des Kindes fest, daß sie Mutter für zwei Kinder – für den Sohn und den Ehemann – war und beschließt, diese Situation zu beenden:

„Also mußte ich entscheiden, daß..., mir ist klar geworden, daß er..., vielmehr als mein Partner war er eigentlich noch ein weiteres Kind, ein großes Kind, dem ich seine Probleme lösen mußte. Also beschloß ich, daß Nein!" (Virginia, 34 Jahre, ein Sohn).

Deutlich wird, daß die Geburt eines Kindes das Rollenverhalten in der Familie unabhängig von der vorherigen Aufgabenverteilung neu definiert. Mit der Geburt des Kindes ist die Frau vor allem Mutter, was dazu führen kann, daß ihr der Mann das Arbeiten außer Haus verbietet:

„'Also, die erste Regel, die ich aufstelle, ist, daß du nicht arbeitest. Du wirst von mir abhängen, ich bringe das Gehalt nach Hause und du bleibst zuhause, weil außerdem arbeiten die Frauen in meiner Familie nicht. Und nur so funktioniert das'" (Adriana, 41 Jahre, eine Tochter).

(3) Trennung nach vielen Ehejahren
In der folgenden Tabelle werden die Gründe aufgeführt, die bei sieben der Interviewpartnerinnen zu dem Entschluß führten, sich vom Ehemann – in einem Fall vom Lebenspartner – zu trennen.

Abbildung 3

Name	Dauer der Ehe/ „unión libre"	genannter Grund für die Trennung
Ma. Luisa	18 Jahre	kein Beitrag zum Unterhalt
Sofía	20 Jahre	Alkohol, Gewalt, kein Beitrag zum Unterhalt
Ana	8 Jahre	Eifersucht, Alkohol, Verantwortungslosigkeit
Regina	6 Jahre	Gewalt, Alkohol, Ehebruch
Olivia	8 Jahre	Gewalt, Ehebruch
Lucila	13 Jahre	Ehebruch
Manuela	17 Jahre	Ehebruch

María Luisa und Sofía führten vor der Trennung von ihrem Partner eine Art Familienleben, wie es von Brígida García und Orlandina de Oliveira in einem Kapitel unter dem Titel „Las jefas económicas: El trabajo femenino como actividad indispensable para la sobreviviencia de la familia" beschrieben wird. Diese Familien zeichnen sich durch eine überdurchschnittlich hohe Kinderzahl[8] und die Tatsache aus, daß die Frau außer für Haushalt und Kindererziehung auch noch für den größten Teil oder den gesamten Familienunterhalt verantwortlich ist. Damit ist sie aber nicht das unabhängige Familienoberhaupt, sondern sie ist weiterhin den Wünschen und Anordnungen des Mannes unterworfen (García /de Oliveira 1994: 155-158).

„Ich hab mich von meinem Mann getrennt, weil, also, er war ein... ein sehr fauler Mensch, total anspruchsvoll, das Haus mußte ich immer in Ordnung haben, aber ich mußte ja auch arbeiten gehen, und das Essen mußte pünktlich auf dem Tisch stehen, einfach alles, gell? Er hat gemeint: 'willst du arbeiten? okay, aber daß du mir den Haushalt nicht vernachlässigst! Die Wohnung, die muß... tip top sein!' Und echt, ich habe gearbeitet, meine Kinder haben was gelernt. (...) Und er hat nichts gearbeitet, er ist bloß faul im Haus rumgehängt, ich habe mit meiner Arbeit die ganze Familie versorgt" (Maria Luisa, 49 Jahre, fünf Kinder).

---

[8] Die durchschnittliche Kinderzahl in Mexiko-Stadt liegt nach staatlichen Angaben bei 2,1 lebend geborenen Kinder je Bewohnerin über 12 Jahren (INEGI, Area Metropolitana de la Ciudad de México, México 1994).

4.1.3. Zweite Partnerschaft

Die Lebensgeschichten der interviewten alleinerziehender Mütter verweisen auf folgende Stationen: Partnerschaft – Schwangerschaft – Bruch der Beziehung – Alleinerziehendsein. Oft folgen dem weitere Stationen: neue Partnerschaft – erneute Schwangerschaft – erneuter Bruch der Beziehung – Alleinerziehendsein mit mehreren Kindern.
Zehn der 29 interviewten Mütter haben Kinder von zwei verschiedenen Vätern, von diesen besuchten sieben Frauen neun Jahre die Schule, drei Frauen haben eine Ausbildung als Sekretärin. Ein Zusammenhang zwischen Bildungsniveau und Lebensgestaltung scheint offenkundig. Frauen aus der Unterschicht definieren ihrer Rolle als Mutter und als Partnerin unterschiedlich zu Frauen aus der Mittelschicht. In den „sectores populares" herrscht die Meinung vor, daß Partnerschaft oder Ehe und Mutterschaft unweigerlich miteinander verbunden sind, auch oder gerade wenn die Partnerschaft unbefriedigend ist. „Außerdem sind die Kinder der Grund und die Befriedigung der Ehe und in ihrem Fall sind sie der Ausgleich für eine zerrüttete eheliche Beziehung" (García /de Oliveira 1994:188).
Viele Mütter mit Universitätsabschluß hatten oder haben als Alleinerziehende eine neue Partnerschaft, meistens jedoch keine weiteren Kinder. Diese Partnerschaft wird kritisch hinterfragt und gegebenenfalls wieder beendet.

„Als mein Sohn drei Jahr alt war, habe ich eine neue Beziehung angefangen, eine Beziehung, die bis heute dauert. Ich habe nicht geheiratet, weil ich nicht heiraten wollte, und ich habe es dabei belassen" (Alma, 42 Jahre, ein Sohn).

Das Bildungsniveau zeigt sich somit als ein entscheidender Faktor für die unterschiedlichen Möglichkeiten der Lebensgestaltung.

4.2. Zur sozioökonomischen Situation der Alleinerziehenden

4.2.1. Verbleib im oder Rückkehr ins Elternhaus

Fast die Hälfte der interviewten Alleinerziehenden leben noch oder wieder in ihrer Herkunftsfamilie, sie sind entweder nie ausgezogen oder kehren nach der Trennung in ihr Elternhaus zurück.
Insbesondere für die jüngeren Mütter zählt der Verbleib im Elternhaus zur Normalität, auch die Geschwister leben teilweise dort mit Partner und Familie. Allein zu leben, für Miete, Strom und Wasser aufzukommen, dies können sich die meisten finanziell nicht leisten. Die Frauen finden es po-

sitiv, daß ihre Kinder in einem familiären Umfeld aufwachsen und sich auf Großvater und Onkel als männliche Bezugspersonen, vielleicht auch als Vaterersatz beziehen können. Aufgrund der Notwendigkeit zur eigenen Erwerbstätigkeit sind die Mütter im weiteren auf Unterstützung der Familie bei der Kinderbetreuung angewiesen. Der Wunsch, von der Familie unabhängig zu sein, liegt für viele der Frauen in weiter Ferne.

Auch wenn die Tochter mit Kind akzeptiert wird, wird sie mit Erwartungen konfrontiert, die sie auf ihre Mutterrolle festlegen. Durch ihren „Fehltritt" hat sie sich das Recht verspielt, eine jugendliche oder heranwachsende Frau mit Wünschen, Bedürfnissen und Aktivitäten zu sein. Sie hat dem traditionellen Bild der entsagenden Mutter zu entsprechen und nur für das Kind da zu sein.

„'Mal sehen, was dein Bruder dazu sagt, mal sehen, ob er dich damit akzeptiert.' (...) Nachher haben sie mich dann akzeptiert, aber na ja, ich war dann schon ruhig geworden, ich wußte, ich kann jetzt nicht mehr versuchen, auf Feten zu gehen..., also (...) und meine Tochter ist größer geworden und ich habe mich um sie gekümmert" (Mónica, 28 Jahre, eine Tochter, schwanger).

Nicht selten sind die Frauen so in dieser Denkweise erzogen, daß sie diese Rolle freiwillig auf sich nehmen. Die Familie sieht in dieser Einschränkung der Tochter auf die Mutterrolle keine Bestrafung, vielmehr versteht sie diese als ihren Schutz.

„Ich glaube, das ist nicht nur ein Problem in meiner Familie, sondern allgemein gibt es diese Überbehütung, ich meine, ich glaube, das ist keine böse Absicht von meiner Mutter und meiner Schwester manchmal, sondern die meinen, daß sie mich beschützen müssen" (Adriana, 41 Jahre, eine Tochter).

Deutlich zeigen die Interviews Konflikte um die Erziehungsautorität auf. Erziehungsvorstellungen zwischen den Generationen sind unterschiedlich und die Eltern wollen oft nicht akzeptieren, daß die Tochter die vorrangige Erziehungsinstanz für den Enkel ist. Für die Enkelkinder ist oft schwer durchschaubar, wer die Mutter ist. „Die Rückkehr ins Elternhaus ist ein großer Fehler; die Kinder werden widersprüchlichen Autoritätsmustern unterworfen, aufgrund der generationsbedingten Unterschiede zwischen der Mutter und den Großeltern" (Sierra Otero 1994:101).

4.2.2. Materielle Absicherung

Um die finanzielle und materielle Situation Alleinerziehender beurteilen zu können, ist es notwendig, einen Bezug zur gesamtwirtschaftlichen Situation des Landes herzustellen.

(a) Wirtschaftliche Situation Mexikos
Mexiko gilt als Schwellenland; war es bis zur Revolution 1910 ein reines Agrarland, gehört es heute zu den industrialisiertesten Ländern Lateinamerikas. Die Verteilung des Reichtums im Lande ist polarisiert: 24 Mexikaner gehören zu den 358 reichsten Menschen der Welt mit einem Vermögen von über 1000 Millionen US$. Demgegenüber leben 41.8 Millionen der ca. 88 Millionen Einwohner Mexikos in Armut, davon 17,5 Millionen in extremer Armut (Lozoya Lozoya 1994). In anderen Zahlen ausgedrückt: 63,22% der beschäftigten Bevölkerung haben ein Einkommen unter dem Mindestlohn[9], 24,9% verdienen zwischen zwei und fünf Mindestlöhnen und nur 7,6% verfügen über mehr als fünf Mindestlöhne. Eine Arbeiterfamilie benötigt, um die im Warenkorb festgelegten Grundbedürfnisse zu befriedigen, schätzungsweise die Summe von dreieinhalb Mindestlöhnen (Monroy Gómez 1994). Zwischen Stadt und Land existieren zudem beträchtliche Unterschiede.
Eines der Hauptprobleme Mexikos ist der Arbeitsmarkt. Die von staatlicher Seite angegebene Arbeitslosenzahl lag Anfang 1994 bei nur 3,7%, doch spiegelt diese Zahl die Realität unrealistisch wieder, da sie nur diejenigen Menschen erfaßt, die keine einzige Stunde pro Woche bezahlt oder unbezahlt arbeiten. Alberto Arroyo (1994) errechnete dagegen, daß ungefähr 20%, d.h. 1/5 der erwerbsfähigen Bevölkerung arbeitslos, arbeitsuchend oder unter schlechtesten Bedingungen beschäftigt sind. Hierbei sind die Auswirkungen der größten Wirtschaftskrise, die Ende 1994 mit dem Präsidentschaftswechsel einsetzte, noch unberücksichtigt. Der Wert des Dollars verdoppelte sich und dementsprechend stiegen die Preise insbesondere von Importwaren. Eine große Zahl kleiner Unternehmen mußte schließen, wodurch Tausende von Männern und Frauen ihren Arbeitsplatz verloren.

(b) Wirtschaftliche Situation der Alleinerziehenden
Bis auf eine Ausnahme sind alle Mütter der Untersuchungsgruppe erwerbstätig oder durch die Schwangerschaft arbeitslos, jedoch suchen letztere unmittelbar nach der Geburt wieder Arbeit. Den Familienunterhalt bestreiten alle überwiegend aus dieser Arbeit. Müttern mit geringer Schulbildung bietet der Arbeitsmarkt allerdings nur sehr beschränkte Möglichkeiten, z.B. als Haushaltshilfe, Bedienung, Fabrikarbeiterin oder im Straßenverkauf von selbst zubereitetem Essen oder Handarbeiten. Daher arbeitet Regina als Haushaltshilfe und am Wochenende zusätzlich als Wäscherin. Sie erzählt:

---

[9] Im Januar 1994 lag der Mindestlohn in Mexiko-Stadt bei 15,27 Pesos ($\cong$ 5,09 US$) pro Tag und wurde Ende 1995 geringfügig erhöht.

„Ich arbeite, ich zahle die Miete, zwei Monate sind wir im Rückstand, aber na ja. Jetzt gerade arbeite ich nicht, weil ich schwanger bin, aber wenn ich rauskomme..., wenn ich wieder fit bin, fange ich an zu arbeiten. Ich verdiene bis... 300 Pesos in der Woche. Deshalb also, das reicht für die Miete und für die Kinder" (Regina, 30 Jahre, drei Kinder).

Der informelle Arbeitsbereich ist für Alleinerziehende aus der Unterschicht die häufigste Erwerbsquelle. Für diese Frauen bedeutet dies, vom System sozialer Sicherungen ausgeschlossen zu sein, z.B. nicht krankenversichert zu sein (Sierra Otero 1994: 49). Die Lebenslage alleinerziehende Mutter verändert die materielle Situation dieser Frauen in geringem oder keinem Maße, denn auch vor ihrer Mutterschaft waren sie materiell meist nicht besser gestellt. Die ausschließliche Verantwortung für die Kinder verbietet ihnen jedoch oftmals die Fortsetzung einer schulischen oder beruflichen Bildung.

Die Frauen aus der Mittelschicht befinden sich in einer davon unterschiedenen materiellen Lage. In vielen Fällen haben sie eine feste Anstellung an der Universität, in Schulen, in einer Frauenorganisation und anderswo, sie und ihre Kinder sind damit auch krankenversichert.

Die meisten Alleinerziehenden der Unter- und Mittelschicht benötigen Unterstützung durch die Eltern oder die Geschwister, da eine materielle Absicherung durch den Kindesvater selten besteht. Wie erwähnt, ist in der unteren Sozialschicht die nicht-eheliche Lebensgemeinschaft verbreiteter als die Ehe. Ehen werden hier meist durch Trennung, nicht durch Scheidung beendet. Die bestehende gesetzliche Unterhaltspflicht des Mannes für die Kinder kann daher nicht geltend gemacht werden. In der Mittelschicht gibt es im Unterschied dazu häufiger freiwillige oder auf gerichtlicher Basis geregelte Unterhaltszahlungen. In einzelnen Fällen übersteigt die Unterstützung des Vaters sogar den gesetzlich vorgeschriebenen Anteil von 30% des Einkommens. Diese finanziellen Hilfen sind für die Lebensqualität der Mütter von großer Bedeutung.

„Er hat das gleich gesagt, als er ausgezogen ist, 'ich bin für die Ausgaben für die Kinder verantwortlich.' (…) Und wie gesagt, für mich ist das... richtig toll, weil, dadurch kann ich frei sein. Sonst müßte ich den ganzen Tag arbeiten, für die Wohnung, das Essen, das Schulgeld und die anderen Ausgaben, gell? Und dann könnte ich nicht bei meinen Kindern sein" (Susana, 34 Jahre, zwei Kinder).

4.2.3. Kinderbetreuung

Bei der Betreuung der Kinder, insbesondere der Kleinkinder, stellen sich zwei Fragen: erstens die Frage nach deren Notwendigkeit und zweitens die Frage nach deren Möglichkeiten.

Die Notwendigkeit der Kinderbetreuung ist für Alleinerziehende größer als für in Partnerschaft lebende Frauen, da sie den Lebensunterhalt der Familie sichern müssen. Für Frauen mit qualifizierten Berufen ist das berufliche Leben unter Umständen so bedeutsam, daß sie ohne finanzielle Notwendigkeit arbeiten und die Kinder betreuen lassen können. Die meisten Mütter, die arbeiten müssen, erleben es als ein Problem, ihr Kind fremder Obhut zu unterstellen.

„Das ist schwierig, weil, ich würde mich dann nicht so viel um sie kümmern, wie man sollte. Ich würde arbeiten, und jemand müßte auf sie aufpassen oder im Kindergarten, und ich könnte nicht so viel aufpassen, weil ich ja arbeiten wäre, und das wäre ganz anders, als wenn ich den ganzen Tag mit ihnen zusammen bin, und... na ja, das wäre das Schwierige an der Situation" (Beatriz, 19 Jahre, zwei Töchter).

Die Möglichkeiten, die eine Mutter für die Betreuung ihres Kindes hat, sind abhängig von familiären Gegebenheiten und von finanziellen Spielräumen.

(a) Betreuung durch den Vater oder durch Familienangehörige
Als Betreuungsperson kommt der Kindesvater in Frage. Doch selbst Väter, die eine Beziehung zum Kind aufrechterhalten, machen von ihrem Besuchsrecht selten Gebrauch. Von allen interviewten Müttern wird nur Cristina tatsächlich durch den Vater des Sohnes entlastet. Dies läßt sich darauf zurückführen, daß sie schon vor der Trennung eine gleichberechtigte Aufteilung der Betreuungszeiten untereinander geregelt hatten.

„Schon bevor wir uns getrennt hatten, die Art und Weise, wie wir uns mit A. organisiert haben, morgens ist A. in die Schule gegangen, und nachmittags, die Nachmittage haben wir aufgeteilt (…) Als wir uns dann getrennt haben, hat uns das viel geholfen, weil es fürs Kind nicht so chaotisch war. Wir haben den gleichen Rhythmus beibehalten" (Cristina, 33 Jahre, ein Sohn).

Die häufigste Form der Kinderbetreuung ist die Betreuung durch die eigene Mutter, d.h. die Großmutter des Kindes, die nun in ihrer Rolle als Großmutter erneut Mutterfunktionen übernimmt. Dies wird als selbstverständlich betrachtet. Daß diese Lebenssituation nicht unproblematisch ist, da sie in den meisten Fällen mit dem Anspruch auf Dankbarkeit verbunden wird, bringt Adriana zum Ausdruck:

„Das stimmt, daß die Familie manchmal ganz schön Druck macht. Zum Beispiel in dem Fall, weil mir jemand auf L. aufgepaßt hat, glauben sie,

sie haben ein Recht, über mein Leben zu bestimmen. Das ist das, was ich gesagt habe, man hilft dir, aber gleichzeitig stellen sie dir diese Hilfe in Rechnung" (Adriana, 41 Jahre, eine Tochter).

(b) Betreuung in Einrichtungen
Betreuung durch Einrichtungen wie Kinderkrippen, Kindergärten und Schülerhorte können nur von Müttern mit einem geregelten und relativ hohen Einkommen in Anspruch genommen werden, da die Zahl staatlicher Kindergärten gering ist und private Kindergärten für Familien mit geringem Einkommen nicht bezahlbar sind. Adriana erklärt zur Situation der Kindergärten:

„Ich glaub, es müßte eine ganze Reihe von Angeboten geben, die die Mutter ersetzen, wenn diese arbeiten muß, ja? (...) Es ist ganz ungenügend, schau, das Institut, die Versicherung, das Mexikanische Versicherungsinstitut hat ein hervorragendes Kindergartenangebot, ganz hervorragend! aber es reicht nicht aus für die ganzen Anfragen. Tausende und Tausende von Kindern bleiben da draußen, es gibt keine Plätze" (Adriana, 41 Jahre, eine Tochter).

(c) Keine Betreuungsmöglichkeiten vorhanden
Es findet sich eine beachtliche Zahl alleinerziehender Mütter, die weder auf die Unterstützung des Kindesvaters oder der Mutter zählen können, noch Zugang zu institutioneller Betreuung haben. Daher gibt es auch eine unbekannte Anzahl von Kindern, die tagsüber allein zuhause gelassen werden, ihren Alltag selbst organisieren müssen oder gar zu ihrem eigenen Schutz eingesperrt werden. Die Mutter sehen sie erst spät abends.

„Die gehen zur Schule. Eine kommt um sieben abends, und die andere um halb neun. (...) Also, die kommen heim, machen die Hausaufgaben, so um eins oder zwölf Uhr nachts gehen wir ins Bett. Also, ich gehe ja arbeiten, darum stehe ich um sechs auf und gehe, die bleiben daheim, machen sauber, waschen, putzen den Boden, spülen das Geschirr, dann waschen sie sich, richten sich und gehen in die Schule. Also, sie... sie sind sehr tüchtig. (...) Und an den Wochenenden arbeiten wir zusammen" (Regina, 30 Jahre, drei Kinder).

4.2.4. Unterstützende Sozialsysteme

Unter dem Stichwort „social support" wird seit Beginn der 70er Jahre intensive Forschung zu der Frage betrieben, ob, unter welchen Umständen und auf welche Weise ein soziales Netzwerk und soziale Unterstützung bedeutend für das menschliche Wohlbefinden sind. Die Ergebnisse verschiedener Studien lauten zusammengefaßt: „Soziale Unterstützung ist ein wesentlicher Faktor in der Genese, Bewahrung und Wiederherstellung physischen und psychischen Wohlbefindens. Ihr Fehlen stellt einen entscheidenden Risikofaktor für die Beeinträchtigung seelischen wie körperlichen Wohlbefindens dar" (Niepel 1994 b). Diese Aussage wird durch die vorliegende Studie zu den sozialen Beziehungen alleinerziehender Mütter in Mexiko-Stadt bestätigt. Danach besteht eine eindeutige Relation zwischen dem Grad der Zufriedenheit, einem positiven Lebensgefühl und dem Vorhandensein eines unterstützenden sozialen Netzwerks.

(a) Fehlende oder geringe soziale Unterstützung
Sechs der interviewten Mütter beschreiben ihre Gefühlslage als traurig. Sie fühlen sich einsam, verzweifelt, sie wirken hilflos, verbittert und pessimistisch. Bis auf eine Ausnahme leben sie nicht mit Familienangehörigen, also Eltern oder Geschwistern zusammen, sondern allein, haben keinen Freundeskreis, höchstens „Bekannte", und kennen niemanden, mit dem sie über ihre Sorgen sprechen könnten. Olivia erzählt und beginnt zu weinen:

„Ich bin nicht jemand, der viele Freunde hat, ich mag das nicht. Weil, da fangen die Probleme an, Diskussionen. (…) Echt, zur Zeit..., weil, manchmal sagt man Sachen, die..., und sie sagen's dann weiter aber nicht so, wie man's gesagt hat, sondern man hat das ganz anders gesagt, und da gibt's Probleme" (Olivia, 35 Jahre, zwei Kinder).

(b) Ausreichende soziale Unterstützung
Ein tragfähiges soziales Netz schließt unter anderem das familiäre Umfeld, die Wohnsituation und die Arbeitssituation ein. Es ist zugleich abhängig von der Bereitschaft der Frauen, sich öffnen und Hilfe annehmen zu können.

„Generell glaube ich, daß ich eine Frau bin, die ihr Leben mit andern teilen kann, und auch meine Zweifel. Ich bin eine Frau, die mehr oder weniger leicht fragen oder sagen kann 'also, ich kann nicht mehr, helft mir!' oder was weiß ich. Es fällt mir nicht schwer, wenn ich mich schlecht fühle, um Hilfe zu bitten oder zu irgendeiner Therapie zu gehen oder was auch immer, gell? Und das hilft mir" (Cristina, 33 Jahre, ein Sohn).

Als mögliche Personengruppen sozialer Unterstützung kommen die Familie, Freundinnen und Freunde, Nachbarn, Kolleginnen und Kollegen in Frage.

Überraschenderweise wird einige Male die Mutter als diejenige genannt, mit der über alles gesprochen werden kann. Vor der Schwangerschaft hat ein derartiges Vertrauensverhältnis oft nicht bestanden. So traute sich zum Beispiel Irma niemals, mit ihren drängenden Fragen über Sexualität und Verhütung zu ihrer Mutter zu gehen, heute bezeichnet sie ihre Mutter als ihre Freundin, der sie alles anvertraut.

„Zu meiner Mutter habe ich volles Vertrauen, das ist..., eher als meine Mutter ist sie meine Freundin. Das ist schön, das ist eine schöne Sache. Und also, die Gespräche, die wir zusammen haben" (Irma, 24 Jahre, schwanger).

4.2.5. Diskriminierungserfahrungen

Im folgenden zeige ich auf, wo und durch wen sich alleinerziehende Mütter in Mexiko-Stadt benachteiligt oder mit Vorurteilen konfrontiert sehen. Vordergründig erscheint es so, als seien Frauen aus der unteren Sozialschicht davon vielmehr betroffen als Frauen der Mittelschicht. Eine detaillierte Analyse zeigt hingegen, daß die Erfahrungen, welche die unterschiedlichen Mütter machen, sich voneinander nicht so sehr unterscheiden. Frauen mit höherer Bildung und besserem Einkommen verfügen allerdings über differenziertere Möglichkeiten zur Auseinandersetzung, was dazu führt, daß sie weniger unter Ausgrenzung und Benachteiligung leiden. Mit negativen Erfahrungen werden Alleinerziehende in verschiedenen Zusammenhängen konfrontiert, wie in der Familie, durch Nachbarn oder Bekannte, bei der Arbeitsuche und am Arbeitsplatz und durch das geltende Rechtssystem. „Die alleinerziehende Mutter erhält in dieser Gesellschaft eine Behandlung, die von der Bemitleidung bis zur Diskriminierung und Aggression geht. Daher, wenn man bestätigt, daß die Frau als Geschlecht eine Bürgerin zweiter Klasse ist, so wird die alleinerziehende Mutter zur Bürgerin dritter Klasse, obwohl sie eine der von der Gesellschaft am meisten glorifizierten Funktionen erfüllt: die Mutterschaft" (Hernández Carballido 1988:11). Exemplarisch werden im folgenden die Bereiche Arbeitsuche, Arbeitsplatz und Rechtssystem vorgestellt.

(a) Arbeitsuche und Arbeitsplatz
Eine Frau mit Kindern aber ohne Mann wird von Männern oft als „Freiwild" betrachtet, die, da an ein Sexualleben gewöhnt, dankbar sein muß, wenn sich der Mann „ihrer annimmt". „Sie wird einer ganzen Lawine von Reparationsabsichten von Seiten ihrer Vorgesetzten oder männlichen Kollegen ausgesetzt sein, die versuchen werden, ihr zu helfen, ihre

Probleme mit der zwangsweisen sexuellen Abstinenz, die aus einer Scheidung folgt, zu 'lösen'" (Vives 1987: 20). Daher sind Alleinerziehende in höherem Maße als Verheiratete von sexueller Belästigung betroffen. Besonders negative Erfahrungen machen sie z.b. bei der Suche nach Arbeit und am vielleicht späteren Arbeitsplatz.

„Ich meine, weil du alleinerziehend bist, glauben sie, (...), daß es leichter ist, daß du mit ihnen gehst. (...) Da fragen sie [die Frauen] nach Arbeit und wenn es Männer sind, dann nehmen sie sie, weil es junge Alleinerziehende sind, deshalb nehmen sie sie. Und dann sind das genau die, ich meine, die, die dir die Arbeit gegeben haben, die wollen dich dann ausnutzen" (Irma, 24 Jahre, schwanger).

(b) Rechtssystem

Eine erschöpfende Auseinandersetzung mit den rechtlichen Benachteiligungen Alleinerziehender erfordert eine intensive Auseinandersetzung mit der mexikanischen Rechtsprechung, die hier nicht geführt werden kann. Daher werden im folgenden nur einige wenige Aspekte diskutiert, welche die rechtliche Benachteiligung der Frau, insbesondere als alleinstehende Mutter, deutlich machen. So können Frauen beispielsweise Bankgeschäften nur schwer allein tätigen:

„Oft ist das so, daß ein Mann da sein muß, damit du ein Haus kaufen kannst, gell? Ich meine, bei uns hier im Land, damit du einen Kredit bekommst, um einen Kredit für ein Haus zu verlangen, da mußt du oft verheiratet sein. Oder diese..., oder den Frauen wird die Möglichkeit abgesprochen, daß sie Eigentümerinnen sein können, von einem Stück Land zum Beispiel im Fall von den Frauen auf dem Land. Ich meine, obwohl es doch schließlich in vielen Bereichen wir Frauen sind, die die größte Last tragen, oder?" (Cristina, 33 Jahre, ein Sohn).

Ein weiterer problematischer Bereich ist das Namensrecht in Mexiko, das erkennen läßt, ob ein Kind vaterlos aufwächst. Lassen Mutter und Vater, ob verheiratet oder nicht, gemeinsam das Kind auf dem Standesamt registrieren, erhält dieses den väterlichen Nachnamen der Vaters und den väterlichen Nachnamen der Mutter, wie nachfolgende Abbildung veranschaulicht.

Abbildung 4

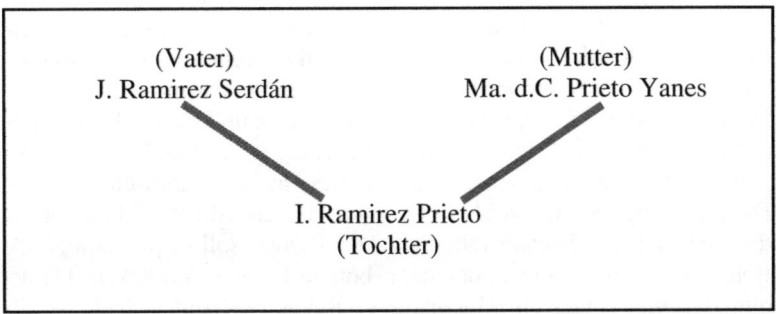

Wird ein Kind als das einer alleinerziehenden Mutter registriert, erhält es die beiden Nachnamen der Mutter. Im Kontext gesellschaftlicher Übereinkunft wird damit der Anschein erweckt, als wäre das Kind die Schwester oder der Bruder seiner Mutter. Der Nachnamen zeigt somit für jeden erkennbar an, daß es sich um ein vaterloses Kind handelt, mögliche Nachteile für Mutter und Kind sind damit festgeschrieben. Dennoch bevorzugen Mütter diese Registrierung, wenn sie damit die Hoffnung verbinden, der Vater könnte dann auf das Kind keinen rechtlichen Anspruch mehr geltend machen.

„Deshalb also, sehe ich schon ein, daß L. gewisse Nachteile haben könnte, die Gesellschaft ist immer noch sehr scheinheilig, die mexikanische Gesellschaft ist immer noch sehr traditionell. Und es gibt sehr konservative Leute, die dich fragen werden, die dich solche Sachen fragen. Aber ich habe gesagt 'was soll's, das ist mir egal. Lieber so, als daß ich das Risiko eingehe, daß ihr Vater sie mir wegnimmt" (Adriana, 41 Jahre, eine Tochter).

4.3. Konfliktbewältigung und Perspektiven

4.3.1. Bewältigungsstrategien und von Müttern in Anspruch genommene Hilfsangebote

Mit Konflikten sinnvoll umgehen und sie bewältigen zu können, ohne daran Schaden zu nehmen, ist für die Zukunftsgestaltung der Betroffenen entscheidend. Sowohl persönliche Dispositionen als auch die Schwere der Schicksalsschläge sind für eine gelingende Neuorientierung ausschlaggebende Faktoren. Aus den Interviews werden Unterschiede hinsichtlich der Konfliktverarbeitungsstrategien von Unterschichtsangehörigen und Mittelschichtsangehörigen deutlich.

(a) Soziale Unterschicht
Die Konfliktbewältigungsstrategien der Frauen aus der sozialen Unterschicht sind schwer faßbar, da sie meist nicht offen artikuliert werden. Erkenntlich werden sie dann, wenn Konflikte nicht verarbeitet werden und in der Folge eines der Kinder Opfer oder Symptomträger wird. Marcela erzählt, daß sie, wenn es ihr schlecht geht und sie mit den Kindern nicht zurecht kommt, diese am liebsten schlagen möchte. Da die Kinder jedoch schon genug leiden, schlägt sie diese nicht, stattdessen weint sie. Der fünfjährige Sohn von Maria Luisa versucht die Mutter zu beschützen, die siebenjährige Tochter rebelliert. Die Tochter soll in psychologische Behandlung, da sie droht, das neugeborene Baby zu ertränken. Da der dunkelhäutige Vater die Mutter dieses Babys mißhandelt, haßt sie alle Menschen mit dunkler Haut, sogar ihre eigene Oma. María Luisa (49 Jahre, fünf Kinder), die sehr unbeherrscht mit der siebenjährigen Tochter umgeht, sie oft anschreit und schlägt, erklärt: „Ja, also ich glaube, das Mädel ist die, die jetzt die Folgen meiner ganzen Fehler tragen, bezahlen muß."

(b) Soziale Mittelschicht
Von den interviewten Müttern der Mittelschicht leiden nur mehr zwei unter den Trennungserfahrungen, die sie noch nicht verarbeitet haben. Sie haben keine Hilfsangebote von außen in Anspruch genommen, sondern flüchten sich in die Erinnerungen an die „schöne" alte Zeit vor der Trennung.

Obwohl in fast allen Fällen die Trennungsinitiative von der Frau ausgeht, suchen überraschend viele Mütter Unterstützung bei Psychologen, d.h. durch eine Gesprächstherapie, Psychoanalyse, Paartherapie oder in einer Reflexionsgruppe. Die Gründe für die Inanspruchnahme psychologischer Hilfen sind vielfältig. Die Frauen erhoffen sich davon:

(1) die Lösung ihrer unbefriedigenden Lebenssituation:

„Wo ich mit diesem zweiten Partner angefangen habe, Probleme zu haben, habe ich beschlossen, in Psychotherapie zu gehen. Und das war dann in der psychologischen Therapie, daß ich mich mit der Möglichkeit einer zweiten Trennung befaßt habe (…) Also für mich hat die Therapie gebracht, daß ich wirklich die Situation in die Hand nehmen konnte, weil vorher, da hatte ich das Gefühl, daß mir die Dinge halt passieren"(Virginia, 34 Jahre, ein Sohn).

(2) Unterstützung, um den Partner davon zu überzeugen, daß eine Trennung die einzig richtige Lösung ist:
„Ich habe ihm vorgeschlagen, in eine Therapie einzusteigen, allerdings mit der Idee, durch den Therapieprozeß zu sehen, wie wir uns trennen können (...) Und dann schließlich, nach einem Jahr, oder anderthalb Jah-

ren, als A. drei Jahre alt war, haben wir uns getrennt. R. hat die Trennung dann schließlich akzeptiert" (Cristina, 33 Jahre, ein Sohn).

(3) Hilfestellungen, um nach Beendigung der Beziehung das Erlebte aufzuarbeiten:
„Ich mein', das habe ich alles mit psychiatrischer Hilfe analysiert" (Ana, 33 Jahre, zwei Söhne).

(4) Hinweise, um die Bedürfnisse der Kinder situationsbezogen so berücksichtigen zu können, daß diese die Trennung möglichst unbeschadet verarbeiten können:
„Ich glaube, was uns viel geholfen hat, damit die Trennung dem A. nicht so viel geschadet hat, war, daß wir in Therapie waren. Weil, mit dem Therapeuten konnten wir die Sachen sehen, die für A. sehr wichtig waren, zum Beispiel hat uns der Therapeut gesagt 'Sie müssen A. zeigen, daß sie sich nicht wegen ihm trennen, daß Sie sich ihretwegen trennen'" (Cristina, 33 Jahre, ein Sohn).

(5) Neben der psychologischen Hilfe suchen sich einige Mütter zusätzlich insbesondere durch Bücher Rat und Hilfe:
„Nachher dann, entsprechend der, der Therapie, habe ich angefangen viel zu lesen, über, über Selbstwert, Paarprobleme, über Kommunikation, alles mögliche, solche Themen halt, und ich habe angefangen zu begreifen, daß es nicht seine Schuld war, auf keinen Fall, es war meine Schuld" (Ana, 33 Jahre, zwei Söhne).

4.3.2. Innenperspektiven – Einstellung gegenüber neuer Partnerschaft

Mirta Vileda zeichnet ein recht düsteres Bild für die Zukunftsperspektiven einer geschiedenen Frau in Mexiko: „Eine geschiedene Frau heiratet nicht wieder und es bleiben ihr nur zwei Wege, die Geliebte eines verheirateten Mannes zu sein oder in einer zermürbenden Promiskuität zu leben. Natürlich, sie kann auch wählen, Nonne zu werden oder den Verzicht auf Sexualität, um sich ausschließlich den Kindern zu widmen" (Vileda 1986: 67).

Dieses Bild entspricht einerseits der Wirklichkeit, andererseits wird es durch die Frauen relativiert. Marta ist die einzige der interviewten Frauen, die in naher Zukunft mit einer neuen festen Partnerschaft rechnet:

„Ich weiß, daß ich bald jemanden finden werde, der mich als Frau schätzt. (…) Jemand, der mich wirklich schätzt, nicht weil ich ihm ein Kind schenke, oder weil ich ihm kein Kind schenke, oder weil ich mit ihm ins Bett gehe" (Marta, 22 Jahre, schwanger).

Für alle anderen ist eine künftige Partnerschaft zwar wünschenswert, aber unter Umständen mit großen Schwierigkeiten verbunden oder ganz ausgeschlossen. Die ablehnende Haltung gegenüber einer erneuten Bindung ist auf schlechte Erfahrungen mit Männern und einem daraus folgenden tiefen Mißtrauen diesen gegenüber zurückzuführen.

„Nee, bloß nicht, ich will nicht mehr. Ich will einfach so bleiben mit meinen Kindern. Die Liebe, die die mir geben werden, was will ich da mehr? Doch, das ist besser so. Wozu brauche ich einen Freund, der mich dann schlägt und der sagt, 'beeil dich! Mach das oder das!' Lieber bin ich bloß noch für meine Kinder da" (Olivia, 35 Jahre, zwei Kinder).

Einige Mütter können sich eine neue Partnerschaft vorstellen oder haben wieder einen Freund, ein Zusammenleben lehnen sie jedoch ab, da sie damit eine Beschränkung ihrer mühsam erlangten Freiheit verbinden und ihre derzeitige Lebensführung beeinträchtigt sehen:

„Einen Partner haben schon, aber..., aber nicht mit ihm zusammenleben, er in seiner Wohnung, ich in meiner. Ich sage immer 'ich will jetzt weder waschen noch bügeln, ich will mich erholen'" (Lucila, 35 Jahre, zwei Töchter).

4.3.3. Zukunftsperspektiven

Im folgenden greife ich die Zukunftsvorstellungen der Frauen auf, ihre Wünsche für sich und ihre Kinder und ihre Vorstellungen von gesellschaftlichen Veränderungen.

(a) Persönliche Zukunftsperspektiven
Es ist auffallend, daß für die meisten Mütter der Unterschicht Zukunftswünsche und -perspektiven fast ausschließlich um die Kinder kreisen. Sich selbst wünschen sie oftmals, eine gute bzw. bessere Arbeit zu finden oder die jetzige Arbeit behalten zu können. Dahinter steht weniger das Streben nach beruflicher Selbstverwirklichung, sondern der Wunsch nach materieller Absicherung der Familie, sowie danach, den Kindern bessere Chancen bieten zu können: „Na halt, arbeiten, damit sie vorwärts kommen." (Mónica, 28 Jahre, eine Tochter, schwanger) Der unabhängig von Bildungsniveau und finanzieller Situation immer wiederkehrende Wunsch für die Kinder lautet „Que salgan adelante!" Wörtlich übersetzt: „Daß sie vorwärts kommen!"

(b) Gesellschaftliche Veränderungen
Um gesamtgesellschaftliche Zusammenhänge erkennen zu können und eine Vorstellung von nötigen und möglichen Veränderungen zu haben,

ist ein gewisses Bildungsniveau – sei es durch Schule und Ausbildung oder anderweitig vermittelt – Voraussetzung. So ist es nicht verwunderlich, daß in erster Linie Frauen mit Universitätsstudium sich zu diesem Thema äußern, während die weniger gebildeten Frauen mit dieser Thematik überfordert sind.

„Hoffen wir's, daß sie mal anders sind, daß, daß sie ihre Sachen analysieren können. Daß es nicht so viele Männer gibt, die ihre Frau verlassen, und daß die Männer ihre Verantwortung kennen, ich meine, daß sie uns nicht im Stich lassen, ich hoffe, daß das so wird. Und daß die Frauen, die kommen, nicht so sind, wie wir jetzt" (Olivia, 35 Jahre, zwei Kinder).

Von den Frauen mit Universitätsstudium glauben einzelne, eine positive Veränderung wahrzunehmen, doch folgt diesem „ja" ein „aber":

„Generell glaube ich schon, daß sich die Dinge verändern, aber sehr, sehr wenig, sehr sehr, langsam" (Manuela, 37 Jahre, drei Söhne).

Auf die Frage, von welcher Seite gesellschaftliche Veränderungen initiiert werden sollten und könnten, finden sich drei Meinungen: „Es muß sich etwas auf der politischen Eben verändern", „die Frauen sind es, die etwas oder sich ändern müssen" und „Veränderungen können nicht von den Frauen allein kommen". Der Wunsch nach politischen Veränderungen wird mehr oder weniger radikal formuliert.

„Ich finde, es müßte Veränderungen in Bezug auf Sozialpolitik geben, in Bezug auf Organisation, die die Gremien machen, in Bezug auf Organisation, die man machen kann, indem man sich mit anderen Frauen identifiziert, in Bezug auf, ich weiß nicht, solidarische Unterstützung, die in einem Gebiet, in einem Stadtteil was weiß ich, Gruppen für Alleinerziehende machen könnten, die alle in dieser Situation sind und die ihre Kinder in organisierten Gruppen lassen könnten, ich weiß nicht" (Paula, 40 Jahre, eine Tochter).

Cristina spricht im Zusammenhang mit gesellschaftlichen Veränderungen einen wesentlichen Punkt an. Sie arbeitet in einer Frauenorganisation und war als deren Abgesandte auf der Weltfrauenkonferenz 1995 in Beijing. Sie weist auf die Problematik des starren Familienkonzepts Mutter-Vater-Kind hin, das eine starke Verkürzung der Realität darstellt:

„Ich kann dir eine Antwort aus der Sicht der Frauenbewegung geben. Ich glaube, daß eine der wichtigsten Forderungen unter anderen damit zu tun hat, daß ausdrücklich anerkannt werden muß, daß es in diesem

Land mehr als zwei Millionen Familien gibt, die eine Frau als Familienvorstand haben. Frauen, die, die also aus verschiedenen Gründen keinen männlichen Familienvorstand haben sozusagen. Und die in den Códigos Civiles, im Código de familia nicht berücksichtigt sind, diese andere Form des Familienlebens, gell? Ich meine, die Familie wird halt als Vater, Mutter und Kinder verstanden. Obwohl sich in Mexiko und ich glaube generell in Lateinamerika das Phänomen der alleinerziehenden Mutter als Familienvorstand ständig wiederholt und jedesmal größer wird" (Cristina, 33 Jahre, ein Sohn).

Die Diversifizierung der Familienformen ist in Mexiko kein neues Thema. Schon 1982 forderte Ruby Betancourt Moguel auf einer Konferenz zum Thema „Familias integrales" in einem Vortrag über „Diversidad de estructuras familiares en el México actual", daß ein Bewußtsein für die Vielfältigkeit von Familienstrukturen unerläßlich sei, insbesondere unterstützende soziale Infrastrukturen für Ein-Eltern-Familien geschaffen werden müßten, und kein ethischer oder moralischer Wert vom Familienstereotyp Mutter-Vater-Kind hergeleitet werden dürfe (Betancourt 1982: 4).

5. AUSBLICK

So unterschiedlich die Lebenszusammenhänge der Frauen auch sein mögen, so ist doch allen Alleinerziehenden in Mexikos Hauptstadt gemeinsam, daß sie von vielen kritisiert, von anderen bemitleidet, von einigen wenigen bewundert und zur gleichen Zeit gesellschaftlich isoliert und ignoriert werden. Ganz gleich, ob ihrer Lebenssituation Enttäuschung und Leid vorausging oder ob sie zu den wenigen gehören, die sich bewußt für diese Lebensform entschieden haben.
Ein gesellschaftliches Bewußtsein hinsichtlich der Vielschichtigkeit des Phänomens alleinerziehender Mütter scheint in Mexiko nur unausgeprägt vorhanden. Geboten ist weiterhin, dies zeigt vorliegende Untersuchung deutlich auf, die Erforschung der Alleinerziehendenproblematik, die Entwicklung gezielter Maßnahmen zur Ursachenbekämpfung und die Bereitstellung ausreichender Hilfeangebote. Solange „madres solteras" zwar als gesellschaftliche Krankheit gesehen werden, Lösungen aber fast ausschließlich auf individueller Ebene gesucht werden, wird sich an den bestehenden Verhältnissen, dem diesen zugrundeliegenden Rollenverständnis einer Frau und Mutter sowie den zugehörigen Rollenzuweisungen wenig ändern. Traditionelle und konservative Elemente verweigern in Mexiko zahlreichen Frauen eine Lebensgestaltung, die

diese nach eigenen Wünschen entwerfen können. Deutlich wird durch die Studie, wie groß der Unterschied zwischen den Lebenssituationen der Frauen aus unterschiedlichen sozioökonomischen Schichten in Mexiko-Stadt ist. Neben der finanziellen Lage, dies wurde anschaulich belegt, ist das vorhandene Bildungsniveau für die Lebensgestaltung entscheidend. Insbesondere dieses ermöglicht oder verhindert, daß die einzelne Mutter Erfahrungen aus der Vergangenheit für die künftige Gestaltung ihres Lebens und das ihrer Kinder nutzen und das Beste aus der Situation machen kann.

Für Sozialarbeit/Sozialpädagogik erscheinen mir die Ergebnisse meiner Forschungsstudie auf unterschiedlichen Ebenen interessant:

(1) In meiner Auswertung stelle ich die Lebenssituation der Alleinerziehenden, den Umgang mit familieninternen und externen Konflikten und die vielfältig unterschiedlichen Bewältigungsmuster des Alltags dar. Die Betroffenheit der Mütter wird als ein qualitatives Merkmal von Lebenslagen auf unterschiedlichen Ebenen und in vielschichtigen Begründungszusammenhängen aufgezeigt. Die Ergebnisse verweisen auf notwendige Aufgaben, die Soziale Arbeit in Mexiko präventiv und kompensatorisch leisten kann und muß. Außerdem kann die Studie Hilfsorganisationen, wie beispielsweise Brot für die Welt, Misereor u.a. Informationen liefern, die es ermöglichen, Hilfeprogramme zu entwikkeln, die der Lebenssituation der Hilfebedürftigen angepaßt sind und somit „echte" Hilfen erkennen und praktisch umsetzen lassen.

(2) Die Ergebnisse meiner empirischen Untersuchung in Mexiko-Stadt sind eng mit den Traditionen und kulturellen Eigenheiten Mexikos verbunden. Ein unmittelbarer Vergleich mit Lebenssituationen alleinerziehender Mütter hierzulande verbietet sich daher. Bedenkenswert und impulsgebend für die hiesige Soziale Arbeit können m.E. jedoch die Ergebnisse der Studie sein, die Lebenslagenproblematiken authentisch durch die betroffenen Mütter ansprechen, die auch im hiesigen Kulturkreis nicht gänzlich unbekannt sind: Wie beispielsweise die Bevormundung durch die ältere Generation; die Isolation auf ein Leben nur mit dem Kind; die dadurch hergestellte Ausgrenzung von vielen gesellschaftlichen Ereignissen; die durchaus feststellbare Lücke an bezahlbaren Ganztagskindergartenplätzen; Stadtteile und Wohnungen, die wenig kindgerecht sind. Impulse kann diese Studie insofern geben, als sie aufzeigt, wie notwendig und sinnvoll es ist, die Sichtweisen der betroffenen Frauen durch qualitative Interviews einzufangen, da darüber viele Ansätze aufgezeigt werden, die eine am Menschen orientierte Soziale Arbeit aufgreifen kann.

(3) Die Auseinandersetzung mit dieser empirischen Untersuchung bietet für Studierende der Sozialen Arbeit hierzulande eine Möglichkeit, Einblicke in fremde Lebenswelten zu erhalten, das eigene Fremdverstehen zu sensibilisieren und die Notwendigkeit interkulturellen Lernens weiterzuvermitteln.

LITERATUR

Aguayo Quezada, S. (1995): Cosas de Mujeres? In: La Jornada 13.9.1995, Mexiko-Stadt, S. 18-21

Agüero, U. (1991): La educación sexual y el embarazo. In: Population Reference Bureau, Mexiko-Stadt, S. 25-26

Arroyo, A. (1994): Algunos elementos fundamentales para un diagnóstico sobre el problema del empleo. In: Sánchez Rosado, Manuel (Hrsg.): Ponencias de la II Convención Nacional de Trabajo Social, UNAM ENTS. Mexiko-Stadt, S.187-196

Betancourt M., Ruby L.(1982): Diversidad de estructuras familiares en el México actual – ponencia – Reunión „Familia integral" 23.3.1982. Mexiko-Stadt

Dirección General de Información (1989): La ayuda mutua entre madres solteras, solución a su problemática: Gisela Sierra de García. Mexiko-Stadt

García, B./de Oliveira, O. (1994): Trabajo femenino y vida familiar en México. El Colegio de México. Mexiko-Stadt

Hernández Carballido, E. (1988): Madres solas, hijos sin padre. In: FEM 12 No 62. Mexiko-Stadt, S. 11-19

Hernández Tellez, J./Gaitán Cruz, E. (1987): Otra vez el 10 de mayo – madres solteras, padres sin nombre. In: FEM 11 No 53. Mexiko-Stadt, S. 13-15

INEGI (1994): Area metropolitana de la ciudad de México – Sintesis de resultados. Mexiko

INEGI (1994): Estados Unidos Mexicanos. Resumen General XI Censo general de población y vivienda ´90. Mexiko

INEGI (1994): Anuario Estadtístico del Distrito Federal. Mexiko

Klingler Clavijo, M. (1984): Die Frau in der mexikanischen Literatur der Gegenwart. München

Kohli, M.(1978): „Offenes" und „geschlossenes" Interview: Neue Argumente zu einer alten Kontroverse. In: Soziale Welt, Jg.19, S.1-25

Liegle, L. (1991): Kulturvergleichende Ansätze in der Sozialforschung. In: Hurrelmann, K./ Ulrich, D.: Neues Handbuch der Sozialisationsforschung. Weinheim und Basel

Lozoya Lozoya, M. (1994): El Derecho humano a alimentarse y la participación de la sociedad civil. In: Sánchez Rosado, M. (Hrsg.): Ponencias de la II Convención Nacional de Trabajo Social, UNAM ENTS. Mexiko-Stadt, S.114-132

Monroy Gómez, M. (1994): Un enfoque sobre la pobreza en México. In: Sánchez Rosado, M. (Hrsg.): Ponencias de la II Convención Nacional de Trabajo Social, UNAM ENTS. Mexiko-Stadt, S.141-151
Nave-Herz, R. (1993): Ledige Mutterschaft: Vom Makel zur alternativen Lebensform? In: Nuber, U. (Hrsg.): Wir wollten alles ... was haben wir nun? Zürich
Niepel, G.(1994a): Alleinerziehende – Abschied von einem Klischee. Opladen
Niepel, G. (1994b): Soziale Netze und soziale Unterstützung alleinerziehender Frauen. Opladen
Ramos, C. (1993): Madres Solteras, un fenómeno creciente. In: Doble Jornada 5.7.1993. Mexiko-Stadt, S. 6
Rio, A. E. (1994): Secretaría para la integración de la mujer. Mexiko
Saucedo, I. (1993): Violencia doméstica: hecho y espacio de desestructuración de la subordinación de la mujer. In: FEM 17 No 122. Mexiko-Stadt, S. 16-17
Schütze, F.(1994): Ethnographie und sozialwissenschaftliche Methoden der Feldforschung. In: Groddeck, N./Schumacher, M. (Hrsg.): Modernisierung Sozialer Arbeit durch Methodenentwicklung und -reflexion. Freiburg, S. 226-238
Sierra Otero, G. (1994): Madres solteras involucradas en un proceso de investigación participativa, tesis para maestría en psicología UNAM. Mexiko
Vileda, M. (1986): Mujer, madre y divorciada -Testimonio vivencia y reflexión de nuestro tiempo. Buenos Aires
Vives, J. (1987): La mujer y el divorcio. In: FEM 11 No 59. Mexiko-Stadt, S. 19-20

ANHANG (1)

Interviewleitfaden

1. Fragen zur Person, momentane Lebenssituation
- Alter
- Familienstand
- Beruf/ Schulbildung
- Arbeit – was und wieviel
- Wohnsituation
- Finanzielle Situation/ Abhängigkeiten
- Zufriedenheit

2. Fragen zur Vorgeschichte
- Ursprungsfamilie:
  Kindheit / Elternehe / Eltern-Kind-Beziehung / Umgang mit den Konfliktsituationen
  wie Schwangerschaft und Trennung
- Partnerbeziehung – Entwicklung – Trennung
- sexueller Mißbrauch?

3. Kind(er)
- Einstellung zur Mutterschaft
- Reaktionen der Kinder auf Trennung/ Abwesenheit des Vaters
- Vater-Kind-Beziehung
- Betreuung der Kinder durch Familie, Freunde, Einrichtungen
- Auffälligkeiten der Kinder

4. Persönliche Erfahrungen
- Tagesablauf
- Freiräume ohne Kinder
- jetzige Beziehung zum Kindesvater
- wichtigste Gesprächspartnerin
- Vorteile/Nachteile der Situation
- Wünsche/Ängste
- Familienplanung
- Verhalten von Männern ihr gegenüber
- Meinungen über die Haltung der Gesellschaft
- Kenntnisse über institutionelle Unterstützung und Erfahrungen damit
- Perspektiven

ANHANG 2

Tabelle zu Merkmalen der Interviewpartnerinnen:[10]

Name und Alter	Kinderzahl/Alter des jüngsten Kindes	Familienstand	Schulbildung/ Tätigkeit
Patricia (29)	1/2 Tage	ledig	8. Klasse/Schülerin, Bedienung
Irma (24)	schwanger	ledig	9. Klasse/Friseurin
Rocio (33)	schwanger	ledig	1. Klasse/Wäscherin
Marta (22)	schwanger	ledig	Hochschulreife/Studentin
Marcela (26)	mit 3. Kind schwanger/5 Jahre	getrennt aus unión libre	9. Klasse/Verkäuferin
Teresa (16)	schwanger	ledig	8. Klasse/Schülerin

[10] Definitionen: getrennt: wer noch verheiratet ist, aber getrennt lebt; getrennt aus unión libre: wer vom Freund oder Partner getrennt ist, mit welchem sie vorher unverheiratet zusammengelebt hat;
ledig: wer nie verheiratet gewesen ist und auch nie mit dem Freund oder dem Vater des Kindes zusammengelebt hat.

Name und Alter	Kinderzahl/Alter des jüngsten Kindes	Familienstand	Schulbildung/ Tätigkeit
Estela	2/2 Wochen	in Scheidung	9. Klasse und Ausbildung/ Sängerin
Regina (30)	3/2Tage	getrennt aus unión libre	keine/Haushaltshilfe
Mónica (28)	mit 2. Kind schwanger/9 Jahre	getrennt aus unión libre	8. Klasse/Gelegenheitsjobberin
Liliana (17)	2/2 Tage	getrennt aus unión libre	8. Klasse/Gelegenheitsjobberin
Beatriz (19)	2/2 Tage	getrennt aus unión libre	9. Klasse/Maschineschreiberin
Soledad (34)	2/2 Tage	ledig	6. Klasse/Steinmetz
Olivia (35)	2/4 Tage	getrennt	6. Klasse/Gelegenheitsjobberin
Norma (25)	2/2 Tage	ledig	9. Klasse und Ausbildung/ Kassiererin
Lucila (35)	2/4 Tage	geschieden	Studium/Verwaltungsangestellte
Eugenia (40)	1/14 Jahre	ledig	9. Klasse und Ausbildung/ Sekretärin
Paula (40)	1/10 Jahre	ledig	Studium/Universitätsdozentin
Adriana (41)	1/14 Jahre	getrennt aus unión libre	Studium/Soziologin
Manuela (37)	3/5 Jahre	getrennt	9. Klasse und Ausbildung/ Sekretärin
Susana (34)	2/3 Jahre	getrennt	Studium/Pädagogin
Rosa (35)	2/7 Jahre	getrennt aus unión libre	Studium/Universitäts-Frauen- forscherin
Ma. Luisa (49)	5/7 Jahre	getrennt	9. Klasse und Ausbildung/ Sekretärin
Cristina (33)	1/7 Jahre	getrennt	Studium/Sozialanthropologin
Virginia (34)	1/11 Jahre	getrennt aus unión libre	9. Klasse/Telefonistin
Sofia (46)	9/6 Jahre	getrennt, Witwe	6. Klasse/Haushaltshilfe
Ana (33)	2/6 Jahre	getrennt	Studium abgebrochen/ Geschäftsführerin
Consuela (33)	1/5 Jahre	getrennt aus unión libre	Studium/Pädagogin
Alma (42)	1/17 Jahre	getrennt aus unión libre	Hochschulreife/Angestellte

Die Herausgeberin und die Autorinnen

Marianne Schmidt-Grunert, Jg. 1946, Dr. phil., Professorin für Theorie und Methoden Sozialer Arbeit an der Hochschule in Hamburg, Fachbereich Sozialpädagogik mit den Schwerpunkten Arbeit mit Sozialen Gruppen, Biographieforschung und qualitative Methoden der Sozialarbeitsforschung. Erzieherin, Diplom-Sozialpädagogin (FH), Diplom-Pädagogin (Uni), Studium der Germanistik und Politologie (Abschluß Sek. 2), langjährige Praxiserfahrungen in der öffentlichen Erziehung und Erwachsenenbildung. Von 1992 - 1996 Professorin an der Evang. Fachhochschule in Freiburg i. Br.

Margret Mundorf, (Jg. 1970), Diplom-Sozialarbeiterin (FH); z. Z. Studium der Erziehungswissenschaften mit Studienrichtung Erwachsenenbildung, Germanistik, Spanische Philologie; Freiwilligendienste und Praktika in Frankreich, Kanada und Argentinien; nebenberuflich tätig in der Leitung von Werkwochen für Zivildienstleistende im Ausland (Bistum Trier), Begleitseminaren des Freiwilligen Sozialen Jahres/Diakonischen Jahres (Evang. Landeskirche Baden) und des Freiwilligen Sozialen Dienstes im europäischen Ausland (BDKJ-Bundesstelle); Studium der Sozialarbeit an der Evang. Fachhochschule Freiburg i. Br.

Karin Kienle, Jg. 1966, Diplom-Sozialarbeiterin (FH), arbeitet als Jugendreferentin im Dekanat Homburg/Saar im Auftrag der Pfälzischen Kirche mit den Schwerpunkten Durchführung von Schulungen, Seminaren, Fortbildung ehrenamtlicher MitarbeiterInnen, schulnahe Jugendarbeit und offene Jugendarbeit. Ausbildung zur Erzieherin; Studium der Sozialarbeit an der Evang. Fachhochschule Freiburg i.Br.; derzeit neben beruflicher Tätigkeit Studium an der Fernuniversität Hagen: Erziehungswissenschaften, Soziologie und Psychologie.

Gabi Haspel, Jg. 1970, Diplom-Sozialpädagogin (FH), arbeitet als Sozialpädagogin beim Diakonischen Werk in Freiburg i.Br. in der Einsatzleitung der Organisierten Nachbarschaftshilfe; nach dem Abitur ein Jahr Volontär-Tätigkeit in Nigeria/Westafrika; Studium der Diplom-Sozialpädgogik an der Evang. Fachhochschule für Soziale Arbeit in Freiburg i.Br.; sechs Monate Studienaufenthalt in Mexiko.